ABHANDLUNGEN
DER AKADEMIE DER WISSENSCHAFTEN DER DDR
Abteilung Veröffentlichungen der Wissenschaftlichen Räte
Jahrgang 1982 · Nr. W 4

7. Tagung
der Gemeinsamen Kommission der Ökonomen
der UdSSR und der DDR

Die Verbindung von Wissenschaft und Produktion in den Produktionsvereinigungen der UdSSR und den Kombinaten der DDR

AKADEMIE-VERLAG · BERLIN 1982

Herausgegeben im Auftrage des Präsidenten
der Akademie der Wissenschaften der DDR
von Vizepräsident Prof. Dr. Heinrich Scheel

Verantwortlich für dieses Heft:
Akademiemitglied Prof. Dr. sc. oec. Dr. h. c. Helmut Koziolek
Vorsitzender des Wissenschaftlichen Rates
für die wirtschaftswissenschaftliche Forschung
bei der Akademie der Wissenschaften der DDR

Redaktionsschluß: 25. Februar 1982

ISSN 0302–8054
Erschienen im Akademie-Verlag, DDR - 1086 Berlin, Leipziger Str. 3–4

Lizenznummer: 202 · 100/69/82
Gesamtherstellung: IV/2/14 VEB Druckerei »Gottfried Wilhelm Leibniz«,
4450 Gräfenhainichen · 6019
Bestellnummer: 7541146 (2001/82/4/W)
Printed in GDR
DDR 15,– M

Inhaltsverzeichnis

Vorbemerkung 5

1. Beiträge des UdSSR-Teils der Gemeinsamen Kommission

Prof. Dr. A. N. Bykov
Institut für Ökonomik des sozialistischen Weltsystems der Akademie der Wissenschaften der UdSSR
„Die Bildung von internationalen Wissenschafts-Produktionskomplexen – eine wichtige Richtung zur Intensivierung der sozialistischen ökonomischen Integration" 9

Prof. Dr. Ju. V. Jakovec
Akademie der Volkswirtschaft der UdSSR
„Der auf dem Prinzip der wirtschaftlichen Rechnungsführung aufbauende Mechanismus zur Überleitung der neuen Technik in Produktionsvereinigungen" 17

Dr. V. N. Kašin
Stellvertreter des Direktors des Instituts für Ökonomik der Akademie der Wissenschaften der UdSSR
„Besonderheiten der wirtschaftlichen Leitung des wissenschaftlich-technischen Fortschritts in Vereinigungen" 27

Dr. O. R. Lacis
Institut für Ökonomik des sozialistischen Weltsystems der Akademie der Wissenschaften der UdSSR
„Der Einfluß des wissenschaftlich-technischen Fortschritts auf die Entwicklung der Formen sozialistischer Vereinigungen" 37

Dr. O. A. Lugus
Institut für Ökonomik der Akademie der Wissenschaften der Estnischen SSR
„Die Verbindungen von Wissenschaft und Produktion in der Industrie der Estnischen SSR" 44

Prof. Dr. I. P. Olejnik
Akademie für Gesellschaftswissenschaften beim ZK der KPdSU
„Zusammenarbeit und Erfahrungsaustausch der RGW-Länder bei der Entwicklung von Wissenschaft und Technik und bei der Nutzung der erzielten Ergebnisse in der Produktion" 51

Dr. A. Ja. Šabalin, B. P. Krasnoglazov
Institut für Ökonomik des sozialistischen Weltsystems der Akademie der Wissenschaften der UdSSR
„Die Planung des wissenschaftlich-technischen Fortschritts in den Industrievereinigungen der UdSSR" 63

Dr. Ju. V. Subockij
Institut für Ökonomik der Akademie der Wissenschaften der UdSSR
„Vereinigungen und Entwicklung der Produktionsorganisation" 75

Dr. G. A. Vlaskin
Institut für Ökonomik des sozialistischen Weltsystems der Akademie der Wissenschaften der UdSSR
„Aktuelle Probleme der Überleitung wissenschaftlich-technischer Erkenntnisse im Rahmen der Zusammenarbeit von Vereinigungen der RGW-Länder" 83

2. Beiträge des DDR-Teils der Gemeinsamen Kommission

Wilhelm Frischmuth
Generaldirektor des VEB Werkzeugmaschinenkombinat „7. Oktober" Berlin*
„Zur Verbindung von Wissenschaft und Produktion im VEB Werkzeugmaschinenkombinat ‚7. Oktober' Berlin" 91

Prof. Dr. Heinz Hanspach
Direktor des Zentralen Forschungsinstituts für Arbeit beim Staatssekretariat für Arbeit und Löhne
„Erfahrungen und Aufgaben der Arbeitswissenschaften für die feste Verbindung von Wissenschaft und Produktion" 99

Prof. Dr. Herbert Kusicka
Direktor der Forschungsstelle des Ministeriums für Wissenschaft und Technik
„Anforderungen aus der engeren Verbindung von Wissenschaft und Produktion in den Kombinaten für die zentrale staatliche Leitung und Planung von Wissenschaft und Technik" 108

Prof. Dr. Werner Ostwald
Leiter der Forschungsleitstelle für Territorialplanung der Staatlichen Plankommission
„Zur Rolle der territorialen Produktionsbedingungen für die Verbindung von Wissenschaft und Produktion in den Kombinaten der DDR" 116

Prof. Dr. Horst Steeger
Leiter des Ökonomischen Forschungsinstituts der Staatlichen Plankommission
„Zur weiteren Vervollkommnung der Planung des wissenschaftlich-technischen Fortschritts und der Grundfondsreproduktion in der Volkswirtschaft der Deutschen Demokratischen Republik" 125

Gert Wohllebe
Generaldirektor des VEB Chemieanlagenbaukombinat Leipzig-Grimma
„Erfahrungen und Probleme der Verbindung von Wissenschaft und Produktion bzw. der Überführung wissenschaftlicher Ergebnisse in die Produktion, dargestellt am Beispiel des VEB Chemieanlagenkombinat Leipzig-Grimma" 134

* z. Z. der 7. Tagung

Vorbemerkung

Vom 9. bis 15. November 1981 fand in Berlin die 7. Tagung der Gemeinsamen Kommission der Ökonomen bei den Akademien der Wissenschaften der UdSSR und der DDR zum Thema: „Die Verbindung von Wissenschaft und Produktion in den Produktionsvereinigungen der UdSSR und den Kombinaten der DDR“ statt. Ausgehend von den Beschlüssen des XXVI. Parteitages der KPdSU und des X. Parteitages der SED erörterten namhafte Wirtschaftswissenschaftler der UdSSR und der DDR Grundfragen und spezielle Probleme der Verbindung der Vorzüge des Sozialismus mit den Errungenschaften der wissenschaftlich-technischen Revolution in den großen Wirtschaftseinheiten der UdSSR und der DDR.

Der Meinungsaustausch und die Problemdiskussion waren dabei von der Erkenntnis geprägt, daß die Möglichkeiten der wissenschaftlich-technischen Revolution unmittelbar zur Hauptreserve für das Leistungswachstum und die Effektivität der Volkswirtschaften der UdSSR und der DDR geworden sind und es gilt, diese Hauptreserve voll auszuschöpfen und aus den neuesten wissenschaftlichen Erkenntnissen einen maximalen Zuwachs an ökonomischer Kraft zu gewinnen.

Die 7. Tagung der Ökonomenkommission UdSSR/DDR trug in der bewährten freundschaftlichen und schöpferischen Atmosphäre wissenschaftlichen Meinungsaustausches bei voller Übereinstimmung in den wissenschaftlichen Grundpositionen zu einer weiteren Festigung der Zusammenarbeit zwischen den Wirtschaftswissenschaftlern der UdSSR und der DDR im Zeitraum bis 1985 bei.

Die Delegation des UdSSR-Teils der Kommission stand unter Leitung ihres Vorsitzenden, Akademiemitglied Professor Dr. A. M. Rumjancev. Der Delegation gehörten an: Dr. L. A. Moiseev, Abteilung Wissenschaften und Hochschulen des Zentralkomitees der KPdSU; Professor Dr. P. A. Skipetrov, Erster Prorektor der Akademie der Volkswirtschaft der UdSSR; Dr. V. N. Kašin, Stellvertreter des Direktors des Instituts für Ökonomik der Akademie der Wissenschaften der UdSSR; O. S. Bubnov, Verwaltung für die wissenschaftliche Zusammenarbeit mit sozialistischen Ländern beim Präsidium der Akademie der Wissenschaften der UdSSR; Professor Dr. A. N. Bykov, Institut für Ökonomik des sozialistischen Weltsystems der Akademie der Wissenschaften der UdSSR; Dr. G. A. Vlaskin, Institut für Ökonomik des sozialistischen Weltsystems der Akademie der Wissenschaften der UdSSR; V. M. Segal, Institut für Ökonomik des sozialistischen Weltsystems der Akademie der Wissenschaften der UdSSR; Dr. O. R. Lacis, Institut für Ökonomik des sozialistischen Weltsystem der Akademie der Wissenschaften der UdSSR, Dr. O. A. Lugus, Institut für Ökonomik der Akademie der Wissenschaften der Estnischen Sozialistischen Sowjetrepublik; Professor Dr. I. P. Olejnik, Akademie für Gesellschaftswissenschaften beim Zentralkomitee der KPdSU; Dr. J. V. Subockij, Institut für Ökonomik der Akademie der Wissenschaften der UdSSR; Dr. A. J. Šabalin, Institut für Ökonomik des sozialistischen Weltsystems der Akademie der Wissenschaften der UdSSR; V. F. Vardul, Institut für Ökonomik des sozialistischen

Weltsystems der Akademie der Wissenschaften der UdSSR, wissenschaftlicher Sekretär des UdSSR-Teils der Gemeinsamen Kommission.

Unter Leitung des Mitglieds des Zentralkomitees der SED, Akademiemitglied Prof. Dr. Dr. h. c. H. Koziolek, Direktor des Zentralinstituts für sozialistische Wirtschaftsführung beim Zentralkomitee der SED und Vorsitzender des DDR-Teils der Gemeinsamen Kommission nahmen folgende Mitglieder der DDR-Delegation an der 7. Tagung teil: Dr. K.-H. Graupner, Abteilung Wissenschaften des Zentralkomitees der SED; Professor Dr. G. Friedrich, korrespondierendes Mitglied der Akademie der Wissenschaften der DDR, Stellvertreter des Direktors des Zentralinstituts für sozialistische Wirtschaftsführung beim Zentralkomitee der SED; Professor Dr. H. Hanspach, Direktor des Zentralen Forschungsinstituts für Arbeit beim Staatssekretariat für Arbeit und Löhne; Professor Dr. W. Heinrichs, korrespondierendes Mitglied der Akademie der Wissenschaften der DDR, Direktor des Zentralinstituts für Wirtschaftswissenschaften der Akademie der Wissenschaften der DDR; Dr. W. Krzyzanowski, Sekretär des Wissenschaftlichen Rates für die wirtschaftswissenschaftliche Forschung bei der Akademie der Wissenschaften der DDR; Professor Dr. W. Kunz, korrespondierendes Mitglied der Akademie der Wissenschaften der DDR, Stellvertreter des Direktors des Zentralinstituts für sozialistische Wirtschaftsführung beim Zentralkomitee der SED; Professor Dr. H. Kusicka, Direktor der Forschungsstelle beim Ministerium für Wissenschaft und Technik; Professor Dr. W. Ostwald, Leiter der Forschungsleitstelle für Territorialplanung der Staatlichen Plankomission; Professor Dr. H. Schieck, Vizepräsident der Akademie der Landwirtschaftswissenschaften der DDR; Professor Dr. G. Schulz, korrespondierendes Mitglied der Akademie der Wissenschaften der DDR, Stellvertreter des Rektors und Prorektor für Forschung der Akademie für Gesellschaftswissenschaften beim Zentralkomitee der SED; Professor Dr. H. Steeger, Leiter des Ökonomischen Forschungsinstituts der Staatlichen Plankomission; Professor Dr. G. Winkler, Direktor des Instituts für Soziologie und Sozialpolitik der Akademie der Wissenschaften der DDR; Professor Dr. W. Salecker, Zentralinstitut für sozialistische Wirtschaftsführung beim Zentralkomitee der SED, wissenschaftlicher Sekretär des DDR-Teils der Gemeinsamen Kommission.

Als Vortragender des DDR-Teils der Kommission nahm an der 7. Tagung weiterhin der Generaldirektor des VEB Werkzeugmaschinenkombinat „7. Oktober", Berlin, Genosse W. Frischmuth teil. Einen schriftlichen Beitrag reichte der Generaldirektor des VEB Chemieanlagenbaukombinat, Genosse G. Wohllebe, ein.

Die 7. Tagung der Gemeinsamen Kommission wurde durch zwei Hauptreferate zu folgenden Themen eingeleitet: Professor Dr. A. M. Rumjancev „Vergesellschaftung, wissenschaftlich-technischer Fortschritt und Produktionsvereinigungen" und Professor Dr. G. Friedrich „Die Verbindung von Wissenschaft und Produktion in den Kombinaten der DDR". Der Text dieser Hauptreferate wurde in der „Wirtschaftswissenschaft", Heft 4/1982 veröffentlicht. Das vorliegende Heft der „Abhandlungen der Akademie der Wissenschaften der DDR" enthält die bisher nicht veröffentlichten vollständigen Fassungen der schriftlichen Diskussionsbeiträge.

1. Beiträge des UdSSR-Teils der Gemeinsamen Kommission

A. N. Bykov

Die Bildung von internationalen Wissenschafts-Produktionskomplexen – eine wichtige Richtung zur Intensivierung der sozialistischen ökonomischen Integration

Bei der Realisierung des Kurses auf Intensivierung der Produktion der RGW-Länder kommt der Beschleunigung des wissenschaftlich-technischen Fortschritts, der die materiellen Voraussetzungen für die Intensivierung schafft, die wichtigste Bedeutung zu.

Gegenwärtig verfügen diese Länder über das größte wissenschaftlich-technische Potential in der Welt, das in wichtigen Parametern über dem Potential eines beliebigen kapitalistischen Landes oder einer kapitalistischen Wirtschaftsgruppierung liegt. Gleichzeitig ist aber der Grad der Nutzung seiner Möglichkeiten in der materiellen Produktion noch unzureichend; darauf wurde in den Materialien der Parteitage der Bruderparteien wiederholt hingewiesen, wobei auch die Hauptrichtungen zur Überwindung dieses Mangels festgelegt wurden. Besondere Bedeutung kommt dabei einer kontinuierlichen Integration von Wissenschaft und Produktion zu. Die rationelle Verbindung von Forschungs- und Produktionstätigkeit im Rahmen großer nationaler Wirtschaftseinheiten stellt dem Wesen nach die Gestaltung solcher Komplexe auf mikro-ökonomischer Ebene dar, die die Möglichkeit bieten, beide Richtungen dieser Tätigkeit ökonomisch und organisatorisch zu verbinden. Ohne solch eine Verbindung – und das zeigen internationale Erfahrungen – kann ein effektiver wissenschaftlich-technischer Fortschritt in konkreten Zweigen und Industriegruppen der Produktion, vor allem der wissenschaftsintensiven Produktion, nicht gesichert werden. Für alle RGW-Länder ist die Beschleunigung des wissenschaftlich-technischen Fortschritts in bedeutendem Maße, und bei einigen wichtigen Richtungen sogar in entscheidendem Maße, von einer erfolgreichen Nutzung der Vorzüge der internationalen Arbeitsteilung, vor allem der sozialistischen ökonomischen Integration, abhängig. Leonid Breshnew hob auf dem XXVI. Parteitag der KPdSU hervor: „Es ist heute unvorstellbar, daß sich irgendein sozialistisches Land ohne die Beziehungen zu den anderen Bruderländern stabil entwickelt und solche Probleme löst wie ... die Einführung der neuesten Erkenntnisse aus Wissenschaft und Technik.“[1]

Gleichzeitig jedoch steht die Einführung neuer Erkenntnisse, die durch einen effektiv funktionierenden Komplex „Wissenschaft – Produktion“ gesichert wird, bisher vielfach noch außerhalb des Integrationsprozesses, liegt häufig im Ermessen der Mitgliedsländer bei der wissenschaftlich-technischen Zusammenarbeit. Letztere entwickelt sich oft autonom, führt nicht genügend zu einer Produktions- und Handelszusammenarbeit, bei der sich die Möglichkeit bietet, ein gemeinsam erarbeitetes wissenschaftlich-technisches Ergebnis auch auf gemeinsamer Basis, durch die Organisation der internationalen Spezialisierung und Kooperation der Produktion zu nutzen.

Natürlich wäre es falsch zu behaupten, zwischen den beiden Richtungen der Zusammenarbeit gäbe es überhaupt keine Beziehung. Diese Beziehung wird über die Festle-

[1] XXVI. Parteitag der KPdSU, Rechenschaftsbericht des Zentralkomitees der KPdSU und die nächsten Aufgaben in der Innen- und Außenpolitik, Berichterstatter: L. I. Breshnew, Berlin 1981, S. 13.

gung der Thematik der wissenschaftlich-technischen Zusammenarbeit realisiert, wobei das Land, das ein bestimmtes Problem für die Einbeziehung in den Plan vorschlägt, den materiellen Bedürfnissen der eigenen Produktion, auch der spezialisierten Produktion, Rechnung trägt. In der letzten Zeit werden die Pläne der wissenschaftlich-technischen Zusammenarbeit zunehmend auf der Grundlage von Programmen gestaltet, die die Lösung von vorrangigen Wirtschaftsproblemen auf zwei- oder mehrseitiger Grundlage vorsehen; das setzt voraus, daß sie wissenschaftlich-technisch sowie produktions- und investitionsseitig in einer Richtung abgesichert sind. Doch sind solche makroökonomischen Koordinierungen noch unzureichend, wenn es um die Organisation eines reibungslosen Zusammenwirkens im Rahmen der Kette „Wissenschaft – Technik – Produktion – Realisierung" bei konkreten Problemen zwischen konkret Ausführenden geht.

In diesem Zusammenhang ist die Aufmerksamkeit durchaus gerechtfertigt, die in der jüngsten Zeit folgendem gilt: dem Problem einer Ergänzung makroökonomischer Abstimmungen durch unmittelbare Beziehungen auf der Mikroebene der Wirtschaftsführung der Verlagerung des Schwerpunktes der Zusammenarbeit nach abgestimmten Problemen auf diese Ebene, der Organisation komplexer Formen der Zusammenarbeit, die deren wissenschaftlich-technische, Investitions-, Produktions- und Handels-Service-Komponenten organisch miteinander verbinden sowie in diesem Zusammenhang der Anwendung von Formen einer gemeinsamen Planung. Dabei geht es vorrangig um die Gestaltung stabiler Formen der internationalen Komplexe „Wissenschaft – Produktion", in deren Rahmen der Gedanke der Priorität und Komplexität der Zusammenarbeit unter den Bedingungen der wissenschaftlich-technischen Revolution eine adäquate institutionelle Ausgestaltung erfahren kann. Letztere hat, ausgehend von der vom XXVI. Parteitag der KPdSU erneut aufgestellten These, gemeinsame Firmen der RGW-Länder zu bilden, besondere Bedeutung[2]. In diesem Zusammenhang soll auf die Wege einer möglichen Vervollkommnung der Organisation und Leitung internationaler Wissenschafts-Produktionskomplexe in der gegenwärtigen Entwicklungsetappe der sozialistischen ökonomischen Integration verwiesen werden.

Eine Analyse der Entwicklungstendenzen von Mikrowirtschaftsbeziehungen in der Nachkriegszeit, als sie sich unter dem starken Einfluß der wissenschaftlich-technischen Revolution herausbildeten, zeigt die unverändert anhaltende Intensivierung transnationaler Formen, deren Träger internationale Vereinigungen sind. Auf dem Gebiet des Maschinenbaus, der Chemie und der Radioelektronik, wo die wissenschaftlich-technische Revolution am deutlichsten spürbar wird, führt eine transnationale Wirtschaftstätigkeit zur Bildung leistungsstarker internationaler Wissenschafts-Produktionskomplexe, die imstande sind, den Reproduktionsprozeß zu optimieren, beginnend bei der Wissenschaft, die sich in regionalem oder globalem Maßstab in eine unmittelbare Produktivkraft verwandelt.

Die einzelnen Ebenen des Reproduktionsprozesses werden dort angesiedelt, wo die besten Voraussetzungen dafür gegeben sind (wissenschaftlich-technische, sozialpolitische, Produktions- und Marktbedingungen), weil dabei der Prozeß in seiner Gesamtheit mit hoher Effektivität verläuft, die durch Optimierung seiner territorialen Entfaltung gesichert wird. Mit Recht üben wir Kritik an dem expansionistischen Charakter transnationaler Tätigkeit unter den Bedingungen des Kapitalismus; bestimmend für diesen Charakter ist das auf Ausbeutung beruhende Wesen kapitalistischer Produktionsbeziehungen (nationaler und internationaler), was jedoch nicht bedeutet, daß die

[2] Vgl. ebenda, S. 11.

Notwendigkeit einer Optimierung der Produktion in internationalem Maßstab angesichts der wissenschaftlich-technischen Revolution verneint wird.

Aufgabe des Sozialismus, der sozialistischen Produktionsverhältnisse ist es, eigene entwickelte Formen der internationalen Wirtschaftstätigkeit zu schaffen, bei der einige rationelle Merkmale dieser Wissenschafts-Produktionskomplexe (vor allem technisch-organisatorische) Anwendung finden können, bei gleichzeitiger Ablehnung all dessen, was den Prinzipien internationaler sozialistischer Beziehungen, vor allem den Prinzipien der Souveränität und Gleichberechtigung der Partner, des gegenseitigen Vorteils und der kameradschaftlichen gegenseitigen Hilfe und der Planmäßigkeit der Entwicklung der internationalen sozialistischen Arbeitsteilung widerspricht. Das gilt sowohl für jene unserer internationalen Wissenschafts-Produktionskomplexe, die in der einen oder anderen Form bereits bestehen, als auch für solche, die schon in naher Perspektive im Realisierungsprozeß der Aufgabe entstehen werden, womit die nächsten beiden Planjahrfünfte zu einem Zeitraum intensiver Produktions- und wissenschaftlich-technischer Kooperation werden.

Am leistungsstärksten ist von den bestehenden Wissenschafts-Produktionskomplexen das System der Zusammenarbeit bei der Erarbeitung der ersten Stufe des Einheitlichen Systems universeller elektronischer Rechenmaschinen, des Systems ESER der dritten Generation, das Einheitlichkeit wie auch volle Verträglichkeit der EDV-Anlagen und -Programme gewährleistet. Gegenwärtig werden Arbeiten zur Entwicklung des Systems ESER-2 durchgeführt. Außerdem wurde eine Vereinbarung über die internationale Spezialisierung und Kooperation bei der Produktion von Mikro-EDVA unterzeichnet. Allein im laufenden Planjahrfünft werden sich die entsprechenden gegenseitigen Lieferungen auf eine Summe von über 15 Mrd. Rubel belaufen. Mit der Entwicklung der neuen Rechentechnik sind anhand der getroffenen Vereinbarungen in den RGW-Ländern etwa 40000 Forscher und Konstrukteure sowie 300 Betriebe mit mehr als 300000 Werktätigen beschäftigt. Eine speziell auf Regierungsebene gebildete Kommission sichert die Gesamtleitung der Zusammenarbeit. Es steht außer Zweifel, daß in diesem Falle im Rahmen eines einheitlichen Systems der größte internationale Komplex tätig ist, der unter Berücksichtigung der Entwicklungsbesonderheiten der sozialistischen ökonomischen Integration gestaltet wurde.

Auf dem Gebiet der zweiseitigen Zusammenarbeit kann die Zusammenarbeit zwischen der UdSSR und der DDR bei der Projektierung und der Produktion von Industrieanlagen zur Herstellung von Hochdruckpolyäthylen („Polymir-50" und „Polymir-60" auf der Basis einer neuen Technologie als ein großer Wissenschafts-Produktionskomplex bezeichnet werden. Durch die Vereinigung der Forschungs- und Produktionskapazitäten der beiden Länder konnten diese Spezialanlagen zweimal schneller als bei der herkömmlichen Praxis konstruiert und gebaut werden. Obgleich hier – wie auch im vorangegangenen Fall – eine formale Vereinigung der nationalen Forschungs- und Produktionsvereinigungen „unter einem Dach" nicht stattfand, kann diese Zusammenarbeit doch aufgrund der auf lange Sicht synchronisierten Arbeitsweise dieser Vereinigungen zur Erreichung eines gemeinsamen Ergebnisses als einheitlicher internationaler Komplex gesehen werden.

Bekanntlich sieht das Komplexprogramm eine Reihe von Organisationsformen der gemeinsamen Wirtschaftstätigkeit vor, so auch die Form der Wissenschafts-Produktionszusammenarbeit. Was die durch das Komplexprogramm vorgesehene Bildung von internationalen, nach dem Prinzip der wirtschaftlichen Rechnungsführung arbeitenden Wissenschafts-Produktionsvereinigungen betrifft, so können die Vereinigungen „Interatomenergo" und „Interatominstrument" bedingt dazugerechnet werden. Die erstgenannte ist im Grunde genommen ein Koordinierungszentrum, das die Verbindung nationaler Forschungsprogramme, die Organisation zur Durchführung gemeinsamer und koordinierter Forschungen sowie die Ausarbeitung von Standards auf dem Gebiet des Eichgerätebaus und die entsprechende Koordinierung seiner Produktion realisiert. Die zweite hat neben den genannten Funktionen eine eigene Service-Basis für den atomaren Gerätebau. Nach etwa den gleichen Parametern erfolgt die Tätigkeit solcher internationaler Wirtschaftsvereinigungen wie „Intertextilmasch." Auch hier wird vorwiegend eine koordinierte Tätigkeit bezüglich des gesamten Reproduktionszyklus realisiert, während sich dagegen die eigene Wirtschaftstätigkeit noch in den Anfängen befindet.

Wie die Praxis zeigt, sind Probleme einer gemeinsamen Forschungs-, Projektierung- und Konstruktionstätigkeit etwas leichter zu lösen; das läßt sich durch mehrere Umstände erklären, vor allem aber dadurch, daß nicht in so starkem Maße Beziehungen nach dem Prinzip der wirtschaftlichen Rechnungsführung aufgenommen werden müssen. Es gibt gewisse Erfahrungen einer effektiven Arbeitsweise internationaler Kollektive und gemeinsamer Laboratorien sowie auf dem Gebiet der Grundlagenforschungen (auch eines internationalen Instituts, des Instituts für Kernforschungen). Was gemeinsame Betriebe betrifft, so entwickeln sie sich bisher auf bilateraler Grundlage, vor allem in der extraktiven Industrie und auf dem Gebiet der Infrastruktur.

Den Erfahrungen nach hängt die Aufnahme einer gemeinsamen Wirtschaftstätigkeit, so auch der Wissenschafts-Produktionstätigkeit davon ab, ob die notwendigen ökonomischen und rechtlichen Bedingungen vorhanden sind. Dazu gehören: Versorgung mit Investitionen für die Schaffung der Produktions- und der wissenschaftlich-technischen Ausgangsbasis, ihre Einordnung in die nationalen Systeme der Planung und der Wirtschaftsführung, Möglichkeiten einer eigenen Absatz- und Service-Tätigkeit, die Lösung einer Reihe methodologischer Fragen der internationalen Preisbildung, von Verrechnungen und ökonomischen Vergleichen u. a. Doch sind noch nicht alle diese Bedingungen bereits vorhanden, was sich zwangsläufig auf die Dynamik und die Formen der Entwicklung einer gemeinsamen Wirtschaftstätigkeit auswirkt. So können z. B. Probleme einer „Gemeinsamkeit", einschließlich des damit im Zusammenhang stehenden komplizierten Aspekts eines gemeinsamen (anteiligen) Eigentums, auf dem Gebiet der Wissenschafts-Produktionstätigkeit in nächster Perspektive offenbar nicht maximal und identisch in bezug auf unterschiedliche Zweige und Glieder des Reproduktionsprozesses gelöst werden. Im Zusammenhang mit der Kompliziertheit des Problems des gemeinsamen Eigentums sollte seine Bildung in der gegenwärtigen Etappe offensichtlich nicht im Vordergrund der gemeinsamen Wissenschafts-Produktionstätigkeit stehen, da letztere sowohl auf der Grundlage entstandener Beziehungen gemeinsamen Eigentums als auch im Rahmen von Zwischenformen realisiert werden kann, wobei das nationale Eigentum der an der Zusammenarbeit teilnehmenden Betriebe und Forschungseinrichtungen mit ihrer gemeinsamen Leitung und der koordinierten Arbeitsweise im Rahmen des Gesamtzieles dieser Zusammenarbeit verbunden wird.

Die Bildung internationaler Wissenschafts-Produktionskomplexe wird somit erleichtert, wenn sie auf der Basis stabiler Kooperationsbeziehungen zwischen speziell ausgewählten nationalen Betrieben und Organisationen erfolgt, die ein gemeinsames Programm der Zusammenarbeit und ein gemeinsames Leitungsorgan verbindet, das für eine erfolgreiche Durchführung dieser Zusammenarbeit über die notwendigen Vollmachten verfügt. In solch ein internationales System können, falls erforderlich, einzelne gemeinsame Glieder in der Art gemeinsamer Forschungs-, Projektierungs- und Konstruktionsabteilungen sowie Service- und Absatzorganisationen einbezogen werden, deren Tätigkeit sich dem Gesamtprogramm der Zusammenarbeit unterordnet und auf dessen erfolgreiche Realisierung in den entsprechenden Teilbereichen orientiert. So kann eine Gemeinsamkeit bei der produktionsvorbereitenden Tätigkeit organisch in Kooperationsbeziehungen zwischen nationalen Produktionsbetrieben bei der Sicherung eines koordinierten Absatzes der Erzeugnisse auf dem RGW-Markt und dem Weltmarkt mittelbar oder unmittelbar in gemeinsamen Service-Absatzabteilungen münden. Übrigens, nimmt man als Beispiel die transnationale Tätigkeit kapitalistischer Monopole, so stellt auch sie sowohl eine Verbindung der von der Mutterfirma abhängigen Filialformen als auch ein System der von dieser Firma ausgehenden Kooperationsbeziehungen mit juristisch selbständigen, in verschiedenen Ländern ansässigen Nachauftragnehmern dar.

Der prinzipielle Unterschied zur transnationalen Tätigkeit im Sozialismus besteht insbesondere darin, daß für die Beziehungen der Herrschaft und der Unterordnung, wie sie den Beziehungen im Kapitalismus zwischen der Muttergesellschaft, ihren Filialen und Nachauftragnehmern eigen, nicht charakteristisch sind. Die Leitung eines sozialistischen internationalen Komplexes ist im Grunde genommen in den Händen eines gemeinsamen Leitungsorgans oder einer internationalen Wirtschaftsorganisation konzentriert, in denen jeweils alle mitwirkenden Länder oder deren Betriebe gleichberechtigt vertreten sind. Das schließt eine Praxis aus, bei der unvorteilhafte Kooperationsbedingungen aufgezwungen werden, bietet die Möglichkeit, daß allen Kooperationspartnern annähernd gleiche Vorteile gewährleistet werden.

Was die Prinzipien zur Bildung solcher Komplexe betrifft, so muß hier – neben einer Berücksichtigung der Interessen und Möglichkeiten aller Beteiligten – der Faktor höchster Effektivität der Zusammenarbeit in bezug auf deren Endergebnisse bei einer Minimierung der Aufwendungen in jeder Etappe des Reproduktionsprozesses eine entscheidende Rolle spielen.

So hat die UdSSR, die in einem entsprechenden Institut mit der Bildung eines internationalen Laboratoriums bzw. Spezialistenkollektivs auf der Basis dieses Instituts, bei einem Minimum an Aufwand und Zeit, den notwendigen wissenschaftlichen Vorlauf sichern kann, bestimmte Vorzüge für wissenschaftsintensive Richtungen, bei denen den Grundlagenforschungen große Bedeutung zukommt. Je nach dem Grad des Übergangs zu angewandten Forschungen und Entwicklungen, zum Überleitungsstadium, kann der Schwerpunkt in andere Bruderländer verlagert werden, die als Basis der entsprechenden Kooperation bei der Durchführung von Projektierungs-, Konstruktions-, Versuchs- und Überleitungsarbeiten auftreten. Die Produktion selbst ist auf Kooperationsbasis mit der Vorgabe zu realisieren, daß der nationalen Spezialisierung der Teilnehmerländer Rechnung getragen wird und eine optimale Verteilung der material-, energie- und arbeitsintensiven Arbeiten erfolgt, um nichtrationelle Transporte zu vermeiden und die Gesamtkosten zu senken.

Der Absatz der Fertigerzeugnisse kann dabei über ein gemeinsames Handels- und Servicezentrum koordiniert bzw. realisiert werden, das auf dem Markt der RGW-Länder wie auch, falls notwendig, auf dem Weltmarkt über entsprechende Filialen und Verkaufsagenten verfügt. Möglich ist auch eine abgestimmte Organisation des Absatzes unmittelbar über die betreffenden Außenhandelsorganisationen der Teilnehmerländer. Verhältnis und spezifischer Anteil der einzelnen Komponenten des Komplexes können abhängig vom Inhalt des zu lösenden Problems variieren. So ist für neue Probleme, die den künftigen wissenschaftlich-technischen Fortschritt und die Entwicklungstendenzen der wissenschaftlich-technischen Revolution bestimmen, das wissenschaftlich-technische Kettenglied ausschlaggebend, dem, je nach Erfordernis, Versuchs- und

Überleitungs-, Produktions- und Investitions- sowie Absatzglieder zugeordnet werden, die die praktische Realisierung neuer technischer Ideen unterstützen. Berücksichtigt man die Rolle von Neuerungen bei der Modernisierung und besonders der strukturellen Umgestaltung der sozialistischen Produktion, beim Wettstreit der beiden Systeme sowie der Meisterung neuer Möglichkeiten der wissenschaftlich-technischen Revolution, so zeigt sich die Bildung internationaler Wissenschafts-Produktionskomplexe nach diesem Prinzip als besonders vorteilhaft. Das betrifft die Lasertechnik, die Kernenergetik, den Roboterbau, die Mikroelektronik sowie genengineering und andere Pionierrichtungen.

In jener Vielzahl von Fällen, bei denen es um eine Internationalisierung der entstandenen, mehr oder weniger traditionellen Produktionen zwecks Hebung ihres technischen Niveaus und Sicherung der Vorteile der internationalen Spezialisierung und Kooperation geht, unterstützt der wissenschaftlich-technische Komplex die Modernisierung des bestehenden Produktionsprozesses und wird entsprechend seinen Erfordernissen aufgebaut. Hier handelt es sich im Grunde genommen um die Bildung eines internationalen produktions-technischen Komplexes, nicht aber eines Wissenschafts-Produktionskomplexes.

Die rationelle Verbindung beider Modelle bestimmt das optimale Verhältnis zwischen dem revolutionären und den evolutionären Weg des wissenschaftlich-technischen Fortschritts in den RGW-Ländern, was an sich ein wichtiges Problem der abgestimmten wissenschaftlich-technischen Politik der Gemeinschaft darstellt, die sowohl auf die laufenden Bedürfnisse als auch besonders auf die Perspektive orientiert.

In beiden Fällen bedarf es flexibler Formen der Organisation und der Stimulierung der Überleitungstätigkeit unter Nutzung sowohl eigener (d. h. im Rahmen des Komplexes gewonnener) als auch fremder (von den Bruderländern oder auf dem Weltmarkt erworbener) wissenschaftlich-technischer Ergebnisse und neuer Technologien in „reiner" oder materialisierter Form.

Im Wesentlichen hat der Komplex die Aufgabe, vor allem Mittel der Ausarbeitung und Realisierung einer bestimmten wissenschaftlich-technischen Politik zu einem konkreten Problem zu sein und die erforderlichen Hebel und Instrumente zur Lösung dieser komplizierten Aufgabe zu besitzen. Der Komplex muß also einen qualifizierten wissenschaftlich-technischen Rat haben, der die abgestimmte wissenschaftlich-technische Politik, angewandt auf die eigene Forschungstätigkeit und deren Koordinierung, mit der außerhalb des Komplexes erworbenen Technologie, einschließlich eines abgestimmten Ankaufs von Lizenzen und dazugehörigen Materialien und Ausrüstungen, festlegt. Um diese abgestimmte Politik über die Teilnehmer des Komplexes oder unmittelbar durch sie zu realisieren, sind bestimmte koordinierende und organisierende Glieder notwendig, die eng mit dem genannten Rat verbunden und dem leitenden kollektiven Organ des Komplexes unterstellt sind. Zur Realisierung konkreter Maßnahmen zur Auswahl und Überleitung gewonnener und erworbener technischer Lösungen, einschließlich Lizenzen, könnten zeitweilige Spezialistenkollektive der im Rahmen des Komplexes zusammenarbeitenden Organisationen eingesetzt werden.

Wichtige Bedeutung innerhalb einer abgestimmten wissenschaftlich-technischen Politik des Komplexes hat die Sicherung der technologischen Einheit der im Rahmen des Komplexes mitwirkenden Betriebe sowie Projektierungs- und Konstruktionsorganisationen, die Ausarbeitung und Einführung einheitlicher technischer Normative und Standards zur Anwendung auf die hergestellten Erzeugnisse habenMaßnahmen zur Verbesserung der Erzeugnisqualität und zur Qualitätskontrolle mit der Orientierung auf höchste Kennziffern. Wie die Praxis der Spezialisierung und Kooperation der RGW-Länder zeigt, muß diesen Fragen genügend Aufmerksamkeit geschenkt werden.

Deshalb ist die Effektivität dieser Seite der Aufgabe in nicht geringem Maße entscheidend für den Erfolg des gesamten Funktionierens internationaler Komplexe, die zu einer Minimierung des Aufwandes beim Ausstoß neuer Erzeugnisse sowie zur Sicherung eines hohen technischen Niveaus dieser Erzeugnisse beitragen sollen, einschließlich der Konkurrenzfähigkeit auf dem Weltmarkt. Und das wird sowohl im Stadium der Forschung und Entwicklung als auch unmittelbar bei der Produktion bestimmt.

Die Struktur der entsprechenden Maßnahmen ist in jedem einzelnen Fall unter Berücksichtigung der Spezifik der betreffenden Produktionen wie auch der besten Erfahrungen der RGW-Länder und des weltweiten Erfahrungsschatzes zu erarbeiten. Obgleich Grundlage der Bildung internationaler Wissenschafts-Produktionskomplexe in der Regel der zwischenstaatliche Vertrag, ergänzt durch Wirtschaftsverträge, ist, reicht hier eine Vertragsform allein nicht aus, berücksichtigt man den komplizierten und langfristigen Charakter der Wechselbeziehungen, die Notwendigkeit einer operativen Regelung des Zyklus „Wissenschaft – Produktion – Realisierung" auf allen seinen Etappen in der Tätigkeit der zusammenarbeitenden Organisationen, die Verbindung der nationalen und der einzelnen gemeinsamen Glieder dabei, das horizontale Zusammenwirken zwischen ihnen sowie die Orientierung dieses Zusammenwirkens auf die Erreichung der gestellten Endziele. Im Zusammenhang damit ist in den Fällen, wo keine internationalen Organe gebildet werden können, für die Leitung eines internationalen Wissenschafts-Produktionskomplexes das Programm-Ziel-Herangehen am geeignetsten. Dabei besteht die Möglichkeit, spezielle Organe zur Leitung des Programms auf der Grundlage nationaler Leitungsstrukturen, einer Annäherung des Programm-Organs an die unmittelbar Ausführenden der Arbeiten zu bilden, seien es nun nationale Organisationen und Betriebe oder gemeinsame Glieder. Sowohl Struktur als auch Details einer solchen Regelung bedürfen einer speziellen kollektiven Ausarbeitung, deren Ergebnis einige Beispielschemata für die Programm-Ziel-Leitung der Tätigkeit des Komplexes sein können. Das würde bedeuten, daß die Methoden einer gemeinsamen Planung unter Berücksichtigung der Vorzüge des Programm-Ziel-Herangehens schöpferisch angewandt werden.

Von großer Bedeutung sind für ein erfolgreiches Funktionieren internationaler Komplexe gut organisierte und auf dem Prinzip der wirtschaftlichen Rechnungsführung aufbauende Beziehungen zwischen den Teilnehmern, vor allem auf dem Gebiet der Preise für Zwischen- und Endprodukte. Wir meinen, daß es möglich ist (neben anderen Varianten), den Aufwand für Forschung und Entwicklung sowie für das Funktionieren der gemeinsamen Glieder proportional dem Umfang der von den Partnern realisierten Erzeugnisse (Zwischen- und Endprodukte) und die Preise für Komponenten und Baugruppen dagegen proportional ihrem spezifischen Anteil am Endprodukt zu verteilen, obgleich einige damit zusammenhängende methodische Fragen noch ergänzend zu untersuchen sind. Große Bedeutung für einen Erfolg dieser Aufgabe haben Exaktheit der gegenseitigen Verpflichtungen und Sanktionen beim Verstoß gegen diese Verpflichtungen; diese Sanktionen sollen – als Minimum – die durch derartige Verstöße entstehenden Verluste kompensieren.

Das Zusammenwirken aller Elemente der Beziehungen im Zusammenhang mit der Bildung der Leitung und dem Funktionieren internationaler Komplexe erfordert natürlich eine zusätzliche Durcharbeitung der Lösungswege für mehrere Fragen der nationalen und der gemeinsamen Wirtschaftsführung. Deshalb wäre es unrationell, ihre Bildung künstlich zu forcieren. Gleichzeitig jedoch hat ein Zurückbleiben in der Entwicklung von Formen gemeinsamer Wirtschaftstätigkeit unerwünschte Folgen; so kommt es vor allem zu einer Verlangsamung jenes Prozesses der Intensivierung einer umfassenden Kooperation, den die RGW-Länder als Hauptrichtung zur Vertiefung des Integrationsprozesses auf der gegenwärtigen Etappe definierten.

In Übereinstimmung mit dem Beschluß der 97. Tagung des RGW-Exekutivkomitees gibt es bekanntlich folgende vorrangige Richtungen der Wissenschafts- und Produktionskooperation der Bruderländer: Automatisierung der Produktionsprozesse auf der Grundlage der Nutzung perspektivischer Mittel der Rechentechnik, der Schaffung der dafür notwendigen vereinheitlichten elementaren Basis; Einführung von Robotern und anderen Mitteln zur Mechanisierung arbeitsaufwendiger Prozesse; Schaffung eines Komplexes leistungsstarker Technik für die Erschließung von Roh- und Brennstoffvorkommen; Entwicklung von Maschinen und Ausrüstungen, die eine ökonomische Nutzung von Brennstoffen und Energie gewährleisten; Modernisierung des Maschinenbauparks durch hochproduktive Präzisionsanlagen; Schaffung komplexer vereinheitlichter Hydraulik- und Pneumatikreihen. Einige der vorrangigen Richtungen der Wissenschafts-Produktionskooperation wurden als zweiseitige langfristige Programme der Spezialisierung und Kooperation der Produktion festgelegt.

Im Rahmen dieser Richtungen verläuft also vor allem die Bildung der Wissenschafts-Produktionskomplexe der RGW-Länder. Die UdSSR und die DDR, die die größten Erfahrungen bei einer solchen Kooperation besitzen und im Verlaufe dieser Kooperation nicht geringe Ergebnisse erzielten – darunter auch weltweit anerkannte – haben die besten Voraussetzungen dafür, auf zweiseitiger und multilateraler Basis den Anstoß für die Bildung neuer leistungsstarker internationaler Wissenschafts-Produktionskomplexe zu geben, die die Entfaltung der wissenschaftlich-technischen Revolution in der sozialistischen Gemeinschaft bedeutend voranbringen könnten; gemeint ist damit ihr technologischer wie auch organisatorisch-territorialer Inhalt und die organische Verbindung dieser beiden Richtungen.

Wir meinen, daß eine Nutzung der o. g. Strukturen internationaler Wissenschafts-Produktionskomplexe die Möglichkeit bieten würde, einen Schritt voran vom entstandenen System rein vertraglicher Beziehungen auf dem Gebiet der Spezialisierung und Kooperation der Produktion zu organisatorisch höheren und komplexen Formen der Wissenschafts-Produktionskooperation zu tun, zu Formen, die den Tendenzen der wissenschaftlich-technischen Revolution und den Möglichkeiten einer Internationalisierung der Produktion auf zeitgenössischem Niveau entsprechen. Das würde gleichzeitig auch eine Vorwärtsbewegung in Richtung jener höheren Formen der internationalen Vergesellschaftung der Wissenschafts-Produktionssphäre bedeuten, die sich auf den Folgeetappen der Entwicklung des Integrationsprozesses herausbilden, wenn dafür die notwendigen Voraussetzungen auf nationalem und internationalem Niveau der sozialistischen Wirtschaftsführung herangereift sind.

Die Gestaltung leistungsstarker internationaler Wissenschafts-Produktionskomplexe und die damit im Zusammenhang stehende Ausarbeitung und Durchführung einer abgestimmten Struktur- und wissenschaftlich-technischen Politik der Gemeinschaft müssen zu einer wichtigen Voraussetzung für den Übergang zur Abstimmung der Wirtschaftspolitik insgesamt werden, mit dem die RGW-Länder eine Vertiefung ihres Integrationszusammenwirkens in einer für die Gemeinschaft entscheidenden Richtung verbinden. Sie ermöglicht es, das gewaltige wissenschaftlich-technische und Produktionspotential der Gemeinschaft vollständiger und rationeller auszunutzen, seine nationalen Komponenten besser zu profilieren und zu koordinieren, die Position der RGW-Länder im System der weltweiten Arbeitsteilung zu stärken und einen weiteren Schritt voran auf dem Wege der Verbindung der Errungenschaften der wissenschaftlich-technischen Revolution mit den Vorzügen des Sozialismus im Maßstab der gesamten Gemeinschaft zu tun.

Ju. V. Jakovec

Der auf dem Prinzip der wirtschaftlichen Rechnungsführung aufbauende Mechanismus zur Überleitung der neuen Technik in Produktionsvereinigungen

Die planmäßige Leitung des wissenschaftlich-technischen Fortschritts in der sozialistischen Ökonomik wird auf der Grundlage der Verbindung der *Ziel-Programm-Planung* die eine Konzentration der Ressourcen auf die wichtigsten perspektivischen und effektiven Entwicklungsrichtungen von Wissenschaft und Technik, auf die Entwicklung und Überleitung neuer wissenschaftlich-technischer Richtungen und Maschinengenerationen ermöglicht, mit einem *auf dem Prinzip der wirtschaftlichen Rechnungsführung aufbauenden Mechanismus* verwirklicht, der Interessiertheit und ökonomische Verantwortung der Arbeitskollektive für die Entwicklung neuer Technik und Technologie in kurzen Fristen und mit höchstem Nutzen sichert. Im Rechenschaftsbericht des ZK der KPdSU an den XXVI. Parteitag wurde die Notwendigkeit betont, die Leitung des wissenschaftlich-technischen Fortschritts zu verbessern: „Die Forschungs-, Projektierungs- und Konstruktionsarbeiten sind ökonomisch und organisatorisch enger mit der Produktion zu verknüpfen . . . Es ist alles zu beseitigen, was den Prozeß der Einführung des Neuen schwierig, langsam und schmerzhaft macht. Die Produktion muß lebhaft daran interessiert sein, die Früchte des Denkens und die Früchte der Arbeit von Wissenschaftlern und Konstrukteuren schneller und besser in die Praxis umzusetzen. Die Lösung dieser Aufgabe ist natürlich eine schwierige Angelegenheit, die den Bruch mit überlebten Gewohnheiten und Kennziffern verlangt.“ [1]

Die Entwicklung von Organisationsformen der Leitung, die einer Lösung dieser Aufgabe am besten entsprechen – die Produktions- und die Wissenschafts-Produktionsvereinigungen [2], die Unions- und die Republiks-Industrievereinigungen –, ist durch eine Qualifizierung des auf dem Prinzip der wirtschaftlichen Rechnungsführung aufbauenden Überleitungsmechanismus der neuen Technik zu ergänzen. Welches sind die *objektiven Grundlagen* für die Anwendung dieses Mechanismus?

1. *Differenzierung der individuellen Aufwendungen* unter der Einwirkung objektiver und subjektiver Faktoren bei der Produktion ein und derselben oder vergleichbarer Erzeugnisse

Der Grund, weshalb es eine solche ökonomische Kategorie wie den *Differentialwert* gibt, sind die Unterschiede zwischen dem gesellschaftlichen und dem individuellen Wert, der sowohl positive als auch negative Bedeutung haben kann. Die Existenz einer solchen Kategorie wurde bereits von K. Marx hervorgehoben: „Den Unterschied zwischen Marktwert und individuellem Wert überhaupt bezeichne ich als *Differentialwert*.“ [3]

[1] XXVI. Parteitag der KPdSU, Rechenschaftsbericht des Zentralkomitees der KPdSU und die nächsten Aufgaben in der Innen- und Außenpolitik, Berichterstatter: L. I. Breshnew, Berlin 1981, S. 58–59.

[2] In der Industrie der UdSSR gab es zu Beginn des Jahres 1980 3947 Produktions- und Wissenschafts-Produktionsvereinigungen, in denen 47,1% des Volumens der realisierten Erzeugnisse und 48,4% des Industrie- und Produktionspersonals konzentriert waren. Vgl. Narodnoe chozjajstvo SSSR v 1979, Statističeskij ežegodnik, Moskva 1980, S. 133.

[3] K. Marx, Theorien über den Mehrwert, Zweiter Teil, in: K. Marx F. Engels, Werke (im folgenden MEW) Bd. 26, 2, Berlin 1967, S. 267.

In der sozialistischen Ökonomik nimmt diese Kategorie die Form eines Differentialeinkommens bzw. Differentialverlusts an. Das kann durch unterschiedliche Faktoren bedingt sein: ungleiche natürliche Bedingungen (z. B. Differentialeinkommen bzw. -verlust im Bergbau); Niveau der Organisation von Arbeit und Leitung; Unterschiede im technischen Niveau und der Effektivität von Technik und Technologie. Im letzten Fall geht es um das *Differentialeinkommen (-verlust) auf wissenschaftlich-technischem Gebiet*, um das zusätzliche Einkommen derjenigen, die nach vorn drängten, die als erste eine hocheffektive Technik einsetzten, auf dieser Grundlage niedrigere (je Einheit Nutzeffekt) Produktionskosten erreichten und eine größere Gewinnmasse erwirtschafteten sowie um Verluste für Produzenten moralisch und technisch veralterer Erzeugnisse.[4] Basis ihres Entstehens sind Abweichungen vom gesellschaftlich notwendigen Niveau des individuellen Wertes (oder Gebrauchswertes) der von Betrieben und Vereinigungen, die nach dem Prinzip der wirtschaftlichen Rechnungsführung arbeiten, hergestellten Erzeugnisse. Solche Abweichungen werden in beiden Fällen über den Preis realisiert, über Preisaufschläge oder -abschläge und treten in Form eines zusätzlichen Einkommens oder einer Verringerung des Gewinns (oder Entstehen von Verlusten) auf. Das Differentialeinkommen (-verlust) auf wissenschaftlich-technischem Gebiet – abgekürzt DEWT (V) – können sowohl einzelne Betriebe und Vereinigungen als auch sich rasch entwickelnde, technisch progressive Zweige realisieren. Es entsteht auch auf internationaler Ebene; z. B. erhält Japan große zusätzliche Einnahmen aufgrund eines hohen technischen Niveaus und niedriger Produktionskosten der auf dem Weltmarkt realisierten Erzeugnisse.

2. Die *Ungleichmäßigkeit* des Entstehungsprozesses und der Dynamik des DEWT (V), sein Wechselcharakter und die enge Beziehung zu den Phasen des wissenschaftlich-technischen Zyklus

In der *ersten Phase*, wenn die Entwicklung und Überleitung einer neuen Generation der Technik erfolgt, was mit großen Investitionen in Forschungs-, Versuchs- und Konstruktionsarbeiten, in den Bau neuer bzw. die Rekonstruktion bestehender Betriebe, die Umstellung der Produktion und die Weiterbildung der Kader verbunden ist, sind die Aufwendungen hoch, während das Volumen der Produktion unbedeutend ist. In diesem Stadium ist der individuelle Wert höher als der gesellschaftliche; es gestaltet sich die Qualität der Erzeugnisse und es ist erforderlich, die prinzipiell neue Technik aus zentralen Fonds (Staatshaushalt, zweiggebundene einheitliche Fonds zur Entwicklung von Wissenschaft und Technik u. a.) finanziell zu unterstützen.

In der *zweiten Phase* wächst das Produktionsvolumen neuer Erzeugnisse zunehmend, die Kosten gehen rasch zurück und die Qualität der Fertigung sowie die Zuverlässigkeit im Gebrauch der neuen Erzeugnisse erhöhen sich; die individuellen Aufwendungen in der Produktions- und der Konsumtionssphäre der neuen hocheffektiven Technik erweisen sich als niedriger als die gesellschaftlich notwendigen Aufwendungen, Rate und Masse des DEWT wachsen.

In der *dritten Phase* des wissenschaftlich-technischen Zyklus findet die Neuerung weite Verbreitung, das erreichte Niveau der Produktionskosten und die Qualität werden gesellschaftlich normal und das Niveau der Industrieabgabepreise gleicht sich an. Betriebe und Vereinigungen, die diese Generation der Technik herstellen und

[4] Dabei sind verschiedene, obgleich in Wechselbeziehung zueinander stehende Formen der Alterung der Technik zu unterscheiden: moralischer oder ökonomischer Verschleiß, der die Gesetzmäßigkeit der Bewegung des Wertes zum Ausdruck bringt, welcher durch die Arbeitsinstrumente auf das hergestellte Produkt übertragen wird, und technischer Verschleiß, der die Dynamik des Gebrauchswerts, des technischen Niveaus und der Qualität der hergestellten Erzeugnisse ausdrückt.

einsetzen, erzielen einen normalen Gewinn, realisieren nicht das Differentialeinkommen (-verlust).

In der *vierten Phase* des Zyklus, wenn die moralische (ökonomische) und technische Alterung dieser Generation von Maschinen einsetzt, der gesellschaftliche Wert und das technische Niveau der Erzeugnisse aber von der nachfolgenden Generation, die auf das Preisniveau Einfluß nimmt, bestimmt werden, ensteht bei Herstellern und Verbrauchern der veralteten Erzeugnisse ein Differentialverlust auf wissenschaftlich-technischem Gebiet (DVWT), der sie dazu zwingt, rascher zu einer neuen, effektiveren Technik überzugehen.

Die Dauer jeder Phase sowie Rate und Masse des DEWT (V) sind in vielem vom *Grad der Neuerung* der für die Überleitung vorgesehenen Technik abhängig: handelt es sich um eine neue wissenschaftlich-technische Richtung (Lasertechnik, Raketentechnik, Mikroelektronik u. a.), um deren nachfolgende Generation oder um den Austausch von Modellen im Rahmen der jeweiligen Generation von Maschinen.

3. Die *Vielzahl der Beteiligten* am wissenschaftlich-technischen Fortschritt, die auf Gestaltung und Größe des DEWT (V) Einfluß sowie ihren Anteil daran haben, sind:

– der *Staat*, der die Haushaltszuweisungen für die Entwicklung prinzipiell neuer Technik, für den Bau neuer und die Rekonstruktion bestehender Betriebe bereitstellt und zusätzliche Einnahmen aus dem wissenschaftlich-technischen Fortschritt sowohl durch Strukturveränderungen als auch durch Abführungen eines Teils des von Betrieben und Vereinigungen erwirtschafteten zusätzlichen Gewinns erhält;

– die *Entwickler* der neuen Technik, d. h. Forschungs-, Projektierungs- und Konstruktionsorganisationen, Versuchsbetriebe, die in immer stärkerem Maße dazu übergehen, ihre Arbeiten nach dem Prinzip der wirtschaftlichen Rechnungsführung durchzuführen (angefangen bei der angewandten Wissenschaft) und sie zu Lasten des in der Volkswirtschaft aus der neuen Technik und Technologie erzielten Nutzens zu stimulieren;

–.die *Produzenten* der Technik, die den Hauptaufwand für die Überleitung der Technik tragen und über deren Preise einen bedeutenden Anteil des Differentialeinkommens (in der zweiten Phase), aber auch Verluste (in der vierten Phase) realisieren;

– die *Verbraucher* der Arbeitsmittel, die das wissenschaftlich-technische Niveau und die Effektivität der Arbeitsinstrumente über die Produktionskosten und die Qualität der mit ihrer Hilfe hergestellten Erzeugnisse und entsprechend über die Preise für diese Erzeugnisse realisieren (Es können viele Verbraucher sein, besonders bei der Haushaltstechnik, und über sie wird das DEWT (V) in der gesamten Volkswirtschaft verteilt);

– die Betriebe und Organisationen in der Sphäre der *Realisierung, Versorgung und Instandhaltung*, die ebenfalls entsprechend den Anforderungen der neuen Generation der Technik reorganisiert werden müssen und von denen in hohem Maße Verbreitung und Effektivität des Einsatzes der Technik, folglich auch Rate und Masse des DEWT (V) abhängen;

– die *Leitungsorgane* des wissenschaftlich-technischen Fortschritts (Ministerien, Ämter, Staatliches Komitee für Wissenschaft und Technik, Staatliches Komitee für Erfindungen, Staatliches Plankomitee der UdSSR, Staatliches Komitee für Standardisierung, Staatliches Komitee für Preise der UdSSR u. a.), die das entscheidende Wort bei der Wahl und der Realisierung neuer Richtungen von Wissenschaft und Technik, der Bereitstellung zentraler Mittel, der Herausnahme veralteter Erzeugnisse aus der Produktion, der Bewertung der Effektivität der Technik, der Festlegung und Überprüfung ihrer Standards und Preise, der Preisaufschläge und -abschläge u. a. haben.

Natürlich sind die unterschiedlichen Ebenen nicht in gleicher Weise am Gesamtprozeß der Entwicklung und Überleitung der neuen Technik, der Bildung und Realisierung des DEWT (V) beteiligt, doch muß jede Ebene – direkt oder indirekt – die ökonomischen Ergebnisse ihres Einflusses auf das Tempo und die Effektivität des wissenschaftlich-technischen Fortschritts spüren.

Welches ist der *Inhalt des auf dem Prinzip der wirtschaftlichen Rechnungsführung aufbauenden Mechanismus* zur Überleitung der neuen Technik, welches sind seine Hauptelemente?

1. Wirtschaftliche Rechnungsführung, das sind nicht nur Stimuli, sondern das ist vor allem der *Plan*, der die Mitwirkung jedes Betriebes, jeder Vereinigung und jedes Forschungsinstituts am Gesamtprozeß der Reproduktion bestimmt, die Bedingungen der Reproduktion sichert und damit die Grundlagen für eine Tätigkeit nach dem Prinzip der wirtschaftlichen Rechnungsführung garantiert. Die Kollektive, die nach der wirtschaftlichen Rechnungsführung arbeiten, sind nur ein Teil der Volkswirtschaft, die auf dem gesamtstaatlichen Eigentum basiert. Ihre übermäßige Verselbständigung (Isolierung), die Loslösung vom gesamtstaatlichen Plan nimmt ihnen Perspektiven und Möglichkeiten, die gesamte Vielfalt an Kooperationsbeziehungen und Abhängigkeiten zu berücksichtigen, die das technische Niveau und die Effektivität der Erzeugnisse, ihr Produktionsvolumen und die Kontinuität ihrer Realisierung bestimmen. Von der Wirksamkeit der wirtschaftlichen Rechnungsführung und ihrer Ausrichtung auf volkswirtschaftliche Endergebnisse hängen gleichzeitig die Realisierung der Planaufgaben, Tempo und Effektivität des technischen Fortschritts sowie die Größe des in der Wirtschaft zu realisierenden DEWT ab. Die planseitige Absicherung des auf dem Prinzip der wirtschaftlichen Rechnungsführung aufbauenden Mechanismus zur Überleitung der neuen Technik zeigt sich in folgendem:

– in einer begründeten Einbeziehung von Aufgaben zur Entwicklung neuer Generationen und Modelle der Technik, zur Aufnahme und Entwicklung der Produktion neuer Erzeugnisse und der Herausnahme veralteter Erzeugnisse aus der Produktion, zur Hebung ihres technischen Niveaus und der Verbesserung ihrer Qualität in die Fünfjahres- und Jahrespläne sowie die langfristigen komplexen Zielprogramme, in einer vorrangigen Absicherung dieser Aufgaben durch die erforderlichen Investitionen, durch Arbeitskräfte, materielle Ressourcen und finanziellen Mittel sowie der Umgestaltung der Kooperationsbeziehungen;

– in einer Widerspiegelung jener Kennziffern in den Plänen, die den nach dem Prinzip der wirtschaftlichen Rechnungsführung erzielten volkswirtschaftlichen Nutzen wissenschaftlich-technischer Maßnahmen kennzeichnen, sowie in den Normativen zur Verteilung des zusätzlich erwirtschafteten Nettoeinkommens;

– in der Sicherung der Stabilität der Plankennziffern im Rahmen des Fünfjahrplanes, wodurch der Anteil der Betriebe und Vereinigungen am DEWT (V) garantiert und die stimulierende Einflußnahme des Planes wie auch der wirtschaftlichen Rechnungsführung verstärkt wird.

Eine einfache Korrektur der Pläne, eine Erhöhung oder Reduzierung der Planaufgaben in Anlehnung an die erreichten Ergebnisse führt zur Gleichmacherei, untergräbt die wirtschaftliche Rechnungsführung, das Interesse an der Überleitung neuer hocheffektiver Technik, da das dadurch erwirtschaftete zusätzliche Einkommen entzogen und umverteilt wird, um schlechte Kennziffern jener nach der wirtschaftlichen Rechnungsführung arbeitenden Betriebe zu decken, bei denen ein DEWT (V) entstand. Deshalb wurde auf dem XXVI. Parteitag der KPdSU einer höheren Stabilität der Pläne und einer Verstärkung der Plandisziplin große Aufmerksamkeit geschenkt. Auf der Grundlage der Planaufgaben und der Bewertung ihrer Erfüllung müssen die Endergebnisse der nach dem Prinzip der wirtschaftlichen Rechnungsführung erfolgenden Tätigkeit auf dem Gebiet des wissenschaftlich-technischen Fortschritts, muß die Größe des DEWT (V) jedes Beteiligten vollständig und objektiv dargestellt werden.

2. *Finanz- und Kredithebel* nehmen einen vorrangigen Platz in dem auf dem Prinzip der wirtschaftlichen Rechnungsführung aufbauenden Mechanismus der Überleitung der neuen Technik ein. In der ersten Phase des Zyklus besteht ihre Hauptaufgabe darin, jenen finanzielle Unterstützung zu erweisen, die die neue Technik entwickeln und überleiten sowie den „Anlaufaufwand" zu kompensieren, der die finanziellen Möglichkeiten der nach der wirtschaftlichen Rechnungsführung arbeitenden Kollektive bedeutend überschreitet. Diesem Ziel dienen sowohl direkte Haushaltszuwendungen für Forschung und Entwicklung, für den Bau und die Rekonstruktion von Betrieben und Anlagen entsprechend den Erfordernissen der neuen Technik und auch die Kompensation der Überleitungskosten und zeitweilig erhöhten Aufwendungen aus Mitteln des einheitlichen Fonds zur Entwicklung von Wissenschaft und Technik der Ministerien. Aus Mitteln dieser Fonds werden gegenwärtig vorübergehende Verluste kompensiert, während die aus zentralen Quellen finanzierten Arbeiten in das Erzeugnisvolumen einbezogen werden. Damit wird die Situation beseitigt, daß sich in der Überleitungsperiode der neuen Technik die dem Prinzip der wirtschaftlichen Rechnungsführung entsprechenden Kennziffern in bezug auf das Produktionsvolumen, die Arbeitsproduktivität und den Gewinn verschlechtern.

Diese Fragen sind jedoch für eine prinzipiell neue Technik, insbesondere eine Technik zwischenzweiglicher Zweckbestimmung, noch nicht in vollem Maße gelöst, obgleich gerade diese Technik große Aufwendungen hinsichtlich einer Umgestaltung der Produktion erfordert und den größten Nutzen für die Volkswirtschaft bringt. Ein Weg zur Lösung dieses Widerspruchs könnte die Bildung eines spezialisierten Fonds für wissenschaftlich-technische Grundlagenforschungen und zwischenzweigliche Entwicklungen sein, der sich in Verfügung eines zwischenamtlichen Organs (z. B. des Staatlichen Komitees für Wissenschaft und Technik) befindet. Aus den Mitteln dieses Fonds könnten die komplexen wissenschaftlich-technischen Zielprogramme von volkswirtschaftlicher Bedeutung finanziert und anfängliche Überleitungskosten neuer Generationen der Technik zwischenzweiglichen Charakters erstattet werden.

In der zweiten Phase des Zyklus ist das DEWT mittels finanzieller Hebel begründet zu verteilen, wobei jedem an der Entwicklung und Überleitung der neuen Technik Beteiligten (einschließlich des Staates) der garantierte Teil des zusätzlichen Gewinns zu gewährleisten ist. In der vierten Phase ist die tatsächliche Größe des DEWT darzustellen, und es sind damit die nach der wirtschaftlichen Rechnungsführung erzielten Ergebnisse aller Beteiligten bei der Produktion und Konsumtion veralteter Technik zu belasten, um so die Herausnahme dieser Technik aus der Produktion und ihren Austausch gegen eine effektivere zu beschleunigen. Hier ist eine Maskierung mittels Umverteilung des Gewinns, direkter oder indirekter Dotationen des Zurückbleibens beim technischen Fortschritt besonders gefährlich. Bei der Deckung eines vorübergehend entstehenden zusätzlichen Bedarfs an finanziellen Mitteln für die Verwirklichung wissenschaftlich-technischer Maßnahmen könnte auch der Kredit eine Rolle spielen. Diese Form des Kredits hat jedoch noch nicht die notwendige Verbreitung gefunden.

3. Das *Preissystem* (in Wechselwirkung mit den Standards) ist ein wichtiges Instrument zur Bewertung des technischen Niveaus, der Qualität und der Effektivität der Technik sowie der Größe des DEWT (V) und seiner Verteilung unter den Beteiligten des wissenschaftlich-technischen Fortschritts. Dabei werden folgende Aufgaben gelöst.

Bei der Festlegung der Limit- und der Industrieabgabepreise (für die Haushaltstechnik – der Einzelhandelspreise) für neue Erzeugnisse wird deren technisches Niveau und ihre Effektivität bewertet und koordiniert. Dabei wird die Kompensation der Überleitungskosten aus Mitteln zentraler Fonds berücksichtigt, und es werden Maßnahmen ergriffen, um die neuen Erzeugnisse sowohl für Entwickler und Hersteller als auch für die Verbraucher der neuen Technik vorteilhaft zu machen. Das ist eine besonders verantwortungsvolle Phase; von einer umsichtigen Verbindung des Preis- und Finanzmechanismus hängt die Verstärkung des dem Prinzip der wirtschaftlichen Rechnungsführung entsprechenden Interesses an einer Einführung neuer Erzeugnisse ab.

Es ist notwendig, eine relative Preisstabilität in der dritten Phase des Zyklus und bereits bekannte Ausmaße einer Senkung dieser Preise in der zweiten Phase (abgestufte Preise) zu sichern. Damit wird die garantierte Aufteilung des DEWT unter allen Beteiligten des wissenschaftlich-technischen Fortschritts bei Senkung des Gesamtniveaus der Preise für die Verbraucher gewährleistet. Leider fanden die abgestuften Preise, obwohl theoretisch anerkannt, aufgrund der praktischen Schwierigkeiten bei ihrer Festlegung keinerlei nennenenswerte Verbreitung. Ihre Funktionen erfüllen bis zu einem gewissen Grade die für eine bestimmte Frist festgesetzten Stimulierungsaufschläge auf die Industrieabgabepreise für Erzeugnisse mit Staatlichem Gütezeichen sowie Preisabschläge für veraltete Erzeugnisse.

Der wirksamste ökonomische Stimulus zur Senkung der Kosten bei der Einführung einer effektiveren Technik und Technologie ist die Senkung der Preise für veraltete, seit langem hergestellte Erzeugnisse wie auch die Anwendung niedrigerer Rentabilitätsnormative für solche Erzeugnisse bei periodischen Überprüfungen der Preislisten. Dabei sollte die Größe des DEWT rechtzeitig dargestellt und – völlig oder teilweise – nicht nur den Herstellern, sondern auch den Projektierungs- und Konstruktionsorganisationen, die die Entwicklung neuer Generationen der Technik verzögern, sowie auch den Verbrauchern, die veraltetete Arbeitsmittel in Auftrag geben und einsetzen, angelastet werden.

4. Plan, Finanz- und Kredithebel, Preise – das sind vor allem Instrumente der zentralen Leitung: Für die organische Verbindung mit dem auf der wirtschaftlichen Rechnungsführung basierenden Interessen der Kollektive ist die enge Verknüpfung mit dem *System der ökonomischen Stimulierung*, mit der Ordnung für die Bildung und Nutzung der Stimulierungsfonds erforderlich, deren Größe unmittelbar von der Höhe und Dynamik des DEWT (V) abhängen muß.

Der zusätzliche Gewinn aus der Ausarbeitung und Überleitung der neuen hocheffektiven Technik, den man aus Preisaufschlägen für Erzeugnisse mit dem Staatlichen Qualitätszeichen erhält, bleibt in einem garantierten und außerordentlich spürbaren Umfang beim Hersteller der neuen Technik; zum Teil erhalten ihn deren Entwickler wie auch die Lieferanten der Zulieferteile und Baugruppen für neue Erzeugnisse. Das ist eine der stärksten Quellen für die Herausbildung der Fonds der ökonomischen Stimulierung der Betriebe, Vereinigungen, Forschungs- und Entwicklungsorganisationen. Die Zeiträume dieser Eingänge müssen genau bestimmt werden, und zwar ausgehend von der Dauer der zweiten Phase des wissenschaftlich-technischen Zyklus, in der sich die Bildung des DEWT vollzieht.

Da sich bei prinzipiell neuer Technik der Effekt nicht sofort realisiert, muß man die Möglichkeit haben, ein ausreichendes Niveau der ökonomischen Stimulierungsfonds aufrechtzuerhalten in Form von Vorabzahlungen für den künftigen Effekt aus zentralisierten Fonds, unter Berücksichtigung der Aufgabenerfüllung des Ziel-Komplex-Programms der Ausarbeitung und Überleitung der neuen Technikgeneration. Von nicht geringerer Bedeutung ist, daß sich die Herstellung veralteter Technik unbedingt auf die Größe der Stimulierungsfonds auswirkt, daß sich der Anteil des DEWT auf sie bezieht – und zwar nicht nur für die Hersteller, sondern auch für die Entwickler und Verbraucher der veralteten Erzeugnisse.

Im Juli 1981 wurde der Beschluß des ZK der KPdSU und des Ministerrates der UdSSR veröffentlicht, der auf die Verstärkung der Einsparung und rationellen Nutzung der materiellen Ressourcen gerichtet ist. Es wurde festgelegt, daß in die Fonds der ökonomischen Stimulierung der Betriebe, Vereinigungen und Organisationen direkte Zuführungen aus den erzielten Einsparungen an Brennstoff- und energetischen Ressourcen, an Rohstoffen und anderen materiellen Ressourcen erfolgen. Das schafft günstigere ökonomische Voraussetzungen für die Ausarbeitung und Überleitung von energie- und materialsparender Technik.

5. Der auf der wirtschaftlichen Rechnungsführung beruhende Mechanismus wird mit der persönlichen materiellen Interessiertheit der Werktätigen über unterschiedliche *Prämien*formen und die Verteilung der Stimulierungsfonds verbunden. Die Ergebnisse des wissenschaftlich-technischen Fortschritts wirken sich auf den Gesamtumfang des Fonds der materiellen Stimulierung aus, der sich von 3739 Mio Rubel im Jahre 1970 auf 6357 Mio Rubel im Jahre 1979 erhöhte (für die Industrie), d. h. um das 1,7fache – und 174 Rubel je Werktätiger im Jahr erreichte, was nur etwas weniger als der durchschnittliche Monatslohn ist (180,4 Rubel).[5] Gleichzeitig sind die Kennziffern der Bildung und Verteilung des Fonds noch immer in geringerem Maße mit der Erfüllung der Planaufgaben auf dem Gebiet der Wissenschaft und Technik und mit dem erzielten Effekt verbunden. Was die Mittel für die Prämierung der Werktätigen für die Schaffung und Einführung der neuen Technik anbelangt, so sind sie in eben diesen 9 Jahren um das 1,7fache (von 156 auf 237 Mio Rubel) gewachsen, stellten jedoch insgesamt 3,7 % des Fonds der materiellen Stimulierung dar,[6] was eindeutig nicht ausreichend ist.

In der letzten Zeit wurden zusätzliche Maßnahmen zur verstärkten Stimulierung der Werktätigen für Ergebnisse auf dem Gebiet des wissenschaftlich-technischen Fortschritts getroffen. Es wurde festgelegt, daß die Werktätigen des Maschinenbaus für große Leistungen bei der Ausarbeitung und Überleitung der neuen Technik einmalige Prämien aus dem einheitlichen Fonds für die Entwicklung von Wissenschaft und Technik erhalten können. Das sollte auch auf andere Zweige in Anwendung kommen, in denen die neue Technik und Technologie realisiert wird.

Verantwortungslosigkeit und Gleichmacherei in der Prämierung müssen überwunden werden. Die Differenzierung der Prämienhöhe ist in Abhängigkeit von den Planaufgaben der neuen Technik und vom erzielten Effekt zu verstärken. Gleichzeitig ist offensichtlich, daß bei der Herstellung veralteter Technik kein Grund für Prämienzahlungen vorhanden ist; in manchen Fällen kann die Frage nach einem persönlichen Ersetzen des Schadens, der der Gesellschaft zugefügt wurde, gestellt werden. Die Stimulierung der guten Arbeit muß mit der materiellen Verantwortung für schlechte Arbeit verbunden werden. Nur dann wird das Stimulierungssystem wirksam. Die materielle Stimulierung muß durch die moralische sowie durch die breitere Einbeziehung in die Wettbewerbskennziffern und in die Gegenpläne der Maßnahmen „Neue Technik" und des aus ihnen erzielten Effektes ergänzt werden.

Der auf der Grundlage der wirtschaftlichen Rechnungsführung beruhende Mechanismus der Überleitung der neuen Technik ist am wirksamsten bei entsprechender *organisatorischer Absicherung*. Günstige Voraussetzungen für die Beschleunigung des wissenschaftlich-technischen Fortschritts werden durch den Übergang zur Produktionsver-

[5] Narodnoe chozjajstvo SSSR v 1979, Statističeskij ežegodnik, a. a. O., S. 387, 394, 550.
[6] Ebenda, S. 550.

Tabelle

Der auf dem Prinzip der wirtschaftlichen Rechnungsführung beruhende Mechanismus der Leitung des wissenschaftlich-technischen Fortschritts

Phasen des wissenschaftlich-technischen Zyklus	Dynamik des Gebrauchswertes und des Wertes			Mechanismus auf Basis der wirtschaftlichen Rechnungsführung					Organisation
	technisches Niveau, Qualität	Dynamik der Aufwendungen	DEWT(V)	Planung	Finanzierung	Preisbildung	ökonomische Stimulierung	materielle Belohnung	
I. Phase (Ausarbeitung und Überleitung von Wissenschaft und Technik)	Erlangung des neuen technischen Niveaus, Entdeckungen und Erfindungen, Herausbildung der Qualität	hohe Ausgaben der Ausarbeitung und Überleitung von Wissenschaft und Technik	individuelle Aufwendungen sind höher als gesellschaftlich notwendige	Zielkomplexe WT, Programme, Aufgaben zur Ausarbeitung und Überleitung von Wissenschaft und Technik	Erstattung der Ausgaben für Überleitung aus zentralisierten Fonds	Festlegung der Limite und Industriepreise für neue Erzeugnisse, der Stimulierungspreise für die Verbraucher	Vorabstimulierung aus zentralisierten Fonds für Ausarbeitung und Überleitung von Wissenschaft und Technik	einmalige Prämien aus EFEWT, Prämien für Erfüllung der Komplexprogramme	führende Rolle von WTE, AIV, WPV, PV
II. Phase (schnelle Entwicklung der Produktion durch Wissenschaft und Technik)	hohes technisches Niveau, hohe Qualität	Ausgaben verringern sich schnell	Herausbildung, Wachstum der Masse und Normen von DEWT	Abschluß der Realisierung von LEQ, Aufgaben zur Produktion WT und Effektivität	Teilung von DEWT zwischen den Teilnehmern nach festen Normativen	Stimulierungsaufschläge zu den Preisen, Erhöhung des Rentabilitätsnormativs; Stufenpreise	Bildung des Fonds ökonomische Stimulierung unter Berücksichtigung DEWT	Prämierungssysteme abhängig von Masse und Tempo des Wachstums DEWT	Ausbau der Produktion in WPV, PV
III. Phase (stabiles geringes Wachstumstempo der Produktion)	gesellschaftlich normales technisches Niveau und Qualität	relativ stabile Ausgaben	normaler Gewinn	Planung der Produktion und Erneuerung der Technik, Effektivität	Normative Ordnung der Gewinnverteilung, Abführung in das EFEWT	stabile Preise, differenziert nach parametrischen Folgen	übliche Stimulierungsordnung	übliche Prämierung unter Berücksichtigung des Effektes von Wissenschaft und Technik	stabile Produktion in PV

IV. Phase (moralisches und technisches Veralten, Herausnahme aus der Produktion)	niedriges technisches Niveau, normale Qualität der Ausführung	Wachstum der Aufwendungen je Einheit des nützlichen Effektes, Verteuerung bei Einschränkung der Produktion	Herausbildung und Wachsen des DEWT	Aufgaben zur Herausnahme der veralteten Technik aus der Produktion	Teilung des DEWT zwischen den Teilnehmern	Preisnachlaß, Preisverringerung; verringerte Rentabilitätsnormative	Verringerung der Fonds, dabei Anrechnung eines Teils von DEWT	Senkung oder Weglassen der Prämien, teilweise Erstattung von DEWT	Herausnahme aus der Produktion in PV

Erläuterung

DEWT – Differentialeinkommen auf wissenschaftlich-technischem Gebiet
EFEWT – Einheitlicher Fonds der Entwicklung von Wissenschaft und Technik
WTE – Wissenschaftlich-technische Vereinigung
AIV – Allunions-Industrievereinigung
WPV – Wissenschafts-Produktions-Vereinigung
PV – Produktionsvereinigung
LEQ – Leitung der Erzeugnisqualität
DEWT (V) – Differentialeinkommen (Verlust auf wissenschaftlich-technischem Gebiet)
WT – Wissenschaft und Technik

einigung, als der auf der wirtschaftlichen Rechnungsführung beruhenden Grundeinheit, geschaffen und zwar in Verbindung mit den Unions- und Republikvereinigungen auf einem höheren Niveau der Leitung. Günstige Voraussetzungen werden auch durch die Entwicklung der auf der wirtschaftlichen Rechnungsführung beruhenden Beziehungen innerhalb der Vereinigungen geschaffen.

Die Erfordernisse des wissenschaftlich-technischen Fortschritts diktieren die Notwendigkeit der Nutzung der verschiedenen Formen der Vereinigungen, die unterschiedliche Funktionen bei der Ausarbeitung und Überleitung der neuen Technik ausüben. Um prinzipiell neue Richtungen der Technik ausarbeiten zu können ist es zweckmäßig, *wissenschaftlich-technische Vereinigungen* (WTV) zu bilden, zu denen ein Akademieinstitut oder das Leitinstitut des Zweiges (als der Leitungseinheit) sowie die Entwicklungsorganisationen und das Versuchswerk gehören. Die Enderzeugnisse einer solchen Vereinigung sind Beispiele für eine prinzipiell neue Technik, in denen sich die Ergebnisse der Grundlagenforschung, der Entdeckungen und großen Erfindungen niederschlagen. Diese Vereinigungen sollten Leiteinrichtungen für die wissenschaftlich-technischen Ziel-Komplex-Programme werden. Als Beispiele für solche Vereinigungen können das Paton-Institut für Elektroschweißen der AdW der Ukrainischen SSR, das VNIIMETMAŠ des Ministeriums für Schwermaschinenbau dienen, das von dem Akademiemitglied A. I. Zalikov geleitet wird.

Die *Wissenschafts-Produktionsvereinigung* (WPV) vereinigt in sich zwei Funktionen – die Ausarbeitung und Konstruktion der neuen Technik und die Organisation ihrer Überleitung in die Produktion. Es sind nicht wenige solcher Vereinigungen entstanden. Die führende Rolle in der WPV spielen das Forschungsinstitut oder das Konstruktionsbüro; die Produktion trägt jedoch nicht nur experimentellen und Versuchscharakter. Die WPV ist eine „Brücke“ zwischen Grundlagen- und angewandter Forschung sowie der Massenproduktion. Es ist wichtig, daß bei der Schaffung von WPV die organische Verbindung zwischen ihren Elementen sowie die kluge Vereinigung von perspektivischen wissenschaftlich-technischen und laufenden Produktionsinteressen sowie die Ausrichtung aller ihrer Einheiten auf die Ausarbeitung und Überleitung einer hocheffektiven neuen Technik gewährleistet wird. Es muß gesagt werden, daß der einheitliche, auf der wirtschaftlichen Rechnungsführung basierende Mechanismus ihrer Tätigkeit noch nicht ausreichend eingespielt ist. Ein Erfahrungsaustausch zwischen der UdSSR, der DDR und den anderen sozialistischen Ländern, in denen analoge Vereinigungen existieren, wäre nützlich.

Die Produktionsvereinigungen (PV) sind die wichtigste Keimzelle, in der sich Endergebnisse des wissenschaftlich-technischen Fortschritts realisieren. In die PV werden oft die Forschungs- und Entwicklungseinheiten einbezogen, die anwendungsbezogenen Charakter tragen. Gleichzeitig müssen sie – gemeinsam mit dem technischen Dienst der Vereinigung – die führende Rolle bei der Vorbereitung und Organisation der Überleitung der neuen Erzeugnisse, bei der Bewertung des technischen Niveaus der hergestellten Erzeugnisse und bei der Aussonderung veralteter Erzeugnisse aus der Produktion bei der vollen Nutzung des wissenschaftlich-technischen und ökonomischen Potentials der neuen Technik spielen.

Die *Allunions-(Republik)-Industrievereinigungen* (AIV) leiten den wissenschaftlich-technischen Fortschritt für die Industriegruppe insgesamt, verteilen die Planaufgaben und Ressourcen zwischen den WPV, PV, Forschungsinstituten (Fi), Konstruktionsbüros und Betrieben und sind für den Gesamtzyklus der Ausarbeitung und Realisierung neuer Maschinengenerationen und die Effektivität verantwortlich. Natürlich müssen sie dafür über die notwendigen Ressourcen verfügen – für die Finanzierung von Forschung und Entwicklung, für den Ersatz, die Aufwendungen und die Überleitung der neuen Technik, für die Prämierung der sich dabei auszeichnenden Kollektive und Werktätigen (darunter auch der Mitarbeiter des Apparates der Industrievereinigung).

Mit der Entwicklung der sozialistischen ökonomischen Integration der RGW-Mitgliedsländer entstehen *internationale wissenschaftlich-technische und Wissenschafts-Produktions-Vereinigungen*, um die größten technischen Probleme lösen zu können, die für eine Reihe von Ländern von Interesse sind. Die Bedingungen der Vereinigung des wissenschaftlich-technischen Potentials einiger Länder und die auf der wirtschaftlichen Rechnungsführung beruhende Tätigkeit einiger Vereinigungen, der Festlegung und Teilung des DEWT, das sowohl innerhalb der mitarbeitenden Länder als auch in ihren Wechselbeziehungen zu Drittländern realisiert wird, verlangen eine sorgfältige Erforschung und Durcharbeitung. Es wäre zweckmäßig, ein ökonomisches Experiment zur Herausbildung und Kontrolle des Wirtschaftsmechanismus des wissenschaftlich-technischen Fortschritts vorzubereiten und durchzuführen, das den Bedingungen der sozialistischen ökonomischen Integration entspricht – und zwar sollte das am Beispiel der im Rahmen von „Interelektro“ geschaffenen neuen Serie von asynchronen Elektromotoren oder einer anderen Richtung der Haushaltstechnik erfolgen (z. B. Mikrowellenherde, die eine wesentliche Einsparung von Elektroenergie im Haushalt ermöglichen oder des neuen Systems der Farbfotographie mit Einstufenprozeß usw.).

Das Schema des auf der wirtschaftlichen Rechnungsführung beruhenden Mechanismus der Leitung, der Ausarbeitung und Überleitung der neuen Technik unter Berücksichtigung der Phasen des wissenschaftlich-technischen Zyklus wird in der Tabelle gegeben.

Bei der Vervollkommnung der auf der wirtschaftlichen Rechnungsführung beruhenden organisatorischen Mechanismen der Ausarbeitung und Überleitung der neuen Technik ist es von Bedeutung, die in den sozialistischen Ländern gesammelten Erfahrungen zu untersuchen, um die Effektivität der planmäßigen Leitung dieser komplizierten Tätigkeit zu erhöhen und die Bedingungen für eine planmäßige, kurzfristige Überleitung der Errungenschaften der neuen Etappe der wissenschaftlich-technischen Revolution zu sichern.

V. N. Kašin

Besonderheiten der wirtschaftlichen Leitung des wissenschaftlich-technischen Fortschritts in Vereinigungen

Im Rechenschaftsbericht des ZK der KPdSU an den XXVI. Parteitag wird hervorgehoben, daß die Bedingungen, unter denen sich die Volkswirtschaft in den achtziger Jahren entwickeln wird, eine Beschleunigung des wissenschaftlich-technischen Fortschritts noch dringlicher machen.[1] Im Zusammenhang damit wird die Aufgabe gestellt, in allen Zweigen der Volkswirtschaft den Kurs einer raschen technischen Neuausrüstung der Produktion kontinuierlich fortzusetzen und Maschinen und Ausrüstungen zu entwickeln und herzustellen, die es ermöglichen, die Arbeitsproduktivität zu erhöhen, materielle Ressourcen einzusparen und die Arbeitsbedingungen zu verbessern.

Kennzeichend für alle Seiten der technischen Entwicklung ist ihre untrennbare Einheit; das setzt die Notwendigkeit eines komplexen Herangehens an die Leitung des wissenschaftlich-technischen Fortschritts voraus. Ein komplexes Herangehen an die Leitung des wissenschaftlich-technischen Fortschritts bedingt, daß alle Stadien von der Entwicklung, Überleitung und Produktion bis zur Konsumtion der hergestellten Erzeugnisse erfaßt werden. Die Hebung des technischen Niveaus der Erzeugnisse steht in einem untrennbaren Zusammenhang mit der Hebung des technischen Niveaus der Produktionsprozesse. Planung, Organisation, Finanzierung und Stimulierung der technischen Entwicklung müssen eine Einheit bilden. Werden Forschungsabteilungen, Konstruktionsbüros und Projektierungeinrichtungen von der eigentlichen Produktion getrennt, wie es mitunter der Fall war, kann eine solche Einheit nicht erreicht werden.

Als W. I. Lenin zu Beginn des 20. Jahrhunderts die Konzentrationsprozesse der Industrie der entwickelten kapitalistischen Länder verallgemeinerte, betonte er die Vorzüge großer Vereinigungen bei der Vervollkommnung der Produktionsorganisation, der Beschleunigung des technischen Fortschritts und der Verbesserung der Leitung der Produktion. Er schrieb: „Die Folge ist ein gigantischer Fortschritt in der Vergesellschaftung der Produktion. Im besonderen wird auch der Prozeß der technischen Erfindungen und Vervollkommnungen vergesellschaftet.“[2] Gegenwärtig kristallisieren sich bei uns zwei Hauptorganisationsformen der Verbindung von Wissenschaft und Produktion heraus – Produktionsvereinigungen (PV) und Wissenschafts-Produktionsvereinigungen (WPV).

Der grundlegende qualitative Unterschied dieser beiden Arten liegt in ihren Zielen: Die PV ist auf einen maximalen Ausstoß von Serien- und Massenerzeugnissen hoher Qualität orientiert, die WPV dagegen auf die Entwicklung von Mustern der neuen Technik und deren Übergabe in kompletter Form an Produktionsvereinigungen und Betriebe zwecks Organisation der Serien- und Massenproduktion. Wichtigste Aufgaben

[1] Vgl. XXVI. Parteitag der KPdSU, Rechenschaftsbericht des Zentralkomitees der KPdSU und die nächsten Aufgaben der Partei in der Innen- und Außenpolitik, Berichterstatter: L. I. Breshnew, Berlin 1981, S. 58.

[2] W. I. Lenin, Der Imperialismus als höchstes Stadium des Kapitalismus, in: Werke, Bd. 22, Berlin 1960, S. 209.

der WPV sind die Sicherung eines beschleunigten wissenschaftlich-technischen Fortschritts und eines hohen wissenschaftlich-technischen Niveaus der Produktion und der Erzeugnisse nach entsprechendem Profil, die Entwicklung von Versuchs-Industriemustern (Serien) von Erzeugnissen, Ausrüstungen und Materialien, die Durcharbeitung technologischer Prozesse, die Fertigung nicht serienmäßiger Arten von Ausrüstungen, allseitige Erprobung, Erhöhung der Zuverlässigkeit und Lebensdauer der hergestellten Erzeugnisse. Diese Organisationsform bietet die Möglichkeit, die Ergebnisse wissenschaftlich-technischer Entwicklungen in kürzester Zeit praktisch zu nutzen. 1980 gab es in der Industrie der UdSSR etwa 4000 Produktions- und Wissenschafts-Produktionsvereinigungen, denen 7500 selbständige Betriebe und 10000 Produktionseinheiten angehörten. Der spezifische Anteil der Produktionsvereinigungen und Wissenschafts-Produktionsvereinigungen in bezug auf das Volumen realisierter Erzeugnisse der Gesamtindustrie betrug 48 %.[3] Die Arbeitserfahrungen der WPV lassen mit Sicherheit sagen, daß sie eine der wichtigsten Fragen der heutigen Entwicklung von Wissenschaft und Technik lösen – die Frage einer Verkürzung der Dauer des Zyklus „Forschung–Produktion". Die WPV sichert eine Verkürzung der Entwicklungs- und Überleitungsfristen der neuen Technik um durchschnittlich das 1,5–2fache.[4] Das ist möglich dank einer rationellen Organisation des gesamten Entwicklungsprozesses der neuen Technik auf der Grundlage einheitlicher durchgängiger Pläne, einer Verringerung der Häufigkeit des „Erscheinens" bei übergeordneten Organisationen zwecks Koordinierung und Abstimmung der Pläne. Es wurde eine reale Basis für eine engere und produktivere Verbindung der einheitlichen staatlichen Planung mit der wirtschaftlichen Selbständigkeit der Betriebe sowie der zentralen Zweigleitung mit der örtlichen Initiative geschaffen.

Im Rechenschaftsbericht des ZK der KPdSU an den XXVI. Parteitag fand die Tätigkeit der Vereinigungen SIL, LOMO, „Elektrosila" sowie des „E. O. Paton"-Instituts, die bei der Integration von Wissenschaft und Produktion in vorderster Reihe stehen, eine hohe Wertschätzung. Im Ministerium für elektrotechnische Industrie wird seit 1969 an einer komplexen Leitung des technischen Fortschritts gearbeitet. Hier entstanden große elektrotechnische Vereinigungen, denen wissenschaftlich-technische Abteilungen sowie eine Versuchsbasis und -produktion angehören. Sie zählen zu den ersten dieser Vereinigungen im Land. Auf der Grundlage spezialisierter Institute wurden Wissenschafts-Produktionsvereinigungen gebildet. Die kontinuierliche Planung der Entwicklung und Einführung der neuen Technik erfolgt auf der Basis ministerieller Aufträge, die als Wirtschaftsverträge gelten. In diesen Dokumenten sind alle Angaben über die Thematik der Arbeiten, die Ausführenden, die Fristen, die einzelnen Erfüllungsstufen, die erforderlichen Ressourcen sowie den aus der Realisierung einer Entwicklung in der Volkswirtschaft zu erzielenden ökomomischen Nutzen enthalten. Die gesamte Planung, Finanzierung und Stimulierung erfolgen nicht nach Organisationen, sondern nach konkreten Themen, was die Möglichkeit bietet, finanzielle und materielle Mittel auf die wichtigsten Richtungen des wissenschaftlich-technischen Fortschritts zu konzentrieren. Dabei werden Forschung- und Konstruktionsarbeiten sowie die Übernahme neuer Erzeugnisarten in die Serienproduktion aus *einer* Quelle finanziert – aus dem einheitlichen Fonds für die Entwicklung von Wissenschaft und Technik, der aus den Gewinnabführungen der Industriebetriebe gebildet wird. Ein positives Moment ist,

[3] SSSR v cifrach v 1980, Kratkij statističeskij sbornik, Finansy i statistika, Moskva 1981, S. 93.

[4] Upravlenie naučno-techničeskim progressom v ob'edinenijach i na predprijatijach, Sovoršenstvonanie organizacionnoi struktury upravlenija naučno-techničeskim progressom, Materialy naučnopraktičeskoi konferencii, Institut ėkonomiki AN SSSR, Moskva 1975 S. 18.

daß Aufträge für alle Arten von Forschungs-Projektierungs- und Versuchsarbeiten ausgestellt werden. Das sichert die Einheit der Plandokumente, ihre Abgestimmtheit. Für eine genauere Planung werden, außer dem Auftrag für den gesamten Zeitraum der Erfüllung eines Themas, Aufträge für die Ausführung der Arbeiten an einem Thema im Verlaufe des Planjahres wie auch für die Ausführung eines Teils des jährlichen Umfangs der Arbeiten durch einen konkreten Ausführenden (Organisation, Betrieb) ausgestellt. Diese Verfahrensweise sichert die notwendige Koordinierung der Perspektivplanung mit der laufenden Planung sowie die Abgestimmtheit bei der Durchführung der Forschungen und Entwicklungen und der Überleitung ihrer Ergebnisse. Ein gutes Beispiel für das enge und effektive Zusammenwirken angewandter Wissenschaft, Technik und Industrieproduktion bietet die Leningrader „S. M. Kirov"-Produktionsvereinigungen für Elektromaschinenbau „Elektrosila". Alle Forschungs- und Entwicklungskräfte dieser Vereinigung sind in einem Forschungsinstitut konzentriert, das zum wissenschaftlich-technischen Zentrum der Vereinigung wurde. In diesem Forschungsinstitut arbeiten etwa 2500 wissenschaftlich-technische Kader, darunter 75 Doktoren und Kandidaten der Wissenschaften. Dadurch kann das Institut auf einem hohen wissenschaftlich-technischen Niveau die technische Dokumentation für die meisten Erzeugnisse der Vereinigung von der Aufstellung technischer Aufgaben bis zur Entwicklung von Ausführungszeichnungen erarbeiten. Gleichzeitig leistet das Forschungsinstitut eine ständige Arbeit, um die Erzeugnisse der laufenden Produktion durch technische Dokumentationen rechtzeitig abzusichern; und es führt Erprobungen neuer Maschinen durch, wirkt mit der bei Einrichtung und Erprobung von Turbo- und Wasserkraftgeneratoren und anderen komplizierten elektrischen Anlagen unter Betriebsbedingungen.[5] Vor der Bildung der Leningrader Vereinigung hatte jedes der heute der Vereinigung angehörenden Werke seine eigenen Konstruktionsdienste und eine sehr geringe Zahl an Forschungsdiensten. Ihre starke Isoliertheit führte zur Entwicklung von den Parametern nach unterschiedlichen, doch im Prinzip gleichartigen elektrischen Maschinen. Die einzelnen Werke konnten die Entwicklung einer leistungsstarken Versuchs- und Forschungsbasis nicht gewährleisten. Das konnte nur durch die Bildung einer Vereinigung gewährleistet werden. Es entstand die reale Möglichkeit, die Erfahrungen auf dem Gebiet der Konstruktionen, der Berechnungen und Erprobungen, des wissenschaftlich-technischen und des Produktionsvorlaufs der Betriebe der Vereinigung, die Erfahrungen der einheimischen Werke für Elektromaschinenbau sowie die Erfahrungen ausländischer Firmen und die neuesten Erkenntnisse der einheimischen und der ausländischen Wissenschaft und Technik umfassend zu nutzen. In einer Vereinigung gibt es nicht das Problem der Überleitung neuer Entwicklungen des Instituts bzw. des Forschens der Hersteller-Betriebe. Da die Werke der Vereinigung selbst Initiatoren der meisten Entwicklungen sind, werden die Ergebnisse der Entwicklungen des Instituts sofort in die Produktion übergeleitet. Das geltende einheitliche Planungssystem führte zur Bildung eines stabilen Fonds für die Entwicklung des Forschungsinstituts, sicherte, daß dieses Institut gemeinsam mit den Werken die Aufgaben zur Entwicklung der neuen Technik unter Berücksichtigung der Entwicklungsperspektiven der Vereinigung erfolgreich löste. Das bedingte eine hohe Arbeitseffektivität der Leningrader Vereinigung. So betrug im IX. Planjahrfünft der ökonomische Nutzen aus der Einführung von Erzeugnissen der Vereinigung „Elektrosila" 103 Mio Rubel; im X. Planjahrfünft waren es etwa 140 Mio Rubel.[6] Die hohe ökonomische

[5] Upravlenie razvitiem nauki i techniki, Moskva 1980, S 102.
[6] Ebenda, S 104.

Effektivität deckt in starkem Maße die Aufwendungen für die Rekonstruktion sowie den Neubau von Werken und für das Institut der Vereinigung und deren Ausstattung mit neuer Technik. Gleichzeitig wird das Leitungssystem des gesamten vielseitigen Mechanismus der Vereinigung vervollkommnet, erfolgt eine Erweiterung seiner Produktions- und Versuchsbasis, werden Spezialisierung, Mechanisierung und Automatisierung auf ein höheres Niveau gehoben. In der Leningrader Produktionsvereinigung gibt es ein einheitliches System der Leitung, der Verantwortung der Mitglieder des Leitungsapparates für die laufende Produktion und für die Entwicklung von Erzeugnissen der neuen Technik.

Das wichtigste Ergebnis, das während des Experiments in der elektrotechnischen Industrie erreicht wurde, war die starke Verkürzung des gesamten Zyklus Wissenschaft-Produktion. Wurde vor dem Experiment eine Serie großer elektrotechnischer Maschinen mit den Kräften eines einzelnen Konstruktionsbüros in vier Jahren entwickelt, so konnten nun durch die Einbeziehung des Konstruktionsbüros in den Organismus der Vereinigung ähnliche Arbeiten in 1,5 Jahren ausgeführt werden.[7] Die Tätigkeit der Wissenschafts-Produktionsvereinigungen sichert die Konzentration der erforderlichen Arbeitskräfte, der materiellen und finanziellen Mittel wie auch den rationellsten Einsatz der Kader in den wichtigsten Entwicklungsrichtungen von Wissenschaft und Technik. Berechnungen zeigen, daß durch eine Verkürzung des Zyklus Forschung – Produktion in der Ochtinsker WPV „Plastpolimer“ in den Jahren des 9. und des 10. Planjahrfünfts zusätzlich neue Erzeugnisse im Werte von über 400 Mio Rubel hergestellt werden konnten. In der WPV „Sojusavtomatstrom“ erhöhte sich bei einem Anstieg der Forschungsarbeiten auf das 2,8fache der ökonomische Nutzen auf mehr als das 6fache. Bedeutend sind auch die Errungenschaften der WPV bei der Ausarbeitung und Entwicklung einer prinzipiell neuen patentwürdigen Technik, die internationale und einheimische Muster übertrifft und auf dem Weltmarkt konkurrenzfähig ist. So wurde z. B. in der WPV „Plastpolimer“ ein neuer technologischer Prozeß zur Gewinnung von Polyäthylen hohen Drucks entwickelt.

In der Wissenschafts-Produktionsvereinigung „Sojusavtomatstrom“ entstehen automatisierte technologische Komplexe, die mit neuen hochproduktiven Anlagen ausgerüstet sind. Dabei ist zu unterstreichen, daß Aufgaben zur Entwicklung des Leitungssystems der genannten Komplexe bereits im Stadium der Projektierung gelöst werden, wodurch gesichert wird, daß unnötige Stufen im technologischen Prozeß und in der Leitung beseitigt werden.[8] Man darf jedoch nicht denken, daß schon alle Probleme gelöst sind. Bei der Leitung des wissenschaftlich-technischen Fortschritts in den Vereinigungen gibt es noch viele akute Probleme, die es zu lösen gilt. So kommt es vor, daß früher selbständige Betriebe formal vereinigt und die Rechte der Generaldirektoren verletzt werden, daß man Planaufgaben für jede Struktureinheit festlegt. All das mindert die Stabilität der Pläne. Es kommt zu Nichtübereinstimmungen in der Planung der Ausarbeitungen von Investitionen für den Bau neuer Produktionen und deren Inbetriebnahme. Nicht immer ergreifen Ministerien und Ämter Maßnahmen, um in den WPV die notwendigen Proportionen zwischen dem wissenschaftlichen Potential und der Produktionsbasis zu sichern. So übersteigen z. B. in der WPV „Spectechosnastka“ die Möglichkeiten zur Ausführung von Forschungsarbeiten um mehr als ein 3faches das Potential der Produktionsbasis. Das Ergebnis ist, daß die in den letzten Jahren in der WPV entwickelten neuen Konstruktionen schnell arbeitender Ausrüstungen (Spannzangen, Vorrichtungen mit Dauermagneten für Werkzeugmaschinen u. a.) nicht in

[7] A. G. Aganbegjan, Upravlenie socialističeskimi predprijatijami, Moskva 1979, S 321–322.
[8] Metodologičeskie problemy upravlenija naučno-techničeskim progressom v uslovijach razvitogo socialisma, Institut ėkonomiki AN SSSR, Moskva 1979, S. 57.

die Produktion übernommen und dadurch auch nicht in den Betrieben des Zweiges eingeführt wurden.[9]

Eine besondere Aufgabe ist gegenwärtig der Ausbau der Versuchsbasis der Produktion. Von der Gesamtzahl nicht übergeleiteter wissenschaftlich-technischer Erkenntnisse erreichten 20% deshalb nicht das Stadium der praktischen Nutzung, weil die experimentelle Erprobung nicht rechtzeitig abgesichert war. Die Praxis zeigt, daß bei koordinierten Aktivitäten von Forschungsinstituten, Konstruktionsbüros und Versuchsproduktionen im Rahmen einer WPV nicht nur die Fristen für Arbeiten zur Entwicklung und Überleitung von Neuerungen auf ein 1,5–2faches reduziert, sondern auch die Aufwendungen im Vergleich zu Organisationen, die kein einheitliches Ziel und kein gemeinsames Endergebnis verbindet, um 50–60% verringert werden können.[10]

Die Arbeitserfahrungen der Wissenschafts-Produktionsvereinigungen haben auch gezeigt, daß es notwendig ist, Probleme der Stimulierung von Forschungsinstituten und Konstruktionsbüros zu lösen, die Vereinigungen angehören. Sie teilen in vollem Maße mit den Betrieben die ökonomische Verantwortung nicht nur für die Entwicklung neuer Muster der Technik, sondern auch für deren Einführung, sind verantwortlich für das technische Niveau der hergestellten Erzeugnisse und deren Qualität.

Die Herstellung und Festigung effektiver Beziehungen zwischen Vereinigungen und Betrieben einerseits und großen Forschungsorganisationen andererseits ist für die Hebung des technischen Niveaus der Erzeugnisse und des Produktionsprozesses von entscheidender Bedeutung. Bezeichnend ist in dieser Hinsicht das Beispiel des Zusammenwirkens von Produktionsvereinigungen und Betrieben mit Instituten der Akademie der Wissenschaften der Ukraine, vor allem mit dem „O. E. Paton"-Institut für Elektroschweißen. Der wissenschaftlich-technische Komplex des Instituts für Elektroschweißen zählt über 7000 Mitarbeiter, hat ein Forschungsinstitut und Abteilungen, die nach dem Prinzip der wirtschaftlichen Rechnungsführung arbeiten, ein Versuchs- und Konstruktionsbüro, eine Versuchsproduktion und zwei Versuchswerke. Hier wird nicht nur die Kontinuität des Übergangs vom Entstehen der wissenschaftlichen Idee bis zur Fertigung des Versuchmusters gewährleistet, sonden es werden auch die Bedingungen für eine wesentliche Hebung des Niveaus der Grundlagenforschungen geschaffen, und es wird eine hohe technische Ausrüstung des Experiments gesichert. In den Jahren des 10. Planjahrfünfts führte die Produktionsvereinigung gemeinsam mit dem Institut für Elektroschweißen wissenschaftliche Entwicklungen mit einem jährlichen ökonomischen Nutzen von annähernd 3,5 Mio Rubel ein, sparte 2600 t Walzmaterial ein und steigerte die Produktivität der Schweißproduktion in der Vereinigung um 22 %. Auch wurde ein nicht geringer sozialer Nutzen erwirtschaftet. Es entstanden neue Organisationsformen der Leitung der Forschungsarbeiten und der Überleitung ihrer Ergebnisse in die Praxis.[11] Die unmittelbare Beziehung der Betriebswissenschaft zur Produktion ist bestimmend für so wichtige Merkmale dieser Wissenschaft wie operativer Charakter, Flexibilität, die Möglichkeit, die Kräfte auf die wichtigsten Produktionsaufgaben zu konzentrieren, was für betriebsfremde Forschungs- bzw. Projektierungs- und Konstruktionseinrichtungen nicht immer anziehend ist.

Bei der Beschleunigung der technischen Entwicklung steht die Vervollkommnung der Finanzierungs- und Stimulierungsmethoden nicht an letzter Stelle. Die Möglichkeiten der Betriebe und Vereinigungen in bezug auf die Finanzierung der Entwicklung der

[9] Ebenda, S. 58–59.

[10] R. A. Belousova, A. M. Omarova, Metody i formy upravlenija socialističeskoj ėkonomikoj, Moskva 1981, S. 88–89.

[11] Ėkonomika i organizacija promyšlennogo proizvodstva, 3/1981, S. 9.

Produktion zu Lasten eigener Mittel sind gegenwärtig bedeutend gewachsen. In jedem Betrieb wird ein Fonds für die Entwicklung der Produktion geschaffen, der aus jenem Teil der Amortisationen gebildet wird, der für die volle Wiederherstellung der Produktionsgrundfonds bestimmt ist, sowie aus einem Teil des Gewinns des Betriebes und des Erlöses aus der Realisierung freigesetzter und überflüssiger Ausrüstungen. Auf diese Quellen zur Bildung des Fonds für die Entwicklung der Produktion entfallen entsprechend 60, 35 und 5% seiner Gesamtsumme. Trotzdem bedingen die wachsenden Maßstäbe der Produktion, die Entwicklung des wissenschaftlich-technischen Fortschritts, die Notwendigkeit einer ziemlich schnellen Erneuerung der Erzeugnisse und folglich einer bedeutenden Umrüstung der Produktion, daß selbst unter den Bedingungen großer WPV der eigene Fonds für die Entwicklung der Produktion unzureichend ist. Deshalb werden angesichts der gegenwärtigen Bedingungen Maßnahmen im Zusammenhang mit der Einführung der neuen Technik, der Mechanisierung und Automatisierung der Produktion hauptsächlich zentral und unentgeltlich finanziert. Entsprechend dem Beschluß des ZK der KPdSU und des Ministerrats der UdSSR vom 12. Juli 1979 wurde die Verfahrensweise zur Finanzierung von Arbeiten zur Unterstützung der neuen Technik wesentlich verändert; das bildete die Grundlage für eine Veränderung der ökonomischen Bedingungen der Tätigkeit der Industrieministerien und ihrer wissenschaftlichen Einrichtungen. Für die Finanzierung von Forschungs-, Versuchs- und Konstruktionsarbeiten sowie technologischen Arbeiten und die Erstattung der Aufwendungen im Zusammenhang mit der Entwicklung und Einführung neuer Arten von Erzeugnissen und neuer technologischer Prozesse mit der Einführung der wissenschaftlichen Arbeitsorganisation, wie auch für die Finanzierung zusätzlicher Aufwendungen zur Verbesserung der Erzeugnisqualität und erhöhter Aufwendungen in den ersten Jahren der Produktion neuer Erzeugnisse, wird in den Ministerien und Ämtern ein einheitlicher Fonds für die Entwicklung von Wissenschaft und Technik gebildet. Dieser Fonds entsteht aus Abführungen vom geplanten Gewinn der WPV und PV (Betriebe) nach einem Normativ, das im Fünfjahrplan (aufgeschlüsselt nach Jahren) in Prozent zur Nettoproduktion (normativen) – in den einzelnen Zweigen dagegen zur Warenproduktion – festgelegt wurde. Für die Finanzierung besonders wichtiger Forschungsarbeiten, die bedeutende Aufwendungen erfordern, können auch Mittel des Staatshaushalts hinzugezogen werden. Dabei haben Ministerien und Ämter das Recht, einen Teil der Mittel des einheitlichen Fonds für die Entwicklung von Wissenschaft und Technik den Unions-(Republiks-) Produktionsvereinigungen und großen Wissenschafts-Produktionsvereinigungen und Produktionsvereinigungen zur Verfügung zu stellen. Diese Maßnahmen werden in hohem Grade dazu beitragen, die Selbständigkeit der Betriebe zu erweitern und ihre Verantwortung zu erhöhen. Dabei ist hervorzuheben, daß dadurch, daß die Kosten für Arbeiten industriellen Charakters im Zusammenhang mit der Überleitung und Einführung der neuen Technik und verwirklicht zu Lasten des einheitlichen Fonds für die Entwicklung von Wissenschaft und Technik im Gesamtproduktionsvolumen mit Anrechnung des normativen Gewinns nach den entsprechenden Erzeugnisgruppen berücksichtigt werden, die Arbeiten zur Entwicklung und Überleitung der neuen Technik für Versuchs- und Produktionsbetriebe vorteilhaft werden. Der Hauptweg zur Vervollkommnung des Systems der Finanzierung und Stimulierung der Arbeiten zur Entwicklung und Überleitung der neuen Technik ist mit einer stärkeren Orientierung auf die Kennziffern der ökonomischen Effektivität verbunden. Als Versuch wurde in einzelnen Forschungsinstituten die Bildung des Fonds für materielle Stimulierung von der Effektivität der in die Industrie einzuführenden technischen Entwicklungen abhängig gemacht.

Das hat natürlich seine Schwierigkeiten, die mit der Unvollkommenheit der Effektivitätsbewertungen zusammenhängen. Nichtdestoweniger orientieren das System der Erzeugnisattestierung sowie die vergleichende Charakteristik der technisch-ökonomischen Kennziffern neuer Erzeugnisse und des technischen Niveaus der Produktion in hohem Maße die Arbeit zur Leitung der technischen Entwicklung auf Effektivitätskennziffern.

Ein zentrales Problem der ökonomischen Entwicklung ist das Niveau der an die Erzeugnisqualität gestellten Anforderungen. Eine höhere Qualität der Erzeugnisse, die Verbesserung ihrer Konsum- und ihrer technisch-ökonomischen Eigenschaften sind wichtige Komponenten einer effektiven Ökonomik. Auf dem XXVI. Parteitag der KPdSU wurde hervorgehoben, daß die Partei den Kurs auf Effektivität und Qualität organisch mit der Arbeit zur Vervollkommnung der Produktion auf der Basis der modernen Wissenschaft und Technik verbindet. Wichtigstes Element der Leitung der Erzeugnisqualität ist die Attestierung der Industrieerzeugnisse nach Kategorien und die Zuerkennung von staatlichen Gütezeichen. Erzeugnisse der höchsten Qualitätskategorie entsprechen ihren technisch-ökonomischen Kennziffern nach den besten einheimischen Erzeugnissen oder übertreffen diese, sind konkurrenzfähig auf dem Außenhandelsmarkt, haben stabile Qualitätskennziffern, sichern die ökonomische Effektivität und befriedigen die Bedürfnisse der Volkswirtschaft des Landes. Zur ersten Kategorie gehören Erzeugnisse, die ihren technisch-ökonomischen Kennziffern nach den Anforderungen der Standards entsprechen und die Bedürfnisse der Volkswirtschaft befriedigen. Zu den Erzeugnissen der zweiten Qualitätskategorie gehören jene, die den genannten Anforderungen nicht entsprechen, moralisch veraltet sind, die aus der Produktion genommen bzw. modernisiert werden sollten.

Wurde 1971 das Gütezeichen 1765 Erzeugnissen, hergestellt in 507 Betrieben, zuerkannt, so waren es 1975 23268 Erzeugnisse aus 3306 Betrieben[12] und 1980 bereits 88000 Erzeugnisbezeichnungen, die das staatliche Gütezeichen erhielten, davon wurde 1980 das Gütezeichen 52000 Erzeugnissen zuerkannt.[13]

In den besten Vereinigungen und Betrieben wird mehr als die Hälfte der Erzeugnisse mit Gütezeichen hergestellt. Der ökonomische Nutzen aus der Realisierung von Erzeugnissen der höchsten Qualitätskategorie beläuft sich durchschnittlich auf etwa 250000 Rubel: aus der Realisierung des Gesamtvolumens an Erzeugnissen mit Gütezeichen entsteht somit ein Nutzen von vielen Milliarden. Die Erweiterung des Ausstosses solcher Erzeugnisse ist ein Hauptweg zur Erhöhung der Effektivität der gesellschaftlichen Produktion. Damit im Zusammenhang suchen viele Betriebe und Vereinigungen des Landes nach neuen komplexen Formen und Methoden der Produktionsleitung, die eine effektivere Tätigkeit und hohe Endergebnisse sichern. Der Grundstein für eine planmäßige Arbeit zur Verbesserung der Erzeugnisqualität wurde in den sechziger Jahren von den Saratower Maschinenbauern gelegt, die ein System der fehlerfreien Erzeugnisfertigung ausarbeiteten. Die Qualität der ausgeführten Arbeit wurde hier mittels des quantitativen Merkmals – des prozentualen Anteils von Erzeugnissen ohne Nacharbeit bewertet. Die Produktion fehlerfreier Erzeugnisse wurde mit den Mitteln des materiellen und des moralischen Anreizes stimuliert. In den sechziger Jahren fand in Moskau das System der innerbetrieblichen Erzeugnisattestierung Verbreitung. Das Gütezeichen wurde am 22. April 1967 erstmals für Elektromotoren des Moskauer „Wladimir Iljitsch"-Werkes vergeben.[14]

[12] A. G. Aganbegjan, Upravlenie socialističeskimi predprijatijami, a. a. O., S. 328.
[13] Ėkonomičeskaja gazeta, 39/1980, S. 4; SSSR v cifrach v 1980, Moskva 1981, S. 82.
[14] A. G. Aganbegjan, Upravlenie socialističeskimi predprijatijami, a. a. O., S. 329.

In jenen Jahren fand in den Betrieben Leningrads die Bewegung für die Herstellung von Erzeugnissen mit verbesserten technisch-ökonomischen Charakteristika Verbreitung. Die beste Art des komplexen Systems der Leitung der Qualität entstand in den Betrieben und Vereinigungen des Gebietes Lvov. Dieses System wurde mit den vereinten Kräften einer Gruppe wissenschaftlicher Einrichtungen unter Leitung des Unionsforschungsinstituts für Standardisierung des Staatlichen Komitees für Standardisierung der UdSSR, von Vereinigungen und Betrieben des Gebietes Lvov, darunter der Produktionsvereinigung „50. Jahrestag des Oktober", des Werkes für Bildröhren, der produktionstechnischen Vereinigung „Mikropribor", der „W. I. Lenin"-Produktionsvereinigungen „Elektron", „Progress" des Motorenwerkes u. a. erarbeitet.[15] Gegenwärtig haben über 15000 Betriebe die Ausarbeitung und Einführung dieses Systems abgeschlossen.

Das komplexe System der Leitung der Erzeugnisqualität umfaßt unterschiedliche Faktoren, die auf die Verbesserung der Erzeugnisqualität Einfluß haben. Es umfaßt Maßnahmen zur Hebung des technischen und des technologischen Niveaus der Produktion, zur Organisation und Vervollkommnung der Kontrolle, zur Organisation und Vervollkommnung der Gewinnung, der Analyse und Nutzung von Informationen über die Qualität der hergestellten Erzeugnisse, zur Hebung der Qualifikation der Werktätigen sowie zur Qualifizierung des Systems der materiellen und moralischen Stimulierung der Kollektive und Werktätigen für die Verbesserung der Erzeugnisqualität. Es umfaßt somit technische, organisatorische und soziale Aspekte des genannten Problems. Die Praxis bei der Anwendung des komplexen Systems der Leitung der Qualität beweist dessen hohe Effektivität. Mit der Einführung komplexer Leitungssysteme der Qualität in Vereinigungen und Betrieben erhöht sich in der Regel die Produktion von Erzeugnissen der höchsten Kategorie auf ein 2–3faches, während sich die Zahl der Reklamationen und Verluste aufgrund von Ausschuß stark verringert und die Überleitungsfristen der neuen Technik wesentlich verkürzt werden.[16] So konnten in der Vereinigung „Mikropribor" die durch Ausschuß bedingten Verluste um die Hälfte verringert werden. 62,6 % der Erzeugnisse der „W. I. Lenin"-Vereinigung, 51,5 % der Erzeugnisse des Werkes für Bildröhren und 70,5 % der Erzeugnisse der Produktionsvereinigung „50. Jahrestag des Oktober" tragen das staatliche Gütezeichen. In der Produktionsvereinigung „Elektron" wird die Produktion alle anderthalb Jahre vollständig erneuert.[17]

Die Wirtschaftspraxis liefert den überzeugenden Beweis, daß eine weitere und umfassendere Einführung sowie eine Vervollkommnung der komplexen Leitungssysteme der Qualität notwendig sind. Eine zuverlässige Orientierungsgröße ist dabei das einheitliche System der staatlichen Leitung der Erzeugnisqualität, dessen Hauptprinzipien vom Staatlichen Komitee für Standardisierung der UdSSR erarbeitet wurden.

Unter den Bedingungen der wissenschaftlich-technischen Revolution verstärkt sich in hohem Maße die Rolle der Grundlagenforschungen. Viele bedeutende wissenschaftliche Ideen der Akademie-Institute erschließen neue Perspektiven für die Entwicklung der Produktion, führen zu grundlegenden Veränderungen in der Technik und Technologie. Sie gewährleisten eine breite Nutzung neuer Energiequellen, die Entwicklung der Lasertechnik, die Entwicklung neuer Konstruktionsmaterialien mit vorgegebenen Eigenschaften. Die wachsende Rolle der Grundlagenforschung und ihre verstärkte

15 Ebenda.

16 Pravda v. 8. April 1981, S. 2.

17 A. G. Aganbegjan, Upravlenie socialističeskimi predprijatijami, a. a. O., S. 330.

Einflußnahme auf die Umgestaltung aller materiellen Elemente der Produktivkräfte, ihre zunehmende Wechselwirkung mit der Produktion wurden eine Besonderheit der gegenwärtigen Entwicklungsetappe der sozialistischen Ökonomik. Die Institute der Akademie der Wissenschaften der UdSSR und der Unionsrepubliken leisten umfangreiche Arbeiten zur Entwicklung komplexer wissenschaftlich-technischer Programme für Produktionsvereinigungen und Betriebe des Landes. Diese Organisationsform, die 1976 auf Initiative der AdW des Ukrainischen SSR und der Vereinigung „SIL" entstand, fand ihren Niederschlag in 18 Programmen, die auf eine Hebung des technischen Niveaus der Produktion insgesamt orientieren und deren wichtigste Bereiche umfassen. Gegenwärtig entsteht innerhalb des Systems der AdW der UdSSR ein breites Netz wissenschaftlich-technischer Komplexe, bestehend aus einem Institut, einem Konstruktionsbüro, einer Versuchsproduktion und einem Versuchswerk. In der Ukraine entsteht die erste Akademische-Wissenschaftlich-Technische Vereinigung (ANTO) im Land, die einen Forschungs-, Konstruktions- und technologischen Komplex darstellt, der nach einem durchgängigen Plan arbeitet und imstande ist, alle Stadien des Zyklus „Forschung – Produktion" zu verwirklichen.

Besondere Bedeutung hat die Bildung und Entwicklung regionaler wissenschaftlich-technischer Vereinigungen, die um wissenschaftliche Zentren der AdW der UdSSR entstehen und die Realisierung von großen Programmen zwischenzweiglichen Charakters sichern. Beispiel für eine solche Vereinigung ist das wissenschaftliche Zentrum in Nowosibirsk, das die Organisation einer breiten Zusammenarbeit unterschiedlicher Institute, eine zentrale Entwicklung der experimentellen Basis, die zentrale materiell-technische Versorgung sowie die Ausbildung wissenschaftlich-technischer Kader in großem Maßstab gewährleistet. Im Ergebnis dessen konnten die Fristen und die Kosten von Forschungs-, Versuchs- und Konstruktionsarbeiten stark reduziert und der Prozeß der Überleitung wissenschaftlicher Erkenntnisse in die Produktion beschleunigt werden.[18]

In der Sibirischen Abteilung der AdW der UdSSR sowie an den Akademien der Wissenschaften der Ukraine und Belorußlands wurden Komplexbrigaden gebildet, denen Wissenschaftler und Spezialisten der Akademie-Institute, der Forschungsinstitute der Zweige sowie der Industriebetriebe angehören, die den gesamten Zyklus der Arbeiten von Laborversuchen bis zur Überleitung der gewonnenen Ergebnisse in die Produktion gemeinsam durchführen. Allein am Institut für Katalyse der Sibirischen Abteilung der AdW der UdSSR arbeiten 20 solcher Brigaden. Ihre Tätigkeit hat in starkem Maße die Entwicklung und industrielle Einführung mehrerer neuer chemisch-technologischer Prozesse beschleunigt.

Trotz der bedeutsamen Erfolge bei der Organisation unterschiedlicher Formen einer Verbindung der Akademie-Wissenschaft mit der Produktion gibt es auf diesem Gebiet noch einige schwierige und ungelöste Probleme. Insbesondere treten bei der Ausarbeitung und Realisierung komplexer langfristiger wissenschaftlich-technischer Programme im Interesse von Vereinigungen und Betrieben gewisse Schwierigkeiten auf, die mit der Verfahrensweise und den Formen zur Finanzierung dieser Programme, mit der Organisation einer durchgängigen Planung für den gesamten Zyklus Wissenschaft – Produktion, der ökonomischen Stimulierung aller an den Entwicklungen beteiligten, den Methoden der Verteilung des im Ergebnis der Überleitung wissenschaftlich-technischer Erkenntnisse erwirtschafteten Gewinns, der Verfahrensweise zur materiell-technischen Ab-

[18] Metodologičeskie problemy upravlenija naučno-techničeskim progressom v uslovijach razvitogo socialisma, Institut ėkonomiki AN SSSR, Moskva 1979, S. 51.

sicherung und einigen anderen Fragen zusammenhängen. Gegenwärtig ist die Notwendigkeit herangereift, Forschungen zur Begründung unterschiedlicher Formen einer Verbindung von Wissenschaft und Produktion in Industrie und Landwirtschaft durchzuführen, ihre Rolle bei der Leitung des wissenschaftlich-technischen Fortschritts zu optimieren sowie Flexibilität und Fähigkeiten zu erlangen, Organisationsbeziehungen umzugestalten und Zielprogramme wie auch konkrete Aufgaben zur Entwicklung und Einführung der neuen Technik zu erfüllen. Die Weiterentwicklung der dem Sozialismus eigenen Integration von Wissenschaft und Produktion wird die Grundlage für die Erhöhung der Effektivität der gesellschaftlichen Produktion sein.

O. R. Lacis

Der Einfluß des wissenschaftlich-technischen Fortschritts auf die Entwicklung der Formen sozialistischer Vereinigungen

Die wissenschaftlich-technische Revolution beschleunigt in starkem Maße die Konzentration in allen Zweigen der Produktions-, Handels- und Wissenschaftstätigkeit. Es erhöhen sich die Einzelleistungen der Industrieanlagen, und es wächst die optimale Größe der Betriebe. Die sich vertiefende Spezialisierung verstärkt die Bedeutung der Konzentration über den Rahmen eines Betriebes hinaus – im Rahmen einer Vereinigung spezialisierter Produktionen. Die Vereinigungen wiederum weisen die Tendenz auf, immer mehr die Grenzen eines einzelnen Staates zu überschreiten. In den Zweigen der Chemie, der Brennstoff- und der Energieversorgung sowie in anderen Zweigen mehren sich Komplexe voneinander abhängiger Produktionen, die mehrere Länder umfassen und eine abgestimmte Leitung erfordern: Energieverbundsysteme, Rohrleitungssysteme, petrolchemische Komplexe u. a. All diese Prozesse tragen zu einer weiteren und beschleunigten Vergesellschaftung der Arbeit und der Produktion bei. Eng verbunden mit der Konzentration entwickelt sich die ökonomische Zentralisation. K. Marx grenzte diese beiden Prozesse im „Kapital" genau voneinander ab, verwies jedoch gleichzeitig auf ihre enge Wechselwirkung, „hängt doch der Fortschritt der Zentralisation keineswegs ab von dem positiven Größenwachstum des gesellschaftlichen Kapitals. Und dies speziell unterscheidet die Zentralisation von der Konzentration, die nur ein andrer Ausdruck für die Reproduktion auf erweiterter Stufenleiter ist. Die Zentralisation kann erfolgen durch bloße veränderte Verteilung schon bestehender Kapitale, durch einfache Veränderung der quantitativen Gruppierung der Bestandteile des gesellschaftlichen Kapitals... In einem gegebenen Geschäftszweig hätte die Zentralisation ihre äußerste Grenze erreicht, wenn alle darin angelegten Kapitale zu einem Einzelkapital verschmolzen wären."[1] An anderer Stelle schreibt K. Marx: „Die Zentralisation ergänzt das Werk der Akkumulation"[2]. Man kann sagen, daß die Zentralisation und die Konzentration zwei Seiten, zwei Stufen eines Prozesses sind. Es ist offenkundig, daß die Wechselwirkung des Prozesses der Konzentration und des Prozesses der Zentralisation im Sozialismus dieselbe bleibt wie sie von Marx anhand der kapitalistischen Ökonomik dargestellt wurde: Jeder dieser Prozesse stützt sich auf einen anderen Prozeß, den er seinerseits unterstützt; das sind im Grunde genommen nicht zwei verschiedene Prozesse, sondern zwei Formen eines einheitlichen Konzentrationsprozesses. Auch im Sozialismus ergänzt die Zentralisation das Werk der Konzentration, beschleunigt in starkem Maße die Gewinnung progressiver Ergebnisse. Doch nur diese Wechselwirkung ist unverändert, während der soziale Inhalt des Zentralisationsprozesses im Sozialismus ein prinzipiell anderer ist: Im Unterschied zum kapitalistischen geht er nicht mit einer Ablösung des Eigentümers der Produktionsfonds einher, bedeutet nicht die Expropriation vieler durch wenige, führt nicht zu schwerwiegenden sozialen Folgen, wie sie für die kapitalistische Zentralisation kennzeichnend sind.

[1] K. Marx, Das Kapital, Erster Band, in: MEW, Bd. 23, Berlin 1974, S. 655.
[2] Ebenda, S. 656.

Es läßt sich eine enge Wechselwirkung von drei Prozessen feststellen: 1. Vergesellschaftung, 2. Konzentration (Zentralisation), 3. Bildung und Entwicklung von Vereinigungen. Und auch ihre Hierarchie kann bestimmt werden: Jeder folgende ist Bestandteil des vorangehenden, eine seiner Erscheinungsformen. Für die Analyse eines Teilprozesses (der Entwicklung der Vereinigungen) reichen die bekannten allgemeinen Kategorien nicht aus, die bei einer Analyse des Vergesellschaftungsprozesses angewandt werden. Unseres Erachtens sollte in diesem Falle der Begriff „Zusammenhang" genommen werden, den auch K. Marx, F. Engels und W. I. Lenin in ihren Darstellungen der Entwicklung der Vergesellschaftung benutzten.

K. Marx unterscheidet im „Kapital" zwei Ebenen des Zusammenhangs: einerseits den Zusammenhang mittels Austausch von Produkten, die sich in Ware verwandelt haben, andererseits den Zusammenhang der ein „unmittelbar zusammengehöriges Ganzes", die „unmittelbar gesellschaftliche oder gemeinsame Arbeit" schafft. Er schreibt dazu: „Dort, wo die physiologische Teilung der Arbeit den Ausgangspunkt bildet, lösen sich die besondren Organe eines unmittelbar zusammengehörigen Ganzen voneinander ab, zersetzen sich, zu welchem Zersetzungsprozeß der Warenaustausch mit fremden Gemeinwesen den Hauptanstoß gibt, und verselbständigen sich bis zu dem Punkt, wo der Zusammenhang der verschiednen Arbeiten durch den Austausch der Produkte als Waren vermittelt wird."[3] Und eine weitere Art des Zusammenhangs: „der Zusammenhang der Teilarbeiten in der Manufaktur durch den Verkauf verschiedner Arbeitskräfte an denselben Kapitalisten, der sie als kombinierte Arbeitskraft verwendet."[4]

Die Weiterentwicklung der Produktivkräfte ließ den Rahmen eines einzelnen Betriebes für neue große Produktionen im Zusammenhang mit dem „Verkauf verschiedner Arbeitskräfte an denselben Kapitalisten" (oder eine Kapitalistengruppe) zu eng werden. Es vollzieht sich wie F. Engels schreibt, eine „allmähliche Verwandlung der Industrie in Aktienunternehmungen".[5] Sie zeigen sich bisweilen als instabil, brechen bei der ersten Krise auseinander, doch folgen den Aktiengesellschaften stabilere Vereinigungen, „die Trusts, die Riesenunternehmungen mit gemeinsamer Leitung schaffen ... Die gewöhnliche Einzelfirma wird mehr und mehr zur Vorstufe, um das Geschäft dahin zu bringen, wo es groß genug, um „auf seiner Grundlage eine Aktiengesellschaft zu gründen".[6]

W. I. Lenin erwähnt in seiner Arbeit „Der Imperialismus als höchstes Stadium des Kapitalismus" wiederholt den Übergang von einer Art des Zusammenhangs (mittels Austausch von Waren) zu einer anderen Art (analog dem Zusammenhang zwischen Teilarbeiten innerhalb der Manufaktur). Dadurch konnte W. I. Lenin die unterschiedlichen Typen der Monopolvereinigungen bestimmen. Der Grad des Hinüberwachsens einer Handelsbeziehung in eine unmittelbare Produktionsbeziehung wird als Indikator genutzt, um den Typ der Vereinigung zu bestimmen. So zitierte z. B. W. I. Lenin, die Worte Hilferdings, daß „die Kombination Ausschaltung des Handels" bewirkt.[7] Der Trust ist folglich eine Form der Vereinigung, bei der im Grunde genommen der Zusammenschluß einzelner Betriebe zu einem neuen, größeren Betrieb abgeschlossen

3 Ebenda, S. 373.

4 Ebenda, S. 376.

5 K. Marx, Das Kapital, Dritter Band, F. Engels, Ergänzung und Nachtrag zum III. Buche des „Kapital" in: MEW, Bd. 25, Berlin 1974, S. 918.

6 Ebenda, S. 918.

7 W. I. Lenin, Der Imperialismus als höchstes Stadium des Kapitalismus, in: Werke, Bd. 22, Berlin 1960, S. 202.

ist, zwischen dessen Teilen eine direkte, nicht durch den Austausch vermittelte Produktionsbeziehung hergestellt wird. Ein Kartell ist eine weniger fest zusammengehörende Einheit, in ihm stirbt der Warencharakter des Zusammenhangs noch nicht ab, wird jedoch wesentlich eingeschränkt, entstellt. Die sich erhaltende Warenform des Zusammenhangs zwischen den Betrieben innerhalb des Kartells ist immer weniger Widerspiegelung seines Inhalts.

Von wichtiger prinzipieller Bedeutung sind die vielen Äußerungen W. I. Lenins, daß beim sozialistischen Aufbau die vom Kapitalismus geschaffene Form der „Trusts" oder – wie wir heute sagen – der Vereinigungen und Kombinate genutzt werden muß. Im Rahmen unseres Themas soll die Aufmerksamkeit vor allem auf die methodologische Bedeutung der genannten Zitate der Klassiker des Marxismus-Leninismus gelenkt werden. Eine Analyse der beiden Formen des Zusammenhangs, die die Vereinigung bilden, ermöglicht es nicht nur, eine Klassifizierung der Vereinigungen im Sozialismus vorzunehmen, sondern auch die Wege ihrer künftigen Weiterentwicklung festzulegen. Insbesondere in der Sowjetunion besteht eine große Vielfalt an Typen von Vereinigungen, entstanden im Verlaufe ihrer 60jährigen Geschichte, was nicht geringe Schwierigkeiten bei Versuchen mit sich bringt, sie nach solchen Merkmalen zu klassifizieren wie Art der Tätigkeit, Unterstellungscharakter, Prinzipien der Bildung u. a. Betrachtet man sie aus der Sicht des sie bildenden ökonomischen Zusammenhangs, so können alle Spielarten an Vereinigungen in zwei Hauptklassen eingeordnet werden. Einerseits in Vereinigungen innerhalb derer der Ware-Geld-Charakter der Beziehungen völlig verlorengeht, da ihre Bestandteile untereinander nur durch den direkten Produktionszusammenhang verbunden sind. Und andererseits in Vereinigungen, zwischen deren einzelnen Gliedern die Ware-Geld-Beziehungen in dem einen oder anderen Grade erhalten bleiben.

Die ersten sowjetischen Vereinigungen, die zu Beginn der 20er Jahre entstanden, waren Trusts, Syndikate und Aktiengesellschaften. Die Trusts stellten – zumindest aus der Sicht der juristischen Form – einheitliche Betriebe, ein unmittelbar zusammengehöriges Ganzes dar. Die schwierigen wirtschaftlichen Bedingungen, unter denen die Trustbildung in der Industrie zu Beginn der 20er Jahre erfolgte, führten in einem ökonomisch rückständigen, durch den Weltkrieg und danach durch den Bürgerkrieg zerstörten Land dazu, daß in der Praxis nicht alle Trusts sofort eine echte Produktionseinheit schufen – einige waren lediglich administrative Gebilde, deren einzelne Teile durch keinerlei Produktionszusammenhang verbunden waren. Doch aus wirtschaftsrechtlicher Sicht wurden die Trusts Betrieben gleichgesetzt, deren Fabriken und Werke keine dem Prinzip der wirtschaftlichen Rechnungsführung entsprechende Selbständigkeit besaßen. Die Rechte von Trusts hatte damals auch eine geringe Zahl an Betrieben, die zweifellos eine Produktionseinheit bildeten.

Im Jahre 1922 begann die Bildung von Syndikaten, die bald nahezu die gesamte vertrustete Industrie umfaßten. Die Syndikate waren Aktienvereinigungen von Betrieben (Trusts), die, mit wenigen Ausnahmen, freiwillig entstanden. Die Verwaltung der Syndikate wurde durch die Versammlung der Bevollmächtigten der diesen Syndikaten angehörenden Trusts ernannt und war ihr rechenschaftspflichtig. Erste Aufgabe der Syndikate war der koordinierte Absatz der Erzeugnisse ihrer Betriebe und Trusts. Die Praxis zeigte jedoch bald, daß eine Zentralisation des Absatzes zwangsläufig die Zentralisation auch anderer Funktionen nach sich zieht. Dadurch, daß die Syndikate den Betrieben Produktionsaufträge erteilten, leiteten sie faktisch nach und nach die Nomenklatur der Erzeugnisse und beschäftigten sich sehr bald mit einer Standardisierung und Spezialisierung, übernahmen teilweise die Versorgung und in einigen Fällen auch die Finanzierung bei der Organisation neuer Produktionen. Schon 1927 wurde offensichtlich, daß faktisch nicht die Hauptverwaltungen (administrative Organe – Zweighauptverwaltungen des Obersten Volkswirtschaftsrates der UdSSR), sondern die Syndikate die Industrie leiteten. Es wurde ein Experiment organisiert, und das zuerst in der Textilindustrie; man löste die Hauptverwaltung auf und übertrug ihre Funktionen dem Syndikat. 1919 wurden in den meisten Industriezweigen Vereinigungen auf der Basis von Syndikaten gebildet und die Hauptverwaltungen aufgelöst.

Etwa zur gleichen Zeit entstanden Aktiengesellschaften – eine Form, die die Wirtschaftswissenschaft bisher nur wenig erforscht hat (während es über Trusts und Syndikate Untersuchungen sowohl der 20er Jahre als auch der Gegenwart gibt, so ist über sowjetische Aktiengesellschaften praktisch keine Literatur vorhanden). Am 1. Januar 1925 gab es bereits 107 Aktienbetriebe, darunter 17 Kreditvereinigungen, 37 Handelsbetriebe, 33 Handels- und Industriebetriebe, 2 Baubetriebe, 7 Transportbetriebe, 11 sonstige (Theater-, Konzert-, Verlagsvereinigungen u. a.). Zu erwähnen sind – „Orgametall" (eine Gesellschaft zur Einführung der neuen Technik im Hüttenwesen), „Motokredit" (zur Unterstützung der Mechanisierung in der Landwirtschaft), „Dobrolet" (Gesellschaft der zivilen Luftfahrt), „Transport" (eine große Transport- und Speditionsgesellschaft, deren Ratsvorsitzender übrigens F. E. Dzierzynski, Vorsitzender des Obersten Volkswirtschaftsrates und einer der führenden Parteifunktionäre war). Begründer der Aktiengesellschaften waren staatliche Betriebe, Organisationen und Ämter; in einigen Fällen jedoch wurden auch Einlagen der Bevölkerung genutzt (z. B. bei der „Dobrolet", deren Aktien frei verkauft wurden). Laut Statut bestand ein Prinzip der Tätigkeit des größten Teils der Aktiengesellschaften in der Arbeit ohne Gewinn: Ihr Hauptziel war nicht die Bildung von Gewinn für die Aktionäre, sondern die Unterstützung durch effektive finanzielle Leistungen.[8]

Von der juristischen Form her hatten Aktiengesellschaften und Syndikate vieles gemeinsam. Die einen wie auch die anderen waren Aktiengesellschaften, denen die ihnen angehörenden Betriebe nicht unterstellt waren und ihre Fonds nicht übertrugen, sondern in den Statutenfonds dieser Vereinigungen nur einen gewissen Teil ihrer „Kapitale" einbrachten. Und in diesem Sinne könnten Vereinigungen dieser Art als Teilvereinigungen im Unterschied zu vollen Vereinigungen bezeichnet werden; letztere waren die Trusts, denen die ihnen angehörenden Fabriken und Werke vollständig unterstellt waren und die über die gesamten Produktionsfonds sowie die gesamte Tätigkeit dieser Fabriken und Werke verfügungsberechtigt waren. Was jedoch den Inhalt der auszuübenden Funktionen betraf, so unterschieden sich die Aktiengesellschaften wesentlich von den Syndikaten. Diese Gesellschaften vereinigten eine bestimmte zweitrangige Tätigkeit, während die Syndikate die wichtigste Etappe des Hauptreproduktionsprozesses vollständig zentralisieren – die Realisierung der Erzeugnisse auf dem Markt. Im Ergebnis dessen zeigten sie eine Fähigkeit besonderer Art: die Fähigkeit einer allmählichen Evolution von einer Teilvereinigung zu einer vollen Vereinigung, was sich bei den Aktiengesellschaften nicht vollzog. Zu Beginn der 30er Jahre hörten in der Sowjetunion praktisch alle Arten von Vereinigungen zu existieren auf; an ihre Stelle traten vorwiegend administrative Formen der Zentralisation. Es entstand das System der Industrieleitung über die Volkskommissariate der Zweige (später Ministerien) und deren Hauptverwaltungen, die die Industriegruppen leiteten. Der Grund dafür waren die spezifischen historischen Bedingungen, unter denen die sozialistische Industrialisierung in der UdSSR erfolgte, sowie die ökonomische Rückständig-

8 Ausführlicher über Aktiengesellschaften siehe: O. Lacis, Otrasl'i territorija, in: Pravda v. 18. Dezember 1980; O. Lacis, Akcionernye obščestva chorošo zabytoe staroe, in: Ėkonomika i organizacija promyšlennogo proizvodstva, 3/1980.

keit des ersten sozialistischen Landes, das sich in feindlicher kapitalistischer Umklammerung befand und gezwungen war, die Industrialisierung forciert durchzuführen, ohne dabei bisweilen auf ökonomische und soziale Kosten Rücksicht zu nehmen.

Die Notwendigkeit einer einschneidenden Veränderung der Struktur der Industrie und der grundlegenden volkswirtschaftlichen Proportionen erforderte eine Zentralisation auf gesamtwirtschaftlicher Grundlage und führte objektiv zu einer vorübergehenden Einschränkung der Beziehungen nach dem Prinzip der wirtschaftlichen Rechnungsführung, die die Grundlage der Tätigkeit der Vereinigungen des Syndikat-Typs bildeten. Diese außergewöhnliche Situation setzte sich fort mit der Vorbereitung der Verteidigung des Landes, dem Krieg und dem Wiederaufbau in der Nachkriegszeit unter den uns aufgezwungenen Bedingungen zum verstärkten militärischen Schutz.[9]

In jener Zeit war es schwierig, zu bestimmen, welche der beiden Leitungsformen – über Vereinigungen oder über administrative Organe vom Typ der Hauptverwaltungen die Grundform, die für die sozialistische Produktion typische Form und welche die zeitweilige, durch vorübergehende außergewöhnliche Situationen bedingte Form ist. Doch 1961 entstanden in der UdSSR die Vereinigungen neu, und sie sind zum gegenwärtigen Zeitpunkt zweifellos die führende Form der Leitung der Industrie und des Bauwesens.

In den heute größten Vereinigungen – dem Autowerk an der Wolga, dem Kamas-Werk, dem Werk SIL, im Uralmašsavod, dem Werk für Metallverarbeitung in Leningrad, dem Werk Awtodisel in Jaroslawl und in anderen – sind Zehntausende Menschen beschäftigt; hier sind gewaltige Produktionsfonds konzentriert. Diese Vereinigungen sind imstande, einen bedeutenden Teil der Produktion im Maßstab einer Industriegruppe zu übernehmen. So stellt das Autowerk an der Wolga mehr Personenkraftwagen her als alle anderen Autowerke des Landes zusammen. Dadurch, daß die Vereinigungen die großen Produktionsmöglichkeiten mit der Arbeit leistungsstarker wissenschaftlich-technischer Abteilungen verbinden, tragen sie dazu bei, den wissenschaftlich-technischen Fortschritt im Rahmen ihrer Zweige bedeutend zu beschleunigen.

Sowjetische Ökonomen haben eine Vielzahl an Arbeiten über moderne Vereinigungen geschrieben, in denen die verschiedensten Aspekte ihrer Tätigkeit analysiert werden. Hier soll nur eine Frage behandelt werden, die in der Literatur über Vereinigungen relativ selten dargestellt wird.

Bei aller Vielfalt an Spielarten moderner Vereinigungen (Produktionsvereinigungen, Wissenschafts-Produktionsvereinigungen, wissenschaftlich-technische Vereinigungen, Vereinigungen in der Industrie und im Bauwesen), zählen sie alle zur Kategorie der vollen Vereinigungen, wirken im Rahmen eines Zweiges, eines Ministeriums oder Amtes. Aber der wissenschaftlich-technische Fortschritt stellt immer neue Aufgaben zwischenzweiglichen Charakters, Aufgaben, die häufig sehr umfangreich sind. Zumindest zwei Kategorien dieser Aufgaben haben heute noch keinen zuverlässigen ökonomischen und organisatorischen Mechanismus zu ihrer Lösung. Das ist erstens die Realisierung großer Erfindungen und anderer technischer Objekte von zwischenzweiglicher Bedeutung, deren Entwicklung und Nutzung nicht in den Rahmen eines Ministeriums eingeordnet werden kann. Und es ist zweitens die Errichtung großer Territorial-Produktionskomplexe, denen für gewöhnlich Betriebe verschiedener Zweige angehören, und die sich deshalb im Rahmen des bestehenden Zweigsystems nicht optimal leiten lassen.

9 Ausführlicher zu den Gründen der Auflösung der Vereinigungen in den 20er Jahren siehe: E. P. Dunaev, Ob'edinenie predprijatij kak forma obobščestvlenija proizvodstva, Moskva 1974, S. 101; B. V. Rakitski, Formy chozjajstvennogo rukovodstva predprijatijami, Moskva 1968, S. 33; O. R. Lacis, Ob'edinenija v stranach SEV, formy nacional'noji meždunarodnoj koncentracii, Moskva 1978, S. 43–49.

Unter den Bedingungen von Territorial-Produktionskomplexen zeigt sich besonders anschaulich, daß administrative Zersplitterung nicht den Aufgaben des modernen wissenschaftlich-technischen Fortschritts entspricht. Unsere Presse brachte schon viele Beispiele, wie Ressortgeist die Entwicklung überaus progressiver Produktionen hemmt, so z. B. bei solchen Komplexen wie der Kursker Magnetanomalie; hier wäre eine Vereinigung zu einem einheitlichen Betrieb mit Objekten des Hüttenwesens, der Chemie, der Baustoffindustrie, Energiewirtschaft u. a. am effektivsten, da es sonst nicht möglich ist, die natürlichen Ressourcen voll zu nutzen. Doch im Rahmen des bestehenden Leitungssystems befinden sich alle diese Produktionen im Leitungsbereich unterschiedlicher Ministerien, was die Bildung eines einheitlichen Betriebes äußerst erschwert. Gleichzeitig wird das Zweigleitungssystem an sich insgesamt als die Form gesehen, die den Belangen der Leitung des wissenschaftlich-technischen Fortschritts am besten entspricht. Jedenfalls haben die Erfahrungen gezeigt, daß eine Reorganisation der administrativen Leitungsstruktur aus einer Zweigstruktur in eine Territorialstruktur bei der Lösung dieser Aufgaben keine Vorteile bietet. Offenbar liegt der Ausweg nicht in administrativen Reorganisationen.

Daraus folgt der Gedanke, die administrative Zweigstruktur, ohne die bestehende Form zu brechen, mit Organen zwischenzweiglichen Typs zu durchsetzen, die nicht auf administrativer, sondern auf ökonomischer, dem Prinzip der wirtschaftlichen Rechnungsführung entsprechender Grundlage aufgebaut sind. Das könnten Aktiengesellschaften sein, gebildet von Betrieben (Vereinigungen) unterschiedlicher administrativer Unterstellung zwecks Lösung bestimmter, jedem Betrieb (Vereinigung) gestellter Teilaufgaben, wobei – ähnlich den Aktiengesellschaften der 20er Jahre – keine völlige Verschmelzung dieser Betriebe erfolgt.

Der Gedanke, organisatorisch-ökonomische Formen zu nutzen, die unserer Generation nicht mehr in Erinnerung sind, könnte wie ökonomische Romantik anmuten, würde er sich einzig auf historische Erinnerungen stützen. Doch in diesem Falle hat er m. E. auch in der heutigen Wirtschaftspraxis eine gewisse Basis. In der Sowjetunion gibt es Tausende Aktienvereinigungen, zwar nicht in der Industrie, aber im genossenschaftlichen, im Kolchos-Sektor, in dem in Form zwischenwirtschaftlicher Betriebe gemeinsame Produktionen sowohl landwirtschaftlicher Zweckbestimmung als auch Bau-, Industrie-, Transport-, Wissenschafts- und Projektierungsorganisationen gebildet werden.

Was die staatliche Industrie betrifft, so wird m. E. das Instrument zwischenzweiglicher Vereinigungen noch zu wenig genutzt.

Man sollte meinen, daß die in der Landwirtschaft bestehende Eigentumsform weitaus größere Schwierigkeiten für eine zwischenwirtschaftliche Konzentration schafft als in der Industrie. Ist doch das Eigentum der Kolchose verselbständigt und jeder Kolchos ist unabhängiger Besitzer seiner Produktionsmittel, während es dagegen bei den staatlichen Betrieben unterschiedlicher Ämter einen Eigentümer gibt – den Staat. Und dennoch hat die Landwirtschaft einen größeren Vorlauf bei der zwischenwirtschaftlichen Konzentration als die Industrie. Meines Erachtens gibt es keine prinzipiellen Hinderungsgründe für eine breitere Anwendung der Form vertraglicher Vereinigungen seitens staatlicher Betriebe der Industrie, des Bauwesens, des Verkehrswesens und anderer Wirtschaftszweige. Es gibt z. Z. eine Information über die Bildung zumindest einer Aktienvereinigung von Industriebetrieben – zwar nicht in der Hauptsphäre der Tätigkeit, sondern in der Hilfssphäre, allerdings einer durchaus wichtigen. Es geht um Hilfsbetriebe für die Lebensmittelproduktion, die von Tausenden Industrieveinigungen und -betrieben gebildet werden. Dabei können Großbetriebe – wie z. B. das Hüttenkombinat Magnitogorsk – Großbetriebe vom Ausmaß eines Sowchos auf der Basis moderner Technik erbauen, was die Kraft kleiner Betriebe übersteigt. So haben 150 Industriebetriebe der sibirischen Stadt Angarsk gemeinsam, auf anteiliger Grundlage eine zwischenwirtschaftliche Produktionsvereinigung geschaffen – ein Gewächshauskombinat. Dieser Betrieb hat Produktionsgrundfonds im Werte von 28 Mio Rubel, 15000 ha landwirtschaftlicher Nutzfläche – davon fast 6000 ha Ackerland und 18 ha Treibhausfläche –, 4500 Schweine, 800 Kühe, 100000 Hühner, etwa 300 Technikeinheiten. Der Teil der in der Landwirtschaft genutzten Technik wird von den Industriebetrieben unterhalten, und die Gewächshäuser werden mit Heißwasser aus einem der Betriebe der Stadt beheizt, so daß man insgesamt sagen kann, daß in Angarsk ein Agrar-Industrie-Komplex geschaffen wurde, der Industriebetriebe und Landwirtschaft verbindet. Und was aus der Sicht unseres Themas wichtig ist – es wurde eine auf vertraglicher Basis beruhende Aktienvereinigung zwischenzweiglichen Charakters geschaffen. Sie wird im Auftrage der Mitglieder der Vereinigung vom Sowjet der Volksdeputierten der Stadt geleitet.[10]

Es gibt bereits verschiedene Projekte für die Bildung zwischenzweiglicher Aktienvereinigungen zwecks Kooperation der Haupttätigkeit der Industrieproduktion. Erwähnt wurde bereits, daß die komplizierten Leitungsprobleme bei der Bildung von Territorial-Produktionskomplexen bisher nicht gelöst sind. Für einen der größten Territorial-Produktionskomplexe, den Kansk-Atschinsker Brennstoff- und Energiekomplex, entwickelte das Unionsforschungsinstitut für Systemforschungen das Projekt einer zwischenzweiglichen Industrievereinigung auf kooperativer Grundlage und mit anteiliger Beteiligung von Ministerien durch Zusammenlegung finanzieller Mittel, Fonds, Lohn- und Arbeitskräftelimits, von Bau- und Montagekapazitäten sowie anderer Ressourcen. Es ist bis jetzt noch ein Projekt, und man kann noch nicht über reale Erfahrungen sprechen, doch zeigt allein die Tatsache, daß solch ein Projekt entwickelt wurde, daß die ökonomische Notwendigkeit erkannt ist.[11]

In der Sowjetunion, in der aufgrund der großen Maßstäbe der Volkswirtschaft viele Dutzende Industrieministerien gebildet wurden, ist offensichtlich der Bedarf an zwischenzweiglichen Aktienvereinigungen größer als in Ländern, in denen die Volkswirtschaft kleinere Maßstäbe ausweist. Doch sicher kann diese Form auch in anderen Ländern nützlich sein. Außerdem kann sich diese Form als überaus nützlich für eine Vervollkommnung der Tätigkeit internationaler Wirtschaftsorganisationen der RGW-Länder erweisen.

[10] B. Ojlenikov, Kak gorod ogorod sgorodil, in: Komsomol'skaja pravda v. 30. August 1981.
[11] V. Prokušev, Skvoz' prizmu „solnečnogo kamnja", in: Pravda v. 30. Mai 1981.

O. A. Lugus

Die Verbindungen von Wissenschaft und Produktion in der Industrie der Estnischen SSR

Die Erfüllung des Programms der sozialökonomischen Entwicklung des Landes hängt in vielem von der Effektivitätssteigerung und allseitigen Intensivierung der gesellschaftlichen Produktion ab. Der XXVI. Parteitag der KPdSU hat ein breites Programm von Maßnahmen aufgezeigt, die auf die Intensivierung der Ökonomik der UdSSR in den 80er Jahren gerichtet sind. Unter Beachtung der Besonderheiten der Entwicklung der Ökonomik in diesen Jahren (vor allem Mangel an Arbeitskräften) besteht eine zentrale Aufgabe darin, einen Umschwung im Wachstumstempo der Arbeitsproduktivität als eine der wichtigsten Voraussetzungen für die Verwirklichung der wirtschaftlichen und sozialen Ziele, die vom XXVI. Parteitag der KPdSU gestellt wurden, zu erreichen. Die Beschleunigung des Übergangs der Wirtschaft des Landes auf den Weg der Intensivierung wird gegenwärtig in immer stärkeren Maße vom Fortschritt von Wissenschaft und Technik, von den Erfolgen der praktischen Nutzung ihrer Ergebnisse bestimmt.

Im zehnten Fünfjahresplan wurde das Tempo des wissenschaftlich-technischen Fortschritts beschleunigt. Die Größenordnungen der Einführung der neuen Technik wuchsen beträchtlich. Auch in der Industrie der Estnischen SSR wurde der technische Fortschritt beschleunigt. [1] Ein bedeutender Teil des Zuwachses an Arbeitsproduktivität wurde durch die Erhöhung der technischen Ausstattung, durch die Beschleunigung der komplexen Mechanisierung und Automatisierung der Produktion erreicht.

In den Jahren 1976–1980 wuchs in der Industrie der Estnischen SSR die Fondsausstattung der Arbeit um 27 % und die Energieausstattung der Arbeit um 11 %. Mehr als 80 % (in der Elektroenergetik, der Leicht- und Lebensmittelindustrie – 100 %) des Zuwachses der Bruttoproduktion der Industrie wurden durch das Wachstum der Arbeitsproduktivität erreicht. In den Jahren des X. Fünfjahrplanes wurden in den Industriebetrieben der Estnischen SSR 469 mechanisierte Fließband – und halbautomatische Linien eingeführt, 194 Arbeitsbereiche und 59 Betriebsteile wurden komplex mechanisiert, es wurden 15 EDVA und 7 Automatisierte Leitungssysteme der Produktion (ASUP) eingeführt, 1840 neue technologische Prozesse wurden vervollkommnet und eingeführt, 293 für die UdSSR neue Erzeugnisarten wurden eingeführt, darunter 257 neue Typen von Maschinen, Ausrüstungen, Apparaten und Geräten. Die Qualität der hergestellten Erzeugnisse hat sich beträchtlich verbessert, im X. Fünfjahrplan erhöhte sich die Herstellung von Erzeugnissen mit höchster Qualität auf das Vierfache.

In der gegenwärtigen Etappe der Entwicklung der Ökonomik hängt die Effektivitätssteigerung, die technische Vervollkommnung der Produktion in starkem Maße von der Entwicklung der Wissenschaft sowie auch davon ab, wie effektiv die Verbindungen von Wissenschaft und Produktion sind. Wie im gesamten Lande, so übersteigt auch in

[1] In der Industrie sind mehr als 34 % der Bevölkerung, die in der Volkswirtschaft der Estnischen SSR beschäftigt sind, eingesetzt. Die Industrie bringt 2/3 des erzeugten gesellschaftlichen Produktes und mehr als 50 % des Nationaleinkommens der Republik.

der Estnischen SSR in den letzten Jahren das Wachstumstempo der Finanzierung der Wissenschaft das Tempo der Erhöhung des Nationaleinkommens.

In den Jahren 1976–1980 wuchs die Zahl der wissenschaftlichen Mitarbeiter in der Estnischen SSR um 13 %, darunter die Zahl der Doktoren und Kandidaten der Wissenschaften um 19 %. Nicht wenig wurde zur Vervollkommnung der Organisationsstrukturen der wissenschaftlichen Einrichtungen getan; es wurden die ersten Wissenschafts-Produktionsvereinigungen in der Industrie geschaffen; der Anteil der Mitarbeiter der Zweiginstitute, der Konstruktions- und technologischen Büros (KTB) der Ministerien und der Betriebslaboratorien an der Gesamtzahl der wissenschaftlichen Mitarbeiter und am Umfang der Forschungsarbeiten ist gewachsen. Die Organisationsstruktur der wissenschaftlichen Einrichtungen der Estnischen SSR wird von den Angaben in der Tabelle charakterisiert. Im System der Akademie der Wissenschaften und der Hochschuleinrichtungen, wo hauptsächlich die Grundlagenforschung betrieben wird, sind ca. 66 % aller wissenschaftlichen Mitarbeiter, 81 % aller Doktoren und 69 % aller Kandidaten der Wissenschaften der Republik beschäftigt.

Tabelle

Organisationsstruktur der wissenschaftlichen Einrichtungen der Estnischen SSR

	Anteil (in %)					
	Insgesamt	AdW der ESSR	Zweiginstitute	Hochschulen	Entwicklungs- und technologische Büros mit selbständiger Bilanz	Laboratorien, Konstruktions- und Versuchsbüros, Abteilungen für Automatisierung von Betrieben und Vereinigung.
Mitarbeiter insgesamt	100	16,1	12,7	26,9	14,8	29,5
darunter wissenschaftliche Mitarbeiter und Ingenieure in KTB	100	14,4	18,4	40,7	19,7[1]	6,8[1]

[1] unter Berücksichtigung aller Beschäftigten, die Hochschulbildung haben.

Quelle: Nach einer Untersuchung aus dem Jahre 1978.

Ein bedeutendes wissenschaftliches Potential der Republik stellen die Zweigforschungsinstitute dar. 1980 gab es in der ESSR 12 Zweiginstitute, in denen mehr als 3100 Mitarbeiter tätig sind, darunter über 1100 wissenschaftliche Mitarbeiter. Zu einem der wesentlichen Glieder der Wissenschaftsorganisation in der Estnischen SSR, die die Wissenschaft mit der Praxis verbinden, wurde das sich in den letzten zwei Jahrzehnten herausbildende Teilsystem von Konstruktions- und technologischen Büros mit selbständiger Bilanz sowie von Laboratorien der Konstruktions- und Versuchsabteilungen, Abteilungen Mechanisierung und Automatisierung in den Industrievereinigungen und -betrieben. Besonders intensiv wuchs in den letzten Jahren die Zahl der Mitarbeiter in den Konstruktions- und technologischen Büros der Ministerien der Unionsrepubliken.

Im X. Fünfjahrplan festigte und stabilisierte sich die Grundstruktur der Wissenschaftsorganisation; das Wachstum der Anzahl der wissenschaftlichen Mitarbeiter verringerte sich im Vergleich zu den vorausgegangenen Fünfjahrplänen beträchtlich. Auf die Tagesordnung traten die Wechselbeziehungen der Teilsysteme der Wissenschaftsorganisation, deren proportionale Entwicklung und eine effektivere und vielseitigere Gemeinschaftsarbeit, um den zahlreichen aktuellen Erfordernissen der Praxis zu entsprechen. Dabei gibt es ungeachtet der erzielten positiven Ergebnisse bei der Entwicklung des Netzes wissenschaftlicher Einrichtungen, bei der Vervollkommnung ihrer Struktur und der Festigung der Verbindungen von Wissenschaft und Produktion noch Unzulänglichkeiten. Dazu gehören:

1. teilweise ungerechtfertigt lange Termine für die Ausarbeitung und Einführung neuer Arten der Technik und Technologie, wodurch die neue Technik noch vor Beginn der Organisation ihrer Produktion moralisch veraltet;
2. in manchen Ministerien und Vereinigungen werden keine perspektivischen Komplexprogramme zur Einführung der Errungenschaften von Wissenschaft und Technik erarbeitet;
3. noch zu schwache experimentelle Basis;
4. teilweises Sinken der Effektivität bei der Durchführung der Maßnahmen in den letzten Jahren (des Effektes je 1 Rubel Aufwendungen);
5. nicht ausreichende materielle Stimulierung des technischen Fortschritts.

Als Orientierung für die ökonomische und soziale Entwicklung des Landes im XI. Fünfjahrplan und im Zeitraum bis 1990 wurden die Hauptwege zur Beseitigung der vorhandenen Mängel sowie die wichtigsten Wege zur Realisierung einer einheitlichen technischen Politik festgelegt. Die Hauptaufgaben bestehen im folgendem: Ausarbeitung und Abstimmung der entscheidenden Richtungen zur Entwicklung von Wissenschaft und Technik, starke Verkürzung der Fristen zur Schaffung und Überleitung neuer Arten von Technik und Technologie, Verstärkung der Beziehungen von Wissenschaft und Produktion, Festigung der materiellen Basis der Wissenschaft, Vervollkommnung der Aus- und Weiterbildung der Kader.

In der Estnischen SSR, die ein starkes Defizit an Arbeitskräften zu verzeichnen hat, wurde die Aufgabe gestellt, im XI. Fünfjahrplan den gesamten Zuwachs der Industrieproduktion durch das Wachstum der Arbeitsproduktivität zu erreichen. Die Lösung dieser Aufgabe hängt in starkem Maße von der Verbesserung der Struktur des gesamten Systems der wissenschaftlich-technischen Organisationen und von der Vervollkommnung der Wege und Formen des Zusammenwirkens von Wissenschaft und Produktion ab.

Betrachten wir im folgenden einige Formen der Verbindung von Wissenschaft und Produktion in der Industrie der Republik. Um die Verbindungen von Einrichtungen der Grundlagenforschung (Akademie der Wissenschaften, Hochschulen) zur Produktion zu verbessern, sind in der Republik mehr als 10 wissenschaftlich-technische Programme ausgearbeitet, darunter ein Programm des wissenschaftlichen Gerätebaus, ein Programm der komplexen Nutzung von Ölschiefer usw. An der Realisierung der verschiedenen wissenschaftlichen Aufgaben, die in diesen Programmen festgelegt sind, nehmen außer den Einrichtungen der Grundlagenforschung Zweiginstitute, Konstruktions- und technologische Büros sowie die entsprechenden Vereinigungen und Betriebe teil.

Eine zweite Form der Verbindung von theoretischer Forschung und Praxis besteht in der Schaffung von Basen für angewandte Forschung bei den Instituten der Grundlagenforschung. So wurden bei der AdW der Estnischen SSR ein Spezielles Konstruktionsbüro, ein Spezielles Konstruktionsbüro für Rechentechnik und ein Versuchswerk für Feinsynthese beim Institut für Chemie geschaffen.

Die Konstruktionsbüros der AdW der Estnischen SSR sind relativ große Wissenschafts-Produktionszentren für den wissenschaftlichen Gerätebau. Diese Versuchs-Produktions-Einheiten wurden von der Staatlichen Universität Tartu geschaffen, wo die Einzelanfertigung von wissenschaftlichen Geräten ausgearbeitet und entsprechende Versuchsmuster hergestellt werden. Diese Zentren haben auch zur Produktion enge Verbindungen. Für die Hochschulen der Republik besteht allerdings ein schwieriges Problem darin, daß noch eine moderne Versuchs-Produktions-Basis fehlt.

Eine dritte Form der Verbindung der Grundlagenforschung mit dem Wissenschafts-Produktions-Zyklus besteht in der Herstellung direkter Beziehungen zwischen den wissenschaftlichen Einrichtungen mit theoretischer Ausrichtung und den Zweiginstituten, den Konstruktions- und technologischen Büros und den Vereinigungen und Betrieben auf der Basis von Direktverträgen.
Diese Form fand in der Republik eine sehr große Verbreitung.

Die Auswahl der Formen zur Leitung des Zyklus Wissenschaft-Technik-Produktion hängt von verschiedenen Umständen ab. Die Estnische SSR ist eine industriell relativ hochentwickelte Republik. Wenn man nach den Formen der Unterstellung aufgliedert, erzeugt die der Union unterstellte Industrie 30 % des Gesamtproduktionsvolumens, die den Ministerien der Union und der Republik unterstellte Industrie 60 % und der Rest wird von der örtlichen Industrie gebracht. Im folgenden sollen die Formen der Leitung des Zyklus „Wissenschaft–Produktion" im System der Industrie der Unionsrepublik und der örtlichen Industrie untersucht werden. Die Leitung der der Union unterstellten Industrie, insbesondere des Maschinenbaus, ist sehr zersplittert, und eigentlich ist kein einheitlicher Komplex in der Republik vorhanden.

Eine Besonderheit der Estnischen SSR besteht darin, daß alle Industrieministerien, die der Union und Republik bzw. der Republik unterstellt sind, auf der Grundlage der Verordnung über die Industrievereinigungen arbeiten. Alle Funktionen, darunter auch die Leitung des wissenschaftlich-technischen Fortschritts, sind zentralisiert. Alle diese Ministerien-Industrievereinigungen (in der Republik gibt es 7; z. B. das Ministerium für Leichtindustrie der Estnischen SSR, das Ministerium für Nahrungsgüterindustrie der ESSR) haben ihre Forschungsinstitute oder Konstruktionsbüros und auch Versuchsbetriebe, die nicht standardisierte Ausrüstungen herstellen und an der komplexen technischen Umrüstung der Betriebe arbeiten. In der Regel gehört zu einem Institut bzw. Konstruktions- und technologischen Büro ein Rechenzentrum.

Die Leitung des Zyklus Wissenschaft–Produktion durch das Ministerium für Nahrungsgüterwirtschaft der Estnischen SSR ist typisch für ein Ministerium (eine Industrievereinigung), dem keine Wissenschafts-Produktions-Vereinigung angeschlossen ist. Das Konstruktions- und technologische Büro (KTB) des Ministeriums ist das wissenschaftlich-technische Zentrum des jeweiligen Industriezweiges und hat eine sehr breite Skala von Aufgaben. Dazu gehören u. a.:
- Schaffung eines automatisierten Leitungssystems der Zweiges und der Betriebe;
- Ausarbeitung von technisch-ökonomischen Begründungen für Neubauten sowie für die Rekonstruktion und Erweiterung der Betriebe;
- Ausarbeitung von Komplexplänen für die Mechanisierung und Automatisierung der Produktion sowie die Vervollkommnung technologischer Prozesse;
- Ausführung von Konstruktions- und Versuchsarbeiten;
- Durchführung von experimentellen Arbeiten im Zusammenhang mit der Herstellung neuer Erzeugnisse, der Verbesserung der Technologie sowie der Mechanisierung und Automatisierung der Produktion;
- Organisation und Koordinierung von Forschungsarbeiten im System des Ministeriums;
- Standardisierung und Bestätigung (Attestierung) von Erzeugnissen;
- Weiterbildung von Kadern usw.

Die von den KTB durchgeführten Forschungsarbeiten werden durch die Selbstkostenabführungen der Erzeugnisse aus zentralisierten Fonds finanziert. Die Struktur der Finanzierung der Arbeiten des KTB durch das Ministerium für Nahrungsgüterwirtschaft der Estnischen SSR sah 1980 wie folgt aus:

1. Mittel für Forschungsarbeiten – 26,6 %,
2. Vertrag mit dem Ministerium für Nahrungsgüterwirtschaft der Estnischen SSR – 28,4%,
3. Direktverträge mit Betrieben – 45,0 %.

Dabei wurden 1980 21 % des Arbeitsvolumens der KTB zur Schaffung von Automatisierten Leitungssystemen eingesetzt. Außer den vom KTB direkt für das Ministerium für Nahrungsgüterwirtschaft der Estnischen SSR ausgeführten Arbeiten gibt es Direktverträge (darunter auch langfristige) zu vielen Hochschulen und Forschungsinstituten. 1980 wurden vom KTB des Ministeriums 57% des Gesamtumfangs der Forschungsarbeiten ausgeführt und auf Vertragsbasis mit anderen wissenschaftlichen Einrichtungen waren es 43 %. Der Effektivitätskoeffizient der Aufwendungen für Forschungsarbeiten betrug 1980 1,57 und die durchschnittliche Dauer des Zyklus Forschung–Ausarbeitung–Einführung – 18 Monate.

Ein spezielles Leitungssystem des wissenschaftlich-technischen Fortschritts ist im System des Ministeriums für Leichtindustrie der Estnischen SSR vorhanden. Hier wurde 1978 die Wissenschafts-Produktionsvereinigung für nichtgewebte Stoffe „Mistra" sowie 1979 ein Projektierungs- und Konstruktionsbüro der Leitungssysteme geschaffen.

Die intensive Arbeit zur technischen Umrüstung (im X. Fünfjahrplan wurden ca. 12000 Einheiten an hochproduktiven Ausrüstungen mit einem Wert von mehr als 50 Mio Rubel in Betrieb genommen, was etwa die Hälfte des aktiven Teils der vorhandenen Grundfonds darstellt) und Rekonstruktion der Betriebe sicherte im Fünfjahrplan nicht nur den gesamten Zuwachs an Erzeugnissen durch Erhöhung der Arbeitsproduktivität, sondern ermöglichte auch, die Arbeitsbedingungen zu verbessern, das Sortiment zu erweitern und die Qualität der Erzeugnisse zu erhöhen. Der Umfang der Erzeugnisse mit Qualitätszeichen stieg im X. Fünfjahrplan fast auf das Achtfache und der Erzeugnisse mit dem Kennzeichen „Neuheit" ca. auf das Sechsfache. Dazu trug auch die Vervollkommnung der Leitung des Zyklus Wissenschaft-Produktion bei. Um diesen Zyklus im Zweig zu verkürzen, wurde ein „Einheitlicher Plan zur Überleitung von Forschungsarbeiten" eingeführt; die Planung und Finanzierung der Ausarbeitungen der Zweigforschungsinstitute wird auf der Grundlage von Aufträgen durchgeführt. Das auf der wirtschaftlichen Rechnungsführung beruhende System sieht vor, daß sich in den Aufträgen die Endergebnisse der Arbeiten einschließlich des ökonomischen Effektes, die Erfüllungstermine in diesen Etappen von der Forschung bis zur Überleitung ihrer Ergebnisse in die Produktion, die Mittel zur Finanzierung und materiellen Stimulierung der Arbeiter widerspiegeln.

In den vergangenen Jahren haben sich auch die Beziehungen zu den Herstellern der Ausrüstungen für die Leichtindustrie gefestigt. So z. B. wird von der Trikotagenvereinigung „Marat" im Rahmen des „Einheitlichen Planes zur Überleitung von Forschungsarbeiten" gemeinsam mit dem VNIITPT und dem Werk für Maschinenbau „K. Marx" an der Herstellung der superschnellen Rundstrickmaschinen „Interlok" und deren Einführung in die Produktion gearbeitet. Das Ministerium für Leichtindustrie der Estnischen SSR hat 1980 mit eigenen Kräften 74 % aller Forschungs- und Entwicklungsarbeiten (bezogen auf die Aufwendungen) ausgeführt.

Eine neue effektive Form der Leitung des Zyklus Wissenschaft–Produktion stellen die Wissenschafts-Produktionsvereinigungen (WPV) dar. Die o. g. WPV „Mistra" ist die erste WPV innerhalb des Systems des Ministeriums für Leichtindustrie der UdSSR. Zur Vereinigung gehören folgende Einrichtungen: Konstruktionsbüro (Hauptstruktureinheit) und zwei Versuchsfabriken, die keine selbständigen juristischen Personen sind. Die Leitung der WPV „Mistra" erfolgt nach folgenden Prinzipien: einheitliche wissenschaftlich-technische und Wirtschaftsleitung und komplexe Planung der wissenschaftlich-technischen Ausarbeitungen; Zentralisierung aller Leitungsfunktionen der Produktion und der technischen Sicherstellung; die Einheiten erfüllen kontinuierlich alle Stadien des Zyklus Wissenschaft–Produktion.

Der Ablauf von Forschung und Entwicklung in der WPV „Mistra" ist dadurch gekennzeichnet, daß der Zyklus von der Ausarbeitung der Technologie und Ausrüstung bis zu deren Überleitung in sich geschlossen ist. Zunächst wird die Technologie und Ausrüstung in den Versuchsbetrieben „Mistra" eingeführt. Das Durchlaufen aller Arbeitsetappen in einer Organisation ermöglicht es, die unterschiedlichen Etappen des Zyklus zeitlich zu vereinen und somit die Überleitungsfristen zu verkürzen. Durch die Versuchsbasen wird es möglich, die zu schaffenden technologischen Prozesse und Maschinenkonstruktion im Zuge der Ausarbeitung zu überprüfen und diese auch unter Einsatzbedingungen der Industrie durch ihre Hersteller erproben zu lassen.

In der experimentell-mechanischen Abteilung werden Versuchsmuster der entwickelten Ausrüstungen und einzelne Maschinenbaugruppen hergestellt, damit im Verlaufe der Konstruktion die Richtigkeit der technischen Lösungen zu überprüfen ist.

Bei der Ausarbeitung der technologischen Prozesse wird in den Versuchbetrieben eine Reihe von Versuchspartien hergestellt, bei denen die technologischen Parameter präzisiert werden, so daß mit Beginn der planmäßigen Produktion eine bestätigte technologische Dokumenation vorliegt. Die planmäßige Produktion in den Versuchsbetrieben wird von Entwicklungstechnologen und Konstrukteuren ständig überprüft, die die Produktionstechnologie und Konstruktion der Maschinen, falls erforderlich, vervollkommnen. Die Konstrukteure und Technologen der Vereinigungen leisten auch technische Hilfe, wenn die von der Vereinigung entwickelte Ausrüstung und Technologie im Allunionsmaßstab eingeführt wird. Da in der Vereinigung eine Projektierungsabteilung für den Investbau vorhanden ist, ist es möglich, die erforderlichen Erweiterungen der Versuchsbetriebe operativ zu projektieren und parallel zur Projektierung mit den Bau- und Montagearbeiten zu beginnen. Die WPV „Mistra" erzielte positive Ergebnisse in der Forschungs- und Produktionstätigkeit. Im Zeitraum 1977–1980 wuchs der Umfang der Forschungsarbeiten von 1,1 auf 1,3 Mio Rubel und die Bruttoproduktion von 6,8 auf 21,9 Mio Rubel. Der Effektivitätskoeffizient wuchs von 3,0 im Jahre 1977 auf 5,5 im Jahre 1980.

Das Projektierungs- und Konstruktionsbüro der Leitungssysteme (einschließlich des Rechenzentrums) führt Forschungs- und Überleitungsaufgaben zur Schaffung automatisierter Leitungssysteme für den Zweig und die Betriebe aus, befaßt sich mit der Vervollkommnung der Leitung und des Mechanismus der Wirtschaftsführung im System einer komplexen ökonomischen Analyse wie auch mit der Aus- und Weiterbildung der Kader (es gibt ein spezielles Lehrkombinat) usw.

Aus der Industriepraxis ergibt sich, daß der wissenschaftlich-technische Fortschritt, insbesondere die Einführung technischer Neuheiten (Erfindungen) dadurch gebremst wird, daß eine entsprechende Versuchs-Produktions-Basis noch fehlt oder diese von zu geringer Kapazität ist. Um die Neuerungsergebnisse schneller einführen zu können, wurde 1980 in der Estnischen SSR das Vereinigte Konstruktions- und technologische Büro (SKTB) „Effekt" als eine Überleitungsorganisation, die auf der Basis der wirtschaftlichen Rechnungsführung arbeitet, geschaffen.

Das SKTB „Effekt“ arbeitet auf der Grundlage von Verträgen mit den Betrieben. Allerdings ist die Gründung derartiger nicht spezialisierter Überleitungsorganisationen ein Diskussionsgegenstand; ihre Struktur, Arbeitsplanung und einige andere Fragen bedürfen der weiteren Vervollkommnung.

Aus dem Dargelegten wird deutlich, daß in der Industrie der Estnischen SSR gewisse Erfahrungen bei der Vervollkommnung des Leitungszyklus Wissenschaft–Technik–Produktion vorliegen. Viele Fragen bedürfen unter Berücksichtigung der Besonderheiten der Unionsrepublik einer weiteren Untersuchung und Lösung. 1981 bis 1983 werden Programme des wissenschaftlich-technischen Fortschritts für alle Industriezweige der Republik erarbeitet. Die beschleunigte Überleitung der Errungenschaften von Wissenschaft und Technik in die Produktion hängt in starkem Maße auch von der Verwirklichung des Beschlusses des ZK der KPdSU und des Ministerrates der UdSSR vom 12. 7. 1979 „Zur Verbesserung der Planung und zur Verstärkung des Einflusses des Wirtschaftsmechanismus auf die Effektivität der Produktion und die Qualität der Arbeit“ ab. Unserer Auffassung nach ist bei der Verkürzung des Zyklus Wissenschaft–Produktion die Frage der Vervollkommnung des entsprechenden Systems der Planung und materiellen Stimulierung von großer Bedeutung.

I. P. Olejnik

Zusammenarbeit und Erfahrungsaustausch der RGW-Länder bei der Entwicklung von Wissenschaft und Technik und bei der Nutzung der erzielten Ergebnisse in der Produktion

In den Dokumenten der Kommunistischen und Arbeiterparteien der sozialistischen Gemeinschaft und des Rates für Gegenseitige Wirtschaftshilfe wird die große Rolle der multilateralen Zusammenarbeit der Bruderländer bei der Lösung der ökonomischen Aufgaben des sozialistischen und kommunistischen Aufbaus und der Nutzung der neuesten Errungenschaften von Wissenschaft und Technik sowie der vielseitigen fortgeschrittenen Erfahrungen unterstrichen, die in jedem sozialistischen Land bei der Organisation der Produktion, der Leitung und der Lösung der anderen volkswirtschaftlichen Probleme gesammelt wurden. Wir wissen, so wurde im Rechenschaftsbericht des ZK der KPdSU auf dem XXVI. Parteitag gesagt, welch wertvolle Erfahrungen es in der DDR bei der Rationalisierung der Produktion, in der Einsparung von Energie, Rohstoffen und Material gibt, wie klug die Arbeit der landwirtschaftlichen Kooperativen und Betriebe in Ungarn organisiert ist. Viel Interessantes und Wertvolles git es im System der sozialen Sicherstellung in der Tschechoslowakei. In Bulgarien und einer Reihe anderer europäischer sozialistischer Länder wurden nutzbringende Formen der Agrar-Industrie-Kooperation gefunden. „Laßt uns die Erfahrungen der Bruderländer aufmerksamer studieren und breiter anwenden, Genossen!“[1]

Analoge Feststellungen enthalten die Dokumente der Parteitage der anderen Bruderparteien der Länder der sozialistischen Gemeinschaft sowie deren gemeinsame Dokumente. So wurde in den Materialien der XXXV. Tagung des RGW, die Mitte 1981 stattfand, unterstrichen, daß die Entwicklung und Erhöhung der Effektivität der Zusammenarbeit, die Verallgemeinerung und allseitige Nutzung der fortgeschrittensten Erfahrungen der Bruderländer zu einer immer stärkeren Kraft ihres wirtschaftlichen und wissenschaftlich-technischen Fortschritts wird.

Es wurde die unerläßliche Notwendigkeit unterstrichen, ein zuverlässiges System des Studiums und der Nutzung der fortgeschrittenen Erfahrungen der Bruderländer herauszuarbeiten und die Information über alles Neue und Wertvolle, was für ihre Entwicklung charakteristisch ist, in starkem Maße zu verbreiten. Die schöpferische Anwendung der fortgeschrittenen Erfahrungen der Freunde – so heißt es in den RGW-Dokumenten – ist dem Wesen nach eine Bereicherung der eigenen Erfahrungen durch neue Mittel und Methoden.

Das Leben zeigt, daß der Erfahrungsaustausch zwischen den Ländern des Sozialismus zu einer immer vielgestaltiger werdenden Form ihrer multi- und bilateralen Zusammenarbeit und wechselseitigen Hilfe wird. Das betrifft die Politik und Ökonomie, die Wissenschaft und Technik, die Bildung und Kultur; das ist die entscheidende Grundlage für die Herausbildung der progressivsten Tendenzen der gesellschaftlichen Entwicklung und ihrer allgemeinen Gesetzmäßigkeiten; das ist ein wichtiger Faktor des

[1] XXVI. Parteitag der KPdSU, Rechenschaftsbericht des Zentralkomitees der KPdSU und die nächsten Aufgaben der Partei in der Innen- und Außenpolitik, Berichterstatter: L. I. Breshnew, Berlin 1981, S. 11.

wirtschaftlichen und wissenschaftlich-technischen Fortschritts wie auch der kommunistischen Erziehung der Werktätigen der Länder des Sozialismus.

Im Mittelpunkt der Zusammenarbeit und des Erfahrungsaustausches der Bruderländer steht in der gegenwärtigen Etappe die erfolgreiche Lösung der schöpferischen Aufgaben, die auf den vergangenen Parteitagen ihrer führenden Parteien gestellt wurden; das sind vor allem Probleme der Intensivierung der Produktion, der Verbesserung aller ihrer qualitativen Kennziffern und die weitere Erhöhung des Volkswohlstandes.

L. I. Breshnew sagte, daß ein Vorzug des sozialistischen Weltsystems, unserer sozialistischen Lebensweise darin besteht, daß die Bruderländer und ihre führenden Parteien im Laufe der Entwicklung ihre positiven Erfahrungen aufmerksam studieren und in breitem Maße anwenden. „Die Erfahrungen der Kommunisten der Sowjetunion, die als erste den Weg der sozialistischen Entwicklung beschritten haben und die Praxis der anderen Länder – darunter auch der DDR, . . . – stellen die kollektiven Erfahrungen des Sozialismus, unseren großen gemeinsamen Reichtum, dar. Ihre kluge Nutzung bringt jedem Bruderland einen riesigen Nutzen, indem das unnötige Suchen nach Lösungen, die bereits von anderen gefunden wurden, zum Teil vermieden wird bzw. vor Wiederholung bereits früher begangener Fehler gewarnt wird“[2]. Genosse E. Honecker unterstrich ebenfalls im Bericht auf dem X. Parteitag der SED, daß „die gemeinsame Verallgemeinerung der besten Erfahrungen beim sozialistischen und kommunistischen Aufbau, die Annäherung der Strukturen der Wirtschaftsmechanismen allen Bruderländern zugute kommen“[3].

Heute verfügt die sozialistische Gemeinschaft über einen gut eingespielten Mechanismus zur Vertiefung der Zusammenarbeit und des Erfahrungsaustausches, der unablässig vervollkommnet wird. Seine wichtigsten Bestandteile sind die internationalen Beratungen und der Austausch von Delegationen, die gemeinsame Tätigkeit im RGW und in anderen gemeinschaftlichen Organisationen sowie die systematischen Kontakte der Vertreter der Bruderländer auf allen Ebenen. Große Bedeutung erlangten in diesem Zusammenhang die bereits zur Tradition gewordenen Treffen der Führer der Bruderparteien auf der Krim, auf denen rationelle und effektive Formen und Methoden zur Vereinigung der Kräfte bei der Lösung der wichtigsten und kompliziertesten Entwicklungsprobleme jedes Landes und des gesamten sozialistischen Weltsystems beraten werden. So wurde auf dem Treffen des Jahres 1981 unterstrichen, daß im laufenden Fünfjahrplan das Zusammenwirken der Länder des Sozialismus ein großes Ausmaß und wachsende Bedeutung in den Wirtschaftsbereichen erlangen wird, die für den weiteren wissenschaftlich-technischen Fortschritt und die unablässige Erhöhung des Volkswohlstandes von entscheidender Bedeutung sind.

1. Die Vereinigung der Anstrengungen zur Entwicklung von Wissenschaft und Technik und bei der produktiven Nutzung ihrer Errungenschaften

Ein außerordentlich bedeutsamer Faktor für die schnelle Entwicklung von Wissenschaft und Technik in den Ländern des Sozialismus, für die stärkere Nutzung der erzielten Ergebnisse zur Entwicklung der Volkswirtschaft ist das verzweigte System der wissenschaftlich-technischen Zusammenarbeit, die tiefgreifende Spezialisierung und Kooperation der sozialistischen Staaten auf den genannten Gebieten. Für dieses Zusammenwir-

2 L. I. Breshnew, Mir socializma — toržestvo velikich idej, Moskva 1978, S. 345.

3 Bericht des Zentralkomitees der Sozialistischen Einheitspartei Deutschlands an den X. Parteitag der SED, Berichterstatter: Genosse Erich Honecker, Berlin 1981, S. 21.

ken in der sozialistischen Gemeinschaft wurden wichtige Voraussetzungen geschaffen. Gegenwärtig ist in den Mitgliedsländern des RGW ein Drittel des wissenschaftlich-technischen Personals der Welt vereinigt, wirken mehr als 10000 Forschungs-, Entwicklungs- und Hochschuleinrichtungen; davon arbeiten 3000 auf dem Gebiet der Forschung und Entwicklung sowie bei der Ausbildung von wissenschaftlich-technischen Kadern und Spezialisten für die verschiedenen Zweige der Volkswirtschaft aktiv zusammen.

Mit jedem Jahr wächst der sozialökonomische Nutzen der wissenschaftlich-technischen Potentiale der RGW-Länder. Nach Überschlagsrechnungen werden in diesen Ländern durch die Nutzung der Errungenschaften von Wissenschaft und Technik 50 bis 70 % des Zuwachses an Nationaleinkommen und etwa 90 % der Steigerung der Arbeitsproduktivität erzielt. Die Wissenschaftler Ingenieure und Techniker der RGW-Länder reichen jährlich bis zu 40 % der Gesamtzahl der Anmeldungen von Erfindungen in der Welt ein und erhalten etwa 20 % der in der Welt vergebenen Patente. Die Errungenschaften der Wissenschaftler der Länder des Sozialismus, die Entdeckungen auf dem Gebiet der Mathematik, Physik, Chemie, Biologie, auf dem Gebiet der friedlichen Nutzung der Atomenergie und der Erschließung des Kosmos erlangten weltweite Anerkennung.

Der Umfang der Forschungsarbeiten, die durch gemeinsame Anstrengungen der Länder des Sozialismus durchgeführt werden, wächst. Wenn Anfang der 60er Jahre im Rahmen der Zusammenarbeit jährlich etwa 600 Arbeiten ausgeführt wurden, waren es im vergangenen Fünfjahrplan bereits ca. 2000. In den vergangenen 10 Jahren wurden durch gemeinsame Anstrengungen der RGW-Länder etwa 16000 theoretische und angewandte Forschungsaufgaben beendet, von denen viele eine große volkswirtschaftliche Bedeutung haben. Im Rahmen der wissenschaftlich-technischen Zusammenarbeit werden jährlich 200 bis 300 neue Konstruktionen von Maschinen, Geräten und Ausrüstungen geschaffen bzw. vervollkommnet sowie 100 bis 200 neue technologische Prozesse und 100 bis 200 neue Arten von Materialien und Präparaten. Der ökonomische Effekt ihrer Nutzung sowie der gesamten wissenschaftlich-technischen Zusammenarbeit der RGW-Länder beträgt jährlich ca. 5 Mrd. Rubel.

Zu wichtigen Hauptrichtungen der wissenschaftlich-technischen Zusammenarbeit der RGW-Länder werden in der gegenwärtigen Etappe immer mehr folgende Probleme: Erweiterung und Vervollkommnung der energetischen und der Brenn-und Rohstoffbasis, rationelle Nutzung der vorhandenen Ressourcen und Suche nach prinzipiell neuen Energie- und Rohstoffarten einschließlich der Schaffung von Grundlagen der Kernenergetik, Erhöhung des Niveaus der Mechanisierung der landwirtschaftlichen Produktion, der Mechanisierung und Automatisierung arbeitsaufwendiger Prozesse, insbesondere der Arbeiten unter der Erde und unter gesundheitschädigenden Bedingungen, Schaffung von Ausrüstungen für die komplexe Automatisierung der Produktions- und Leitungsprozesse und von hocheffektiven Technologien. Große Aufmerksamkeit wird der wissenschaftlich-technischen Absicherung der erfolgreichen Verwirklichung langfristiger Zielprogramme der Zusammenarbeit der RGW-Länder zur Entwicklung der Schlüsselzweige der Volkswirtschaft für den Perspektivzeitraum bis 1990 beigemessen.

In den letzten zehn Jahren wurden durch gemeinsame Anstrengungen der RGW-Länder wichtige wissenschaftlich-technische Ausarbeitungen zur Erhöhung des Anteils von festen Brennstoffarten – darunter von Brennstoffen geringer Qualität – an der Brennstoff-Energie-Bilanz und zur Verringerung des Anteils von Erdöl als einem wichtigen Rohstoff geschaffen. Es wurden Technologien für die effektive Nutzung von festen Brennstoffen niedriger Qualität und deren Umwandlung in flüssigen Brennstoff und Gas wie auch Methoden zur Vergrößerung des Nutzens von erdölführenden Schichten sowie zur Intensivierung der Erzeugung von Erdgas ausgearbeitet und in die Praxis übergeleitet. Die RGW-Länder vereinen in starkem Maße ihre Anstrengungen zur Entwicklung der Atomenergetik. Die Zusammenarbeit und gegenseitige Hilfe ermöglichte es den RGW-Ländern, umfangreiche wissenschaftlich-technische Forschungen durchzuführen und eine Serienproduktion großen Maßstabs von Wasser-Wasser-Atomreaktoren mit einer Kapazität von 440 und 1000 MW sowie anderer Ausrüstungen für Kernkraftwerke zu organisieren. Zur Zeit nehmen auf der Grundlage eines großangelegten Abkommens zur internationalen Spezialisierung und Kooperation der Produktion 50 Industrievereinigungen und Betriebe der UdSSR und anderer europäischer Länder des RGW und der SFRJ am Bau von Atomreaktoren teil. Dabei ist die größere Hälfte dieser Produktion in der UdSSR konzentriert, hauptsächlich in dem speziell dafür errichteten großen Betrieb „Atommaš".

In der UdSSR und einigen anderen RGW-Ländern wurde durch gemeinsame Anstrengungen ein großer Komplex von Forschungen zur Schaffung und Vervollkommnung von Kontroll- und Meßgeräten für Automatisierte Leitungssysteme von Reaktoren und Kernkraftwerken insgesamt sowie auch zur Schaffung von Schnellen Brütern und von Magnet-Hydrodynamischen Kraftwerken (MGD) durchgeführt, die einen höheren Wirkungsgrad (bis zu 50 %) und einen um 20–30 % geringeren Verbrauch von organischen Brennstoffen im Vergleich zu den Wärmekraftwerken des üblichen Typs haben können. Die RGW-Länder arbeiten auch beim Bau und bei der Nutzung von Atomkraftwerken zusammen. Gegenwärtig arbeiten sie außer in der UdSSR in Bulgarien, der DDR und der ČSSR. Ihre Gesamtkapazität erreichte 17800 MW im Vergleich zu 1100 MW im Jahre 1971. Der Bau eines Kernkraftwerkes wird in Ungarn abgeschlossen, und in anderen RGW-Ländern wird die Ausrüstung von Kernkraftwerken vorbereitet. Bis 1990 soll in den europäischen RGW-Ländern und der Republik Kuba die Kapazität der Kernkraftwerke auf 37000 MW erhöht werden. Die Nutzung dieser Atomkraftwerke ermöglicht es diesen Ländern, jährlich ca. 75 Mio t Einheitsbrennstoff einzusparen, d. h. etwa die Hälfte des gegenwärtigen Importes dieser Länder an Brennstoffen und Energie aus der UdSSR. In der UdSSR ist der Bau von zwei Kernkraftwerken mit einer Kapazität von 4000 MW geplant, und zwar hauptsächlich für den Export der Produktion in die Bruderländer.

Gegenwärtig erfolgt die gemeinsame Arbeit an Atomkraftwerken, die neben Elektrizität auch Dampf für die Industrie und die Wärmeversorgung erzeugen werden. Gleichzeitig werden Lösungen für die praktische Nutzung der gesteuerten Kernfusion auf Grundlage der Nutzung der Anlage des Typs „TOKAMAK" ausgearbeitet. Es werden der gemeinsame Forschungen zum atomaren Gerätebau durchgeführt, insbesondere zur Herstellung von Ausrüstungen für die Medizin, die in erster Linie zur Feststellung bösartiger Geschwülste eingesetzt werden. Auch die Forschungen zur Weiterentwicklung der Energieverbundsysteme der RGW-Länder werden fortgeführt. Die Ergebnisse dieser Forschungen dienten beim Bau und der Inbetriebnahme der Hochspannungsleitung Vinnica (UdSSR)-Albertirsa (UVR), wodurch ermöglicht wird, daß dieVerbundsysteme und das einheitliche Energiesystem der UdSSR parallel arbeiten und daß der Export von Elektroenergie aus der UdSSR in die interessierten Bruderländer wesentlich erweitert wird.

Einen besonders wichtigen Platz hat in der wissenschaftlich-technischen Zusammenarbeit und der Einführung ihrer Ergebnisse in die Produktion der Maschinenbau. Er nimmt bei der Erhöhung des technischen Niveaus in allen Zweigen der Volkswirtschaft eine Schlüsselrolle ein. Durch gemeinsame Anstrengungen der RGW-Länder wurden neue Produktionsausrüstungen geschaffen für den Kohletagebau, für die Erkundung, Förderung und rationelle Nutzung von Erdöl, Gas und anderen Bodenschätzen, für den Bau von Hauptrohrleitungen und Geräten für die rationelle und effektive Nutzung von Brennstoffen auf der Grundlage der fortgeschrittenen technologischen Prozesse, für den Bau von Maschinensystemen für die komplexe Mechanisierung der landwirtschaftlichen Produktion und die Verarbeitung von landwirtschaftlichen Rohstoffen, für die Mechanisierung und Automatisierung der Transport- und Lagerungsprozesse sowie für die Einführung neuer Methoden und Technologien für die Verarbeitung von Sekundärrohstoffen. Es wurden technische Mittel für ein universelles internationales System der automatischen Kontrolle, Regelung und Leitung der Produktion, neue technische Mittel zum Schweißen und neue Arten von chemischen Ausrüstungen ausgearbeitet. Große Aufmerksamkeit wird einer verstärkten Ausarbeitung und Herstellung von elektronischer Rechentechnik und Robotern mit Programmsteuerung geschenkt.

Im Ergebnis der multilateralen Zusammenarbeit auf dem Gebiet der Rechentechnik wurden 12 Modelle von ESER-Prozessoren, 4 Modelle von Mini-EDVA zur Leitung einzelner Produktionsprozesse und mehr als 300 periphäre Anlagen dieser Systeme ausgearbeitet, der internationalen Prüfung unterzogen und von der Industrie eingeführt. Die Ausarbeitung von mehr als 200 Paketen angewandter Programme für automatisierte Leitungssysteme von Industriebetrieben und technologischen Prozessen sowie für die Schaffung von Systemen der Automatisierung von Entwicklungs- und technologischen Arbeiten wurde abgeschlossen. 1980 schlossen die RGW-Länder ein Abkommen ab, das die weitere Entwicklung der Zusammenarbeit auf diesem Gebiet und die Erweiterung der gegenseitigen Lieferungen von Rechentechnik im laufenden Fünfjahrplan im Werte von über 15 Mrd. Rubel vorsieht.

Auf dem Gebiet der Schwarz- und Buntmetallurgie wurden die gemeinsamen Ausarbeitungen zur Schaffung neuer progressiver Technologien zur Förderung und Verarbeitung von Erzen, zur Nutzung von armen und schwer zu verarbeitendem Erz und zur Vergrößerung des Metallgehaltes in Konzentraten abgeschlossen. An der Schaffung neuer Erzeugnisarten mit vorher vorgegebenen besonderen Eigenschaften sowie an der Automatisierung technologischer Prozesse und Leitungssysteme der metallurgischen Produktion wird gearbeitet. Die gemeinsamen Arbeiten an der Entwicklung der Pulvermetallurgie haben eine große Perspektive und sind von hoher volkswirtschaftlicher Bedeutung. Ihre Anwendung schließt solche traditionellen Prozesse wie Schmelzen und Gießen aus und ermöglicht es, ohne mechanische Bearbeitung des Metalls auszukommen und den Erzeugnissen Eigenschaften zu verleihen, die auf anderem Wege nicht erzielt werden könnten. Die Erfahrungen zeigen, daß die Festigkeit eines Instrumentes aus schnellschneidendem Pulverstahl um das fünf- bis sechsfache wächst. Je tausend Tonnen Erzeugnisse der Pulvermetallurgie werden 2500 t Metall eingespart; es wird eine Einsparung von 165 Mio Rubel erzielt.

Durch gemeinsame Anstrengungen mehrer RGW-Länder wurden neue Erzeugnisarten und neue technologische Prozesse in der chemischen Industrie geschaffen. So ermöglichte die Zusammenarbeit von Wissenschaftlern und Spezialisten der UdSSR und der DDR, eine effektive Technologie zur Erzeugung von Polyamidseide, Polyesterfasern und Hochdruckpolyäthylen zu schaffen. Im Zuge der Zusammenarbeit wurden Projekte erarbeitet, Bauarbeiten ausgeführt und die hochproduktiven Anlagen „Polymir“ zur Herstellung von Polyäthylen in Novopolock (UdSSR) und Leuna (DDR) in Betrieb genommen.

Von großer Bedeutung für die Entwicklung der Landwirtschaft sind die Schaffung von rund 40 neuen Arten von Landwirtschaftsmaschinen durch die gemeinsamen

Anstrengungen der RGW-Länder sowie die gemeinsamen Arbeiten zur Selektion und Schaffung von Sorten und Hybriden für landwirtschaftliche Kulturen mit einem hohen Ernteertrag und von hochproduktiven Tierrassen. Durch die mitarbeitenden Länder wurden ca. 300 Sorten Winterweizen und Gerste rayoniert und der staatlichen Sortenprüfung übergeben; es wurde eine Pflanzenzuchteinrichtung geschaffen, in der die Prüfung von mehr als 2000 Sorten dieser Kulturen durchgeführt wird. 300 neue chemische Mittel gegen Schädlinge der Landwirtschaft wurden entwickelt; davon wurden bereits 90 zur praktischen Nutzung empfohlen. Ebenso wurden Fermentpräparate und Futterzusätze für das Vieh entwickelt, die eine schnelle Gewichtszunahme der Tiere garantieren. Es wurden Analysatoren für Zellstrukturen ausgearbeitet, mit deren Hilfe die Erbstabilität bei der Züchtung neuer Pflanzensorten und Tierrassen kontrolliert werden kann. Diese Analysatoren sind in den USA, in England und der BRD patentiert.

Beträchtliche volkswirtschaftliche Ergebnisse bringen die gemeinsamen Arbeiten auf dem Gebiet des Umweltschutzes und der rationellen Nutzung der natürlichen Ressourcen wie auch auf dem Gebiet der Kosmosforschung. Es wurde eine effektive Technologie der Förderung im Tagebau und unter Tage sowie der intensiven biologischen Reinigung von Wasser mit einem hohen Anteil von Stickstoff- und organischen Komponenten erarbeitet. Allein im vergangenen Fünfjahrplan wurde auf dem Gebiet des Umweltschutzes die Ausarbeitung von ca. 2000 Themen abgeschlossen, von denen etwa die Hälfte in die Praxis überführt wurde.

Es wurde eine Reihe internationaler Experimente und gemeinsamer Expeditionen zur Erforschung der Weltmeere durchgeführt. Durch die vereinten Anstrengungen der Spezialisten und die gemeinsame Nutzung der technischen Anlagen, die in den RGW-Ländern vorhanden sind, konnte die Dauer der erwähnten wissenschaftlichen Arbeiten um das vier- fünffäche verkürzt werden.

Im Zuge der Erfüllung des „Interkosmos"-Programms wurden technische Mittel zur Distanzuntersuchung der Erde, Einrichtungen für die Multispektralfotografie und die Entschlüsselung der erhaltenen Aufnahmen entwickelt, die in den RGW-Ländern für die Volkswirtschaft genutzt werden. Auf der Grundlage von Empfehlungen und Ausarbeitungen der Organisation für die Zusammenarbeit der sozialistischen Länder im Post- und Fernmeldewesen wurde die größte Kabelleitung in der Welt gebaut, die die Hauptstädte der UdSSR, der VRP, der DDR und ČSSR verbindet. Ebenfalls wurde ein System eingeführt, daß verbesserte Telefonverbindungen der RGW-Länder zu vielen europäischen Ländern ermöglicht. Im Rahmen der Internationalen Organisation für Kosmosverbindungen „Intersputnik" und in enger Wechselwirkung mit dem „Interkosmos"-Programm wurde das Verbindungssystem durch künstliche Sputniks der Erde projektiert, entwickelt und in Betrieb genommen. Gegenwärtig arbeiten diese Systeme in den europäischen RGW-Ländern, in der MVR, in Kuba und Algerien.

Umfangreiche Arbeiten wurden bei der Standardisierung von Maschinen, Einzelteilen und Baugruppen sowie von anderen in den RGW-Ländern hergestellten Erzeugnissen geleistet. Das trägt zur besseren Austauschbarkeit, zur Erhöhung des technischen Niveaus, der Qualität und Zuverlässigkeit bei. Allein in den letzten 5 Jahren wurden 2800 RGW-Standards ausgearbeitet und bestätigt.

Wenn man über die unbestreitbaren Erfolge der Länder des Sozialismus bei der Entwicklung der wissenschaftlich-technischen Zusammenarbeit und bei der praktischen Nutzung ihrer Ergebnisse spricht, darf man die noch ungenutzten Reserven und Probleme auf diesem Gebiet nicht unerwähnt lassen. Nicht alle Ergebnisse der wissenschaftlich-technischen Zusammenarbeit sind technische und technologische Neuheiten.

Dadurch können sie die Lösung der bestehenden sozialökonomischen Aufgaben, vor allem die Entwicklung der Produktionstechnik und -technologie und die Einschränkung der Importe von neuer Technik aus den kapitalistischen Ländern noch nicht in ausreichendem Maße beeinflussen. Nach Überschlagsrechnungen werden 1/3 der Ergebnisse von Forschung und Entwicklung in die Produktion übergeleitet. Einer der Gründe für diese Situation besteht darin, daß die Thematik der wissenschaftlich-technischen Zusammenarbeit zum Teil nicht ausgehend von den Entwicklungsperspektiven von Wissenschaft und Technik bestimmt wird, sondern vom erreichten technischen Niveau und Sortiment der bereits erzeugten Produktion. Im Ergebnis dessen beinhaltet die Zusammenarbeit noch teilweise die gestrige Technik, die sich in der heutigen Produktion materialisiert hat. Eine Reihe von Industrievereinigungen, Kombinaten und Betrieben hat kein langfristiges Programm der wissenschaftlich-technischen Entwicklung, zieht die Erweiterung der bereits eingefahrenen Produktion vor, statt sie auf die Herstellung neuer Erzeugnisse umzustellen.

Ein weiterer Mangel der wissenschaftlich-technischen Zusammenarbeit und der zu langsamen Überführung ihrer Ergebnisse liegt in der unzureichenden Verbindung von wissenschaftlich-technischer und Produktionszusammenarbeit. Daraus ergibt sich, daß die Einführung der erreichten Ergebnisse nicht Gegenstand der Arbeitsteilung zwischen den Ländern ist, sondern jedem einzelnen Land überlassen bleibt. In Anbetracht dessen wird der Vorschlag diskutiert, einen selbständigen Bereich der Zusammenarbeit zur gemeinsamen Einführung der erzielten wissenschaftlich-technischen Ergebnisse bzw. zur Bildung von zeitweiligen internationalen Kollektiven zu schaffen. Mitunter sind die Pläne zur Entwicklung von Wissenschaft und Technik nicht ausreichend mit den anderen Abschnitten der Volkswirtschaftspläne verbunden; das betrifft insbesondere die Investitionspläne. Fehlende Mittel und mangelnde Vorbereitung der entsprechenden Kapazitäten bremsen die Überleitung der wissenschaftlich-technischen Ergebnisse in die Produktion.

Es gibt auch Mängel in der Organisation der einzelnen Formen der wissenschaftlich-technischen Zusammenarbeit und mitunter eine Unterschätzung der vertraglichen Grundlagen ihrer Entwicklung, was die Verantwortlichkeit der einzelnen Seiten verringert, und eine komplexe Lösung der wissenschaftlich-technischen, produktionswirtschaftlichen und Handelsfragen wie auch die Regelung der rechtlichen, finanziellen und Patent- und Lizenzbeziehungen und der Probleme der Preisbildung für die einander zu liefernden wissenschaftlich-technischen Ergebnisse und Fertigungserzeugnisse nicht immer sichert. In verschiedenen Fällen gibt es keine ausreichende Verbindung zwischen den einzelnen Kettengliedern Wissenschaft – Technik – Produktion – Absatz. Die Erfahrungen zeigen, daß die größten Ergebnisse der wissenschaftlich-technischen Zusammenarbeit und der Nutzung ihrer Ergebnisse dort erzielt wurden, wo es gelungen ist, eine enge Kooperation der Forschungs- und Entwicklungsorganisation mit den künftigen Herstellern und Verbrauchern zu verwirklichen.

Wenn man das berücksichtigt, bleiben die Hauptrichtungen zur Erhöhung der Effektivität der Beziehungen zwischen den RGW-Ländern auf dem Gebiet der wissenschaftlich-technischen Zusammenarbeit und der Beseitigung der vorhandenen Probleme auf diesem Gebiet die Konzentration der Anstrengungen der zusammenarbeitenden Länder auf die vorrangigen Richtungen des wissenschaftlich-technischen Fortschritts, die komplexe und miteinander verbundene Lösung der wissenschaftlich-technischen, Produktions- und Handelszusammenarbeit, die Schaffung der erforderlichen planungswirtschaftlichen und organisatorischen Voraussetzungen für das komplexe Zusammenwirken der einzelnen Glieder der Kette Wissenschaft – Technik – Produktion – Absatz.

Eine wichtige Richtung zur beschleunigten Lösung dieser Probleme kann darin bestehen, die Tätigkeit der vorhandenen gemeinsamen Forschungs- und Entwicklungsorganisationen, Wissenschaftlerkollektive, internationale Produktions- und Wissenschafts-Produktionsvereinigungen und Wirtschaftsorganisationen zu vervollkommnen und neue zu bilden. Diese Organisationen verfügen über Forschungs-, Konstruktions- und Produktionsabteilungen, d. h., sie umfassen den gesamten Reproduktionszyklus und können als wissenschaftlich-technische Zentren wirken, die für die Herausbildung einer progressiven wissenschaftlich-technischen Politik verantwortlich sind und zu deren praktischer Verwirklichung in allen Etappen dieses Zyklus sowie zur Lösung der anderen o. g. Probleme beitragen können.

2. Erfahrungsaustausch zwischen den Vereinigungen und Betrieben zur Vervollkommnung der Grundlagen wissenschaftlich-technischer Errungenschaften

Die wichtigsten Richtungen für die ständige Vervollkommnung der Produktion, für die beschleunigte Einführung der neusten Errungenschaften von Wissenschaft und Technik in die Volkswirtschaft der RGW-Länder sind die vielseitigen direkten Verbindungen von Vereinigungen und Betrieben sowie von Produktionskollektiven dieser Länder. Die genannten Verbindungen erfahren von Jahr zu Jahr eine immer stärkere Entwicklung. Gegenwärtig haben die Vereinigungen und Betriebe von mehr als 130 Regionen, Gebieten, Rayons und Städten der UdSSR ständige Direktbeziehungen zu Vereinigungen und Betrieben von mehr als 180 Bezirken, Kreisen, Aimaks, Wojewodschaften, Ujesds und Städten anderer sozialistischer Länder. Die Beziehungen zwischen den Produktionskollektiven der Grenzgebiete der Bruderländer erweitern sich.

Die Formen und Methoden dieser Beziehungen vervollkommnen sich. Die Aufgaben, die vor den Partei-, Staats- und Wirtschaftsorganisationen stehen, werden komplizierter. Im Mittelpunkt dieser Beziehungen stehen das genaue Kennenlernen der Erfahrungen der Freunde in der Produktion und auf anderen Gebieten, die gründliche Analyse dieser Erfahrungen, das Herausarbeiten der wertvollsten allgemeingültigen Merkmale, deren Anwendung unter den spezifischen Bedingungen des eigenen Landes möglich ist. Diese Beziehungen entwickeln sich unter der Losung: „Von einer hohen Qualität der Arbeit des einzelnen zu einer hohen Effektivität der Arbeit des gesamten Kollektivs", „Von Werkbank zu Werkbank", „Schmelzen der Freundschaft", wenn Vertreter der Betriebe der Bruderländer, hervorragende Produktionsarbeiter für bestimmte Zeit gemeinsam in einem der Betriebe arbeiten. Im Rahmen dieser Beziehungen entwickeln sich unterschiedliche Formen des Wettbewerbs zwischen den Betrieben, Betriebsteilen, einzelnen Brigaden und Arbeitern. All das ermöglicht nicht nur, die fortgeschrittensten Produktionserfahrungen auszutauschen, seine Erfahrungen weiterzugeben und die Geheimnisse der beruflichen Meisterschaft der Freunde kennenzulernen und sich mit deren fortgeschrittenen Arbeitsmethoden und -formen bekanntzumachen, sondern auch persönliche menschliche Kontakte zwischen den Werktätigen der Länder des Sozialismus zu erweitern und neue Freunde im Ausland zu gewinnen, was eine große Rolle bei der Festigung der Freundschaft und des wechselseitigen Verständnisses zwischen den Brudervölkern sowie bei der Festigung der Einheit und Geschlossenheit der sozialistischen Gemeinschaft spielt. Der Mechanismus der Partei- und gesellschaftlichen Kontrolle der Effektivitätssteigerung und Wirksamkeit der Beziehungen der Produktionskollektive sowie der Kontrolle der praktischen Anwendung der positiven Erfahrungen der Freunde spielt sich ein und wird vervollkommnet. In letzter Zeit ist man zur Ausarbeitung und praktischen Verwirklichung der Komplexprogramme zur Entwicklung der Beziehungen zwischen den Produktionskollektiven der Länder des Sozialismus übergegangen. In diesen Dokumenten sind Abschnitte über die Verbindungen der Partei-, Gewerkschafts-, Komsomol- und anderen gesellschaftlichen Organisationen sowie der Vertreter der Massenkommunikationsmittel, von Wissenschaft und Kultur, von Sportlern und Laienkünstlern enthalten.

Die Verbindungen der Produktionskollektive der Länder des Sozialismus bringen einen großen wirtschaftlichen Effekt. So bringt allein die Einführung von Vorschlägen im Moskauer Autowerk „Lichačov", die auf der Grundlage der Erfahrungen der Partnerbetriebe der DDR und ČSSR gemacht wurden, eine jährliche Einsparung von mehr als 600 000 Rubel.[4]

Eines der zahlreichen Beispiele für die breiten und fruchtbringenden Beziehungen von Produktionskollektiven der UdSSR zu den Produktionskollektiven von Betrieben der anderen sozialistischen Länder sind die Beziehungen der Vereinigungen und Betriebe sowie Organisationen der Baschkirischen Autonomen Sowjetrepublik zum Bezirk Halle in der DDR. Gegenwärtig haben mehr als 40 Arbeitskollektive Baschkiriens zu etwa der gleichen Zahl von Partnerkollektiven des Bezirkes Halle Beziehungen, wodurch eine gute Grundlage für einen sachlichen Erfahrungsaustausch geschaffen wurde. Wie Genosse M. Šakirov, Erster Sekretär des Gebietskomitees der Partei Baschkiriens und Mitglied des ZK der KPdSU, schreibt, werden im Baschkirischen Gebietsparteikomitee, in den anderen Parteikomitees, in den Ministerien und Ämtern der Republik regelmäßig die Ergebnisse der Beziehungen und der Untersuchung der Erfahrungen der deutschen Freunde erörtert und analysiert sowie praktische Maßnahmen und Verantwortliche für die Einführung in der Produktion festgelegt. Eine nicht weniger wichtige Aufgabe, so unterstreicht Genosse Šakirov, besteht darin, daß den deutschen Genossen alles Neue, Fortschrittliche und Nützliche gezeigt wird, was es in der Arbeit der Betriebe und Organisationen Baschkiriens gibt.

Ähnliche Gedanken zu dieser Frage äußerte auch Genosse W. Felfe, Mitglied des Politbüros und Sekretär des ZK der SED, ehemals Erster Sektretär der Bezirksleitung der SED Halle. Er stellte fest, daß die sich entwickelnde Zusammenarbeit nicht nur einen wirtschaftlichen, sondern auch einen politischen und erzieherischen Effekt bringt.[5]

Ein dafür charakteristisches Beispiel ist die Zusammenarbeit der Kollektive der Vereinigung „Salavatnetteorgsintec" und des Kombinats Leuna-Werke, die bereits seit mehr als 16 Jahren praktiziert wird. Sowjetische Spezialisten und Arbeiter, die das deutsche Kombinat besucht haben, haben die Erfahrungen der deutschen Freunde bei der Einführung neuer Technologien zum Korrosionsschutz von Rohrleitungen studiert und diese in ihren Betrieben eingeführt, was dazu beitrug, daß der Zyklus zwischen den einzelnen Reparaturen dreimal länger wurde. Ebenso studieren die deutschen Spezialisten die sowjetischen Erfahrungen bei der komplexen Versorgung technologischer Anlagen, bei der Anwendung neuer Produktionsverfahren zur Ammoniaksynthese mit großer Tonnage. Durch die gemeinsamen Anstrengungen von Spezialisten der UdSSR und der DDR wurde ein Projekt eines neuen großen Komplexes zur Herstellung von Butylalkohol erarbeitet, der in Salawat errichtet wird. Die DDR liefert einen beträchtlichen Teil der Ausrüstungen für diesen Komplex; Spezialisten der DDR sind an der Montage des Komplexes beteiligt. Für die Erfolge beim Bau des Komplexes erhielt eine Gruppe von Monteuren aus der DDR die Auszeichnung mit dem Titel „Kollektiv der sozialistischen Arbeit".

[4] Vgl. Pravda v. 17. September 1981.
[5] Vgl. Ėkonomičeskaja gazeta, 15/1981, S. 20–21.

Mehr als 10 Jahre entwickeln sich die mehrseitigen Beziehungen zwischen der Produktionsvereinigung „Chimprom" von Ufa (UdSSR) und dem Chemischen Kombinat Bitterfeld aus der DDR. In den letzten Jahren führten die Spezialisten und Arbeiter dieser Betriebe gemeinsame Forschungen und Erfahrungsaustausche zur Herstellung von Herbiziden, Säuren, Fluor, kaustischem Soda und einer Reihe von Konsumgütern durch. Die deutschen Freunde helfen den Spezialisten der Vereinigung „Chimprom", operativ Informationen über fortgeschrittene technische Lösungen, die in den Betrieben der DDR gefunden wurden, zu erhalten. Die sowjetischen Spezialisten und Arbeiter vermitteln den deutschen Genossen die Erfahrungen der Chemiearbeiter Baschkiriens bei der Steigerung der Arbeitsproduktivität nach der Stschokino-Methode. Die Zusammenarbeit ermöglichte es, durch Rekonstruktion die Kapazität zur Herstellung von Chloressigsäure zu verdoppeln, wodurch eine Einsparung von 300000 Rubeln erreicht wurde, und in beiden Betrieben die Dauerproduktion von Aminsalz hoher Konzentration aufzunehmen, wodurch ermöglicht wurde, 25–30 % an Verpackungsmitteln und Eisenbahnwaggons einzusparen.

Die Zusammenarbeit und der Erfahrungsaustausch zwischen den Kollektiven des metallurgischen Kombinates von Belorezk und des gleichgelagerten Betriebes in Thale auf dem Gebiet der Produktion und Organisation der Ausbildung der Arbeiter und Spezialisten hat sich entwickelt. Die Stahlschmelzer dieser Betriebe beteiligen sich an den gemeinsamen „Schmelzen der Freundschaft".

Eine mehrjährige Freundschaft verbindet die Arbeitskollektive des „Lenin"-Kolchos des Rayons Tuimazinsk in Baschkirien und der LPG Nauendorf im Bezirk Halle. Die präzise Organisation der Zweischichtarbeit, die kluge Nutzung der Technik sowie andere Seiten der Tätigkeit der deutschen LPG-Angehörigen erregten die Aufmerksamkeit der Vertreter des „Lenin"-Kolchos. Ebenso nutzten die Werktätigen der Genossenschaft Nauendorf die Erfahrungen bei der Züchtung der sowjetischen Weizensorten „Mironovskaja", „Jubilejnaja", „Iljitschewka" sowie des Winterroggens „Cupla", die von Baschkirischen Züchtern entwickelt wurden und sich unter DDR-Bedingungen bewährt haben.

Auch die freundschaftlichen Verbindungen zwischen den Wissenschaftlern und Hochschuleinrichtungen der Bruderländer haben sich erweitert, insbesondere zwischen dem Staatlichen Pädagogischen Institut Baschkiriens und dem Pädagogischen Institut „N. K. Krupskaja" in Halle auf dem Gebiet der Vervollkommnung der Lehr- und Erziehungsarbeit und des Erfahrungsaustausches bei der Ausbildung qualifizierter Lehrer. Bereits zur Tradition sind Reisen von Dozenten zur Vortragstätigkeit, gemeinsame wissenschaftlich-praktische Konferenzen und Seminare geworden. Jährlich werden Studenten- und Dozentengruppen ausgetauscht, um die deutsche bzw. russische Sprache zu lernen; ebenso werden Studentenbaubrigaden usw. ausgetauscht.

Umfangreiche Kontakte gibt es auch zwischen den Vereinigungen und Betrieben von Leningrad und von anderen Bruderländern, insbesondere der DDR. Von großem Interesse ist für die Vertreter der DDR die Erfahrung der Produktionsarbeiter und Wissenschaftler der Newa-Stadt bei der komplexen Lösung vieler großer volkswirtschaftlicher Probleme, insbesondere bei der Verbesserung des Zusammenwirkens der Eisenbahner, Seeleute, Forstarbeiter und Kraftfahrer im Leningrader Transportknotenpunkt sowie der Vervollkommnung des Systems der Ausbildung und Erziehung junger Spezialisten in den Berufsschulen wie auch die Erfahrungen auf anderen Gebieten. Einen großen wirtschaftlichen und technischen Effekt bringen die Beziehungen zwischen den Hafenarbeitern von Riga und Rostock. Eine Gruppe von Hafenarbeitern aus der DDR, die im Handelshafen von Riga weilte, machte sich mit den Erfahrungen bei der Organisation der Be- und Entladearbeiten wie auch mit dem Zusammenwirken der Hafen-, Eisenbahn und Autotransportarbeiter und mit der Arbeit großer Komplexbrigaden vertraut und übermittelte ihrerseits ihre Erfahrungen. Um die Erfahrungen der sowjetischen Hafenarbeiter besser kennenzulernen, nahmen die Gäste aus der DDR direkt an den Be- und Entladearbeiten teil und bewiesen ihre mustergültige Arbeitsauffassung, indem sie die Komplexnormen der Arbeitsleistung mit durchschnittlich 123 % erfüllten. Ihren gesamten Verdienst übergaben sie dem Friedensfonds. Im Bericht des Leiters des Hafens von Riga über die Ergebnisse dieses Treffens wurden die guten Ergebnisse und die aktive Arbeit der deutschen Hafenarbeiter hervorgehoben, wofür sie eine Ehrenurkunde erhielten.

Spezialisten- und Arbeiterbrigaden der Leningrader Vereinigung „Elektrosila“ und der Dresdner „Sachsenwerke“ werden ausgetauscht. Sie arbeiten eine bestimmte Zeit in den Betrieben mit ihren Freunden zusammen, lernen deren Erfahrungen kennen und geben ihre eigenen weiter. Bei der Herstellung neuer Muster einer modernen Schweißapparatur spielte die schöpferische Gemeinschaft von Spezialisten des Leningrader Werkes „Elektrik“und des Volkseigenen Betriebes „Elektroschaltgeräte“ (DDR) eine große Rolle.

Die vielseitigen Beziehungen der Produktionskollektive der UdSSR zu den Kollektiven der anderen sozialistischen Länder werden erweitert und vervollkommnet. So haben mehr als 90 Produktionskollektive aus 15 Rayons des Moskauer Gebietes breite und fruchtbare Beziehungen zu Produktionskollektiven des Mittelböhmischen Bezirkes der ČSSR und des Sofioter Bezirkes Bulgariens; Kollektive des Gebietes Krasnodar haben Beziehungen zum bulgarischen Bezirk Burgas.

Erfolgreich entwickelt sich die Zusammenarbeit und der Erfahrungsaustausch zwischen den sozialistischen Ländern auf dem Gebiet des Wohnungsbaus, was für den wachsenden Wohlstand der Werktätigen dieser Länder von großer Bedeutung ist. Die Länder tauschen ihre Erfahrungen bei der Verbesserung des äußeren Aussehens und der Qualität der Wohnhäuser sowie ihrer Innenplanung aus. Beispielhaft für diese Zusammenarbeit ist ein Regierungsabkommen zu diesen Fragen zwischen der UdSSR und der DDR zur Errichtung von Experimentalwohnkomplexen in den Städten Gorki und Magdeburg, in denen 25000 Menschen wohnen sollen und die ein Musterbeispiel für den Wohnungsbau der beiden Länder werden könnten. Dieses Abkommen umfaßt alle Fragen der Architektur und des Bauswesens – von der Auswahl des Territoriums und der Projektierung der Häuser bis zur Ausarbeitung einer neuen ingenieurmäßigen Ausstattung und einer progressiven Technologie des Häuserbaus. Der Kern der Zusammenarbeit besteht natürlich nicht darin, in beiden Städten gleichartige Wohngebiete zu schaffen, sondern darin, basierend auf den Erfahrungen der beiden Länder solche optimalen Lösungen für die Bebauung großer Stadtgebiete auszuarbeiten, in denen sich Schönheit, Bequemlichkeit, Langlebigkeit und Beachtung der Spezifik der Stadt usw. vereinen. In der gemeinsamen Versuchsarbeit nehmen auch die ausgearbeiteten Projekte für den Bau von Kinder- und Kultureinrichtungen sowie Schulen wie auch die Probleme des Umweltschutzes einen bedeutenden Platz ein. Durch diese Zusammenarbeit, so unterstreicht der Hauptarchitekt von Magdeburg P. Krisch, bereicherte man sich gegenseitig mit Erfahrungen, Kenntnissen und Ideen. Oft finde man mit dem Bleistift in der Hand gemeinsam die rationellsten architektonischen und Planungslösungen. Die schöpferischen Gedankenaustausche helfen uns, unsere Arbeit umfassender zu sehen und die Erkenntnisse des anderen zu nutzen.

Eine der effektivsten perspektivischen Formen der Beziehungen der Produktionskollektive der Bruderländer ist der internationale sozialistische Wettbewerb, der eine immer stärkere Entwicklung erfährt. Der Wettbewerb entwickelt sich zwischen gleichgelagerten Betrieben, Betriebsteilen, Brigaden, Bestarbeitern der Bruderländer, was ebenfalls zum Austausch der fortschrittlichsten Arbeitsmethoden und -formen und der beruflichen Meisterschaft beiträgt.

Dieser Wettbewerb begann während der Vorbereitung des 60. Jahrestages der Großen Sozialistischen Oktoberrevolution; Initiator war ein Kollektiv des Metallurgischen Kombinates Csepel (UVR). Diese Initiative wurde von vielen Arbeitskollektiven der Bruderländer unterstützt. Ein Kollektiv des Autowerkes Wolga ergriff eine analoge Initiative zum 30. Jahrestag des RGW. Der internationale Wettbewerb, der dem 110. Geburtstag W. I. Lenins gewidmet war, erhielt aus Anlaß der Parteitage der Bruderparteien einen großen Aufschwung. L. I. Breshnew hob die große Rolle dieser neuen Form des sozialistischen Wettbewerbs hervor und sagte, daß sie eine qualitativ neue Erscheinung, eine internationale Bewegung von vielen Millionen Erbauern der neuen Welt darstellte, die ein einheitliches Ziel beseele. Das sei eine Tat von großer Bedeutung, die eine große Zukunft habe.

Das Leben zeigt, daß die gegenwärtig angewandten Formen und Methoden der Beziehungen der Produktionskollektive außerordentlich vielgestaltig und fruchtbringend sind. Hier sind jedoch noch entscheidende Reserven vorhanden. Das betrifft vor allem die Erweiterung und bessere Organisation dieser Beziehungen, die Festlegung der Ziele und Termine der Zusammenkünfte von Vertretern der verschiedenen Produktionskollektive, die bessere Verallgemeinerung der untersuchten Erfahrungen und des Erarbeiten von Empfehlungen zu deren praktischer Nutzung. Von großer Bedeutung ist auch das allseitige Herangehen an die Auswahl der Partner, die dem gleichen Zweig der Industrie, der Landwirtschaft und anderer Gebiete angehören müssen, wodurch die entsprechenden Vertreter in der Lage sind, die Besonderheiten der Produktion in diesen Zweigen genau zu kennen und die Erfahrungen der Freunde erfolgreicher zu studieren und zu nutzen. Das ist eine wichtige Richtung zur Effektivitätssteigerung dieser Beziehungen.

Die sich entwickelnden unmittelbaren Kontakte zwischen den Erbauern des Sozialismus und Kommunismus und der Erfahrungsaustausch wurden durch die großen Vorzüge des sozialistischen Weltsystems, der sozialistischen Lebensweise und der vielseitigen Zusammenarbeit der Brudervölker zu einer ganz normalen Sache.

Aber in dieser alltäglich anmutenden Erscheinung, so heißt es in den Dokumenten der Bruderländer, ist ein tiefer Gedanke verborgen. So werden die Grundlagen für die künftige Weltgemeinschaft der Völker, für das ständige Wachsen ihres gegenseitigen Verstehens und die Festigung der Einheit und Geschlossenheit im Kampf für ihre Ideale – Frieden, Demokratie, Sozialismus und Kommunismus – gelegt.

A. Ja. Šabalin/B. P. Krasnoglazov

Die Planung des wissenschaftlich-technischen Fortschritts in den Industrievereinigungen der UdSSR

Die Wirtschaft der Sowjetunion ist in eine qualitativ neue Etappe ihrer Entwicklung eingetreten – in die Etappe der Intensivierung der Wirtschaftstätigkeit. Die Lösung der Hauptprobleme der Intensivierung der Produktion ist nur auf dem Wege der allseitigen Beschleunigung des wissenschaftlich-technischen Fortschritts (WTF) und der schnellstmöglichen Adaption der Errungenschaften von Wissenschaft und Technik möglich.

Die Erfüllung der Aufgaben, die der XXVI. Parteitag der KPdSU auf dem Gebiet der Intensivierung gestellt hat, verlangt, daß die Wissenschaftler ihre Anstrengungen auf die Lösung der Schlüsselprobleme in der Volkswirtschaft konzentrieren, auf Entdeckungen, die wahrhaft revolutionäre Veränderungen in der Produktion bewirken. Gerade dann ermöglichen Wissenschaft und Technik, einen maximalen Nutzen zu erzielen. Die kreative Aktivität aller am Zyklus Wissenschaft–Produktion Beteiligten muß erhöht werden; jeder von ihnen muß planmäßig auf dieBeschleunigung des wissenschaftlich-technischen Fortschritts orientiert werden, um den Beitrag zur Lösung ökonomischer und sozialer Aufgabenstellungen des Landes sowie der Gemeinschaft der RGW-Mitgliedsländer insgesamt zu erhöhen. Die Erhöhung des Beitrags von Wissenschaft und Technik, die Erhöhung der Effektivität der neuen Technik, das Erzielen von Endergebnissen mit den minimalsten Aufwendungen an lebendiger und vergegenständlichter Arbeit kann man hauptsächlich auf der Grundlage einer beschleunigten Überleitung wissenschaftlicher Errungenschaften erreichen. Die Überleitung wissenschaftlicher Entdeckungen und Erfindungen ist ein entscheidendes Kettenglied bei der Beschleunigung des wissenschaftlich-technischen Fortschritts und der Intensivierung der Produktion. Der entscheidende Abschnitt, der heute am schärfsten hevortritt, das ist die Überleitung wissenschaftlicher Entdeckungen und Erfindungen. Wie auf dem XXVI. Parteitag der KPdSU bemerkt wurde, muß die Forschungsarbeit in wirtschaftlicher und organisatorischer Hinsicht enger mit der Produktion verknüpft werden. Dieser Hinweis der Partei fand seinen Niederschlag in den „Grundrichtungen zur ökonomischen und sozialen Entwicklung der UdSSR im Zeitraum von 1981–1985 sowie bis zum Jahre 1990“, wo die Aufgabe gestellt wurde, die Effektivität der wissenschaftlichen Forschungen zu erhöhen, die Überleitungszeiten für Errungenschaften von Wissenschaft und Technik beträchtlich zu verkürzen und ihre Verbindung mit der Produktion zu vertiefen. In der Sowjetunion wurden die günstigsten Bedingungen für eine enge Verknüpfung der Wissenschaft mit der Produktion in den Industrievereinigungen geschaffen. Dort sind Forschungen und technische Entwicklungen organisatorisch und ökonomisch fest mit der Produktion verschmolzen. Die organisatorischen Voraussetzungen werden durch die Struktur der Vereinigung selbst determiniert. Die ökonomischen Voraussetzungen hingegen ergeben sich aus dem planmäßigen Charakter der Tätigkeit der Vereinigung und dem Endziel der Produktion – der Herstellung von Erzeugnissen, die den hohen Ansprüchen der in- und ausländischen Verbraucher gerecht werden.

Die Erfahrungen der Spitzenvereinigungen, wie „SIL", „MELZ", „LOMO", „BAS", „HTS", „Elektrosila", „Uralmaš" und anderer zeugen davon, daß in großen Komplexen das technische Niveau ihrer eigenen Produktion und der dort hergestellten Erzeugnisse schneller wächst, die Überleitung von wissenschaftlich-technischen Errungenschaften sich schneller vollzieht, sowie engere und stabilere Verbindungen zu den wissenschaftlichen Organisationen hergestellt werden. Parallel zur Nutzung von Ergebnissen, die durch eigene wissenschaftliche, Konstruktions- und technologische Abteilungen erbracht wurden, realisiert die Produktionsvereinigung „Elektrosila" aktiv die Errungenschaften von mehr als 70 wissenschaftlichen Produktionsvereinigungen und speziellen Konstruktionsorganisationen. Das sind unter anderen das Institut für Atomenergie „Kurčatov", die Hochschule für Metallbearbeitung „Bauman", die „Moskauer-Staatliche-Lomonossov-Universität", das Forschungsinstitut der Automobilindustrie. Dank der guten organisatorischen Planung des wissenschaftlich-technischen Fortschritts konnte die Vereinigung „Sil" den Zeitraum für die Realisierung wissenschaftlicher Entwicklungen um die Hälfte verkürzen und auf dieser Grundlage die Arbeitsproduktivität in den letzten Jahren (1976–1980) um 41 % steigern. Der ökonomische Nutzen, der hauptsächlich durch die beschleunigte Überleitung neuer Technik erzielt wurde, betrug in diesem Zeitraum etwa 130 Mio Rubel.

Dabei hat sich der Anteil von Erzeugnissen, die das höchste Gütezeichen tragen, innerhalb der Vereinigung so gesteigert, daß sie nunmehr zu 75 % am Umfang der Gesamtproduktion beteiligt sind. Unter den Bedingungen der sozialistischen Produktionsweise hat sich die Produktionstätigkeit der Wirtschaftseinheiten in vielerlei Hinsicht von der Funktionsweise des Leitungssystems bestimmen lassen. Das trifft in vollem Umfang auch auf die Vereinigungen zu, insbesondere was die Leitung solch komplizierter Prozesse wie der technologischen Adaption wissenschaftlicher Errungenschaften und neuer technischer Entwicklungen anbelangt. Das Kernstück der Leitung des wissenschaftlich-technischen Fortschritts in den Vereinigungen ist die Planung, die vertikale und horizontale Produktion, wissenschaftliche Tätigkeit, Konstruktion und Technologie miteinander verknüpft. Die Planung durchdringt alle Seiten dieser Tätigkeit, wobei alle Beteiligten in einem einzigen Endziel zusammengeführt werden, das für jeden deutlich die quantitativen und qualitativen Aufgabenstellungen festlegt und Zeit und Raum streng reguliert sind.

Die Planung des wissenschaftlich-technischen Fortschritts in den Industrievereinigungen der UdSSR ist ein organischer Bestandteil der allgemeinen Planung. Durch den Plan Wissenschaft und Technik wird eine einheitliche technische Politik durchgesetzt. Er enthält konkrete Aufgaben und die entsprechenden Mittel und Formen zur Erreichung dieses Zieles. In der Sowjetunion wird in einem absehbaren Zeitraum eine ziemlich schwierige und augenscheinlich nicht sehr günstige Situation bei den Reserven an Arbeitskräften erwartet. In Verbindung damit wird durch die komplexe Mechanisierung und Automatisierung der Produktion die Arbeitsproduktivität steigen, die Verminderung der lebendigen Arbeit wird zum wichtigsten Ziel des wissenschaftlich-technischen Fortschritts. Hieraus ergibt sich die konkrete Aufgabe für Wissenschaft und Produktion, die dafür erforderliche adäquate Technik zu entwickeln und herstellen. Im Plan der Vereinigungen für Maschinenbau wurden bereits groß angelegte Maßnahmen zur Herstellung der benötigten Maschinen geplant. In den Plänen wird besonders die Notwendigkeit der beschleunigten Schaffung und breitester Anwendung von Industrierobotern in den Zweigen der Volkswirtschaft unterstrichen. Vorgesehen ist die Ausarbeitung eines Komplexprogramms für Forschungstätigkeit sowie für Projektierungs- und Konstruktionsarbeiten zur Schaffung und Adaption von Industrierobotern im

Zeitraum von 1981 bis 1990, das von wissenschaftlichen Organisationen als auch von Industrievereinigungen realisiert werden soll.

Der Plan Wissenschaft und Technik der Vereinigungen enthält Aufgabenstellungen, die an die entsprechenden Auftragnehmer adressiert sind (Institute, Konstruktionsbüros und Betriebe). Sie sind in entsprechende Gruppen gegliedert, die konkrete Plankennziffern enthalten und deren Gesamtheit in ausreichendem Maße den Sinn der Aufgabenstellungen charakterisiert und die Kontinuität der Erfüllung (sowohl zeitlich als auch bezüglich des Lebenszyklus der Neuerungen – Forschung, Erstellung eines neuen Modells, Versuchsmuster, Serienproduktion, Einstellung der Produktion von Erzeugnissen mit moralischem Verschleiß) einschließt.

Der Plan Wissenschaft und Technik soll die Lösung ganz bestimmter herangereifter ökonomischer und sozialer Aufgaben zur Erhöhung des technischen Niveaus in der Vereinigung selbst gewährleisten. In Verbindung damit ist vorgesehen:

- Schaffung und Einführung prinzipiell neuer Arbeitsinstrumente, technologischer Prozesse und Materialien, die bezüglich ihrer technisch-ökonomischen Kennziffern die besten einheimischen und ausländischen Errungenschaften übertreffen;
- allseitige Verbesserung der Qualität der Erzeugnisse;
- schnellstmögliche Erhöhung des technischen Niveaus der technologischen Anlagen, Beschleunigung des Austauschprozesses und der Modernisierung moralisch verschlissener Maschinen und Aggregate;
- Gewährleistung der Senkung der Materialintensität der Produktion durch die Vervollkommnung der Produktionsstruktur, die Verbesserung der Konstruktion von Maschinen, die Anwendung progressiver Technologien sowie der komplexen Nutzung von Rohstoffen und Materialien;
- Erhöhung des Niveaus der Elektrifizierung in der Produktion und der effektiven Nutzung von Energie;
- Schaffung von Systemen aus Maschinen für die komplexe Mechanisierung und Automatisierung der wichtigsten Produktionsprozesse, dort wo sie angewendet werden;
- rechtzeitige Erneuerung der in Betrieb befindlichen Standards und technischen Bedingungen für die Gewährleistung eines hohen technischen Niveaus und einer qualitätsgerechten Produktion sowie die Einführung neuer progressiver Standards und technischer Bedingungen;
- breite Einführung einer neuen Arbeitsorganisation, Produktion und Leitung, wobei moderne Organisationsmittel, EDV-Technik und anderes genutzt werden.

Um so vollkommen wie möglich die Errungenschaften des wissenschaftlich-technischen Fortschritts in den Plänen zu berücksichtigen, wurde durch das Staatliche Komitee für Wissenschaft und Technik und die Akademie der Wissenschaften der UdSSR im Ergebnis der Grundlagenforschung, die durch die Akademie der Wissenschaften der UdSSR geleistet wurde, sowie der Materialien der Ministerien der zweiggebundenen Akademien der Wissenschaften und durch Wissenschaftlich-technische Gesellschaften im vorab Pläne mit Vorschlägen für die Nutzung der abgeschlossenen Forschungsarbeiten in der Produktion erarbeitet, die große volkswirtschaftliche Bedeutung haben. Zu diesem Ziel wurden Vorschläge zur weiteren Organisation der Entwicklungen in den Vereinigungen, Instituten und Konstruktionsbüros bezüglich einer hocheffektiven angewandten Forschungstätigkeit unterbreitet, die sich aus den bereits früher geleisteten Grundlagenforschungen ergab.

Der Beschluß des ZK der KPdSU und des Ministerrates der UdSSR „Zur Verbesserung der Planung und zur Verstärkung der Einflußnahme der Wirtschaftsmechanismen auf die Erhöhung der Effektivität, der Produktion und Qualität der Arbeit“ legt ganz klar die Kontinuität bei der Erarbeitung der Pläne und Kennziffern für den wissenschaftlich-technischen Fortschritt fest, beginnend mit den Perspektivplänen (langfristigen) bis hin zu den laufenden (Jahres-)Plänen.

Die Kontinuität der Erarbeitung von Plänen für den wissenschaftlich-technischen Fortschritt in Allunionsindustrievereinigungen läßt sich wie folgt darstellen:

– Einschätzung der Erfüllung des Planes Wissenschaft und Technik während des Rechenschaftszeitraumes in enger Verbindung mit einer Analyse der Kennziffern zur Produktions- und Wirtschaftstätigkeit, zur Nutzung der Grundfonds, der Produktionskapazitäten, der angewandten Technologien u. a. mehr in der Vereinigung;

– Festlegung der Nomenklatur, des Sortimentes und des Umfanges der neu zu erarbeitenden Erzeugnisse unter Berücksichtigung der Wirtschaftsverbindungen zwischen Vereinigung, Lieferant und Konsument der Erzeugnisse;

– Analyse, Bewertung und Präzisierung der Prognosen für den wissenschaftlich-technischen Fortschritt in der Vereinigung als auch in den mit ihr verbundenen Produktionseinheiten;

– Festlegung der Aufgabenstellungen für den Planungszeitraum für die Einführung einer progressiven Technologie, prinzipiell neuer Anlagen, progressiver Arbeitsinstrumente, zur Modernisierung der gegenwärtig in Betrieb befindlichen Anlagen, zur komplexen Mechanisierung und Automatisierung der Produktion, zu ihrer Spezialisierung und Konzentration, zur Gewährleistung eines vervollkommneten Planungs- und Leitungssystems, zur Organisation der Produktion auf der Grundlage moderner Organisationsmittel und EDVA-Technik, als auch Maßnahmen zur Verbesserung der Arbeitsbedingungen, zur Schaffung und Einführung von Methoden und Mitteln des Arbeitsschutzes sowie zur Verhütung von Umweltverschmutzung;

– Schaffung von Plänen und Programmen für Forschungs- und Versuchstätigkeit, die durch eigene Kräfte als auch gemeinsam mit Forschungsinstituten sowie Projektierungs- und Konstruktionsorganisationen zu realisieren sind. Hierbei sind in erster Linie Arbeiten der übergeordneten Organisationen zu berücksichtigen;

– Berechnung der Kennziffern für den wissenschaftlich-technischen Fortschritt im Planungszeitraum und Einschätzung ihres Einflusses auf die hauptsächlichsten technisch-ökonomischen Kennzifffern des Produktionsplanes;

– Erarbeitung von progressiven technisch-ökonomischen Normativen zur Nutzung der Anlagen für den Aufwand an Arbeitszeit, sowie Materialverbrauchsnormen und Normen für den Einsatz von Brennstoffen, Energie u. a. Produktionsressourcen.

Der Inhalt der Pläne Wissenschaft und Technik auf der Ebene der Betriebe, die zur Vereinigung gehören, trägt einen detaillierten Charakter und hat seine eigene Spezifik. Die Pläne für die technische Entwicklung und Organisation der Produktion von Produktionsvereinigungen und ihren Betrieben ist ein Anfangsglied und gleichzeitig eine Grundlage für die Planungshierarchie. Deshalb ist es von außerordentlicher Wichtigkeit, daß sie sich auf eine genaue Berücksichtigung der bestehenden und vorgesehenen Bedürfnisse der Gesellschaft an ihren Erzeugnissen stützen sowie auf gute Kenntnis der vorhandenen Möglichkeiten und Reserven, um über den Plan alle Fragen zu klären, die mit der Beschleunigung des wissenschaftlich-technischen Fortschritts in Verbindung stehen. Durch diesen Plan verwirklichen die Betriebe eine einheitliche technische Politik des Zweiges. Der Fünfjahrplan der technischen Entwicklung und der Organisation des Betriebes (Vereinigung) enthält folgende Hauptabschnitte:

– Adaption der hauptsächlichsten Arten neuer Erzeugnisse sowie die Erhöhung ihrer Qualität;

- Einführung progressiver Technologien, Mechanisierung und Automatisation der Produktionsprozesse;
- Vervollkommnung von Planung, Leitung und Organisation der Produktion;
- Einführung einer wissenschaftlichen Arbeitsorganisation;
- Forschungs- sowie Konstruktions- und Versuchsarbeiten;
- grundlegende Kennziffern für das technisch-ökonomische Niveau der Produktion und die zu produzierenden Erzeugnisse;
- Maßnahmen zum Schutze der natürlichen Umwelt und zu einem rationellen Umgang mit den natürlichen Ressourcen.

Der Planabschnitt zur Aufnahme neuer Arten von Erzeugnissen und zur Erhöhung ihrer Qualität beinhaltet gleichfalls wichtige Maßnahmen zur Übernahme der Produktion neuer Erzeugnisse, zur Schaffung neuer Arten von Erzeugnissen (Maschinenanlagen u. a.), die Einstellung der Produktion veralteter Erzeugnisse, die Organisation der Produktion von Erzeugnissen, die in der Vereinigung zum ersten Mal hergestellt werden (d. h. keine neuen sondern bereits produzierte und nur von anderen Betrieben übernommene Erzeugnisse), Modernisierung der Erzeugnisse, Erhöhung der Qualität und Vorbereitung der Erzeugnisse für eine staatliche Einstufung, Erarbeitung und Einführung neuer progressiver Standards und technischer Bedingungen.

Die Planung in den Produktionsvereinigungen und Betrieben zur Erhöhung der Qualität der Erzeugnisse ist auf eine allgemeine Anhebung des Anteils von qualitativ hochwertigeren Erzeugnissen am Gesamtproduktionsumfang ausgerichtet (u. a. Erzeugnisse die ausländischen gleich bzw. ihnen überlegen sind), Erweiterung des Anteils von Erzeugnissen, die konkurrenzfähig sind, insbesondere Maschinen und Anlagen. Die Planung der Qualitätssteigerung von Erzeugnissen muß in allen Etappen ihrer Schaffung realisiert werden, beginnend mit der Forschung, über die Konstruktion, Erstellung von Mustern bis hin zur Serienproduktion. In anderen Abschnitten des Planes sind Maßnahmen enthalten, die dem Charakter und der Bezeichnung dieser Abschnitte gerecht werden.

Der Beschluß des ZK der KPdSU und des Ministerrates „Über die Verbesserung der Planung und die Verstärkung der Einflußnahme des wirtschaftlichen Mechanismus auf die Erhöhung der Effektivität der Produktion und die Qualität der Arbeit“ hat einige Veränderungen im Plan der technischen Entwicklung der Produktion von Vereinigungen und Betrieben gebracht. In den Fünfjahrplänen der Vereinigungen (Betriebe) wurden beginnend mit dem Jahre 1981 die grundlegenden Aufgabenstellungen zur Erfüllung wissenschaftlich-technischer Programme festgelegt. Dazu gehört der ökonomische Effekt bei der Durchführung von wissenschaftlich-technischen Maßnahmen, Aufgabenstellungen zur Erarbeitung, Übernahme und Überleitung neuer hocheffektiver technologischer Prozesse und Erzeugnisse u. a. auch bei neu in Betrieb genommenen Betrieben und Objekten.

Das letztere ist prinzipiell neu bei der Planung der neuen Technik und soll die neugeschaffenen Betriebe auf die Herstellung solcher Produktion orientieren. In den Jahresplänen für die technische Entwicklung der Betriebe wurde mit dem 11. Fünfjahrplan der Abschnitt „Einführung der Erfahrungen der Besten auf dem Gebiet der Technologie, der wissenschaftlichen Arbeitsorganisation, der Produktion und Leitung“ geschaffen, was unserer Meinung nach wesentlich die heute gültigen Planabschnitte für die technische Entwicklung der Produktion in den Betrieben erweitert und bereichert. Der Plan für die technische Entwicklung wird durch die Produktionsvereinigungen (Betriebe) erarbeitet, wobei diese von der Aufgabenstellung (oder den Normativen) der Ministerien für den entsprechenden Zeitraum (Fünfjahrplan, Jahresplan) ausgehen.

Hierbei werden die wissenschaftlich-technischen Prognosen für die Entwicklung des Zweiges die Ergebnisse der abgeschlossenen Forschungsarbeiten von Zweiginstituten, Konstruktionsbüros, Ingenieur- und Wirtschaftsabteilungen von Betrieben, sowie Materialien zur Bewertung der Qualität der Erzeugnisse und Vorschläge der Verbraucher genutzt (hierzu gehören auch Ergebnisse aus den Analysen der erhaltenen Reklamationen, Arbeiten der Hochschulen auf der Grundlage von Wirtschaftsverträgen und die Erfahrungen anderer Betriebe). Dabei muß eine breite Beteiligung des ingenieur-technischen Personals, der Arbeiter, der Angestellten, der Partei-, Gewerkschafts-, und staatlichen Organisationen, des Komsomol, der wissenschaftlich-technischen Gesellschaften, der Kammer der Technik u. a. interessierter Organisationen, Betriebe und Vereinigungen gewährleistet werden. Sowohl der Fünfjahr- als auch der Jahresplan für die technische Entwicklung und Organisation der Produktion sind grundlegende Plandokumente, die die wichtigsten Richtungen für die technische Vervollkommnung der Produktionsvereinigung (Betrieb) und die dort herzustellenden Erzeugnisse enthalten.

Er ist dazu berufen eine breite Nutzung der Errungenschaften von Wissenschaft und Technik, die Anwendung der Erfahrungen der Besten und die Verkürzung der Überleitungszeiträume in die Produktion zu garantieren. Die Erzeugnisse sollen eine hohe Qualität aufweisen; es sollen neue Arten von Erzeugnissen hergestellt werden, die mit ihren wissenschaftlich-technischen Kennziffern dem Höchststand im Lande und im Weltmaßstab gleichkommen; die Produktionskapazitäten des Betriebes müssen im vollen Umfang genutzt werden, die Selbstkosten der Produktion gesenkt und die Effektivität und Qualität der Arbeit allseitig erhöht werden.

Die jährlichen Aufgabenstellungen (wobei die Gegenpläne zu berücksichtigen sind), die sich aus den Fünfjahrplänen der Vereinigung ergeben, werden als Ausgangsbasis für die Erarbeitung des Planes für das kommende Jahr genutzt. Diese Pläne müssen auf der Grundlage von Berechnungen der Ökonomen und Ingenieure erarbeitet werden, wobei die entsprechenden Kennziffern sich nicht nur aus der zustande gekommenen Dynamik ergeben dürfen, und auf keinen Fall dürfen diese niedriger sein als im Vorjahreszeitraum.

Kam es bei der Erfüllung des Planes trotzdem zu einer Senkung, so ist diese in den Bilanzen des Fünfjahrplanes zu kompensieren. Zwar gestattet der neue Beschluß den Ministerien in die Jahrespläne der Produktionsvereinigungen (Betriebe) auf der Grundlage ihrer Vorschläge Veränderungen einzubringen, wenn sich bei ihnen im Vergleich zu dem bestätigten Plan die Gesamtzahl der produzierten Erzeugnisse u. a. Kennziffern in Verbindung mit der Adaption und Vergrößerung anderer hocheffektiver Erzeugnisse für produktionstechnische Zwecke oder neuer hochqualitativer Waren für den Bevölkerungsbedarf verringert hat. Dann müssen die Produktionsvereinigungen natürlich rechtzeitig die Wirtschaftsverträge mit den Verbrauchern präzisieren.

Der Erarbeitung des Planentwurfes (Fünfjahrplan und Jahresplan) für die technische Entwicklung und Organisation der Produktion in Produktionsvereinigungen (Betrieben) für den nächstfolgenden Planzeitraum muß eine komplexe Arbeit vorangehen, die ihre Qualität gewährleistet.

Hierzu gehören die Erstellung von Prognosen bezüglich der Nachfrage für neu übernommene Erzeugnisse, Prognosen zur technischen Entwicklung der Produktion unter Berücksichtigung des langfristigen Plans für die Entwicklung des Zweiges, Anfertigung allseitiger Analysen zu Produktions- und technischer Tätigkeit im laufenden Zeitraum (für angewandte Technologien und Organisation der Produktion zum Aufspüren von Engpässen, Reserven u. a. m.), Vergleich von Qualität und Sortiment der neu zu über nehmenden Produktion mit analogen Kennziffern von anderen Produzenten im In- und Ausland, Festlegung und Bewertung des erreichten technischen Produktionsniveaus, Erarbeitung von Vorschlägen für eine zweckmäßige Spezialisierung und Konzentration der Produktion, Überprüfung und Erarbeitung progressiver technisch-ökonomischer Normative für die Nutzug von Anlagen und Arbeitskräften, Materialverbrauchsnormen und andere Reserven, Erarbeitung von Vorschlägen zur Vervollkommnung der Organisation und Leitung der Vereinigung unter den Bedingungen der bevorstehenden Übernahme und Überleitung neuer Technik, Gewährleistung einer breit angelegten Beteiligung des Betriebskollektives, Sammlung und Berücksichtigung von Vorschlägen der Werktätigen zur besseren Organisation der Übernahme und Überleitung neuer Technik sowie zur Erhöhung der Effektivität der Produktion und der Qualität der Arbeit. Der Plan Wissenschaft und Technik unseres Landes besteht aus einer Vielzahl von Plänen. Für Forschungsarbeiten, für erste industriell gefertigte Serien, für die Einführung der besten Technologie wird der Plan auf verschiedenen Ebenen erarbeitet und bestätigt: in den Zweigen, in den Allunionsindustrievereinigungen, in den Betrieben, in den Forschungsorganisationen, in Projektierungs-, Konstruktions- und technologischen Einheiten und in den Forschungseinheiten an Hochschulen sowie in Versuchsbetrieben. In Abhängigkeit vom Niveau und dem Charakter der Pläne für den wissenschaftlich-technischen Fortschritt gestaltet sich auch das System der Kennziffern differenziert. Auf der Ebene der Plankommission der UdSSR widerspiegelt dieses System quantitative sowie einige qualitative Seiten der planmäßigen Beschleunigung des wissenschaftlich-technischen Fortschrittes im Lande insgesamt, d. h. er charakterisiert die Entwicklung aller Zweige und ihrer Untergliederungen insgesamt für den entsprechenden Zeitraum.

In den *Fünfjahrplänen* für die ökonomische und soziale Entwicklung werden den Industrievereinigungen und Betrieben auf Jahre aufgeschlüsselt folgende Kennziffern und ökonomische Normative zur neuen Technik vorgegeben:

- grundlegende Aufgabenstellungen für die Realisierung der wissenschaftlich-technischen Programme für die Erarbeitung, Annahme und Überleitung neuer hocheffektiver technologischer Prozesse und Erzeugnisarten, unter anderem auch für neu in Betrieb zu nehmende Werke und Objekte;
- Hauptkennziffern für das technische Produktionsniveau und die wichtigsten Gruppen der zu produzierenden Erzeugnisse;
- ökonomischer Nutzen aus der Realisierung wissenschaftlich-technischer Maßnahmen;
- Normative für Abführungen in den einheitlichen Fonds zur Entwicklung von Wissenschaft und Technik der Ministerien (in den Teil, der die Vereinigung betrifft).

In den *Jahresplänen* für die ökonomische und soziale Entwicklung wird den Vereinigungen und Betrieben beginnend mit dem Jahre 1981 eine Kennziffer vorgegeben, die zur Konkretisierung dienen soll und in einzelnen Fällen werden präzisierte Aufgabenstellungen vorgegeben, die sich auf ein konkretes Jahr im Fünfjahrplan beziehen. Darunter fallen auch die Einführung neuer Technik und die Erfahrungen der Besten:

- Aufgaben zur Erarbeitung, Übernahme und Überleitung neuer, hocheffektiver technologischer Prozesse und Erzeugnisgruppen, Erfüllung von wissenschaftlich-technischen Programmen;
- Übernahme der Erfahrungen der Besten auf dem Gebiet der Technologie, der wissenschaftlichen Arbeitsorganisation, Produktion und Leitung.

Natürlich gestalten sich alle oben erwähnten Kennziffern in der Praxis detaillierter und erfahren eine konkrete vielseitige Aufgabenstellung, die durch entsprechende Dienststellen der Allunionsindustrievereinigungen, der Produktionsvereinigungen, der Betriebe und Organisationen zu einer umfangreichen Nomenklatur von Aufgaben,

Arten von Technologien, anderen Arten von Produktions- und Leitungstätigkeit erarbeitet werden und somit in das System von Planungskennziffern für den wissenschaftlich-technischen Fortschritt der entsprechenden Ebene (Vereinigung usw.) eingebettet werden. Hierbei ist es wichtig, daß dieses System zielstrebig einen Endpunkt verfolgt, dem die gesamte Produktionstätigkeit untergeordnet wird, was bisher noch nicht immer der Fall war. Unserer Meinung nach muß das System von Kennziffern, um diesem Ziel gerecht zu werden, mindestens vier Bedingungen erfüllen. Die erste Bedingung ist die methodologische Gesamtheit aller Kennziffern; zweitens müssen alle Kennziffern des Planes dem Ziel des Zyklus Wissenschaft–Produktion untergeordnet sein. Für dieses Ziel ist eine effektive und qualitative Lösung der Aufgaben in jeder einzelnen Etappe des gesamten Zyklus erforderlich. Die Gesamtheit ihrer Ergebnisse aus der Lösung dieser Aufgaben erbringt schließlich das Endergebnis bei der Verwirklichung des Zyklus Wissenschaft–Produktion. Das Endziel muß alle Kennziffern durchdringen, wobei ihre „Bemühungen" in einem komplexen Charakter des Planes der einheitlich und gleichmäßig wirkt, münden müssen. Drittens besteht eine unabdingbare Voraussetzung für die Wirkungsweise des Systems von Kennziffern zur komplexen Planung des wissenschaftlich-technischen Fortschrittes in ihrer synchronen Wirkung sowohl untereinander (in den Etappen) als auch im ganzen Zyklus Wissenschaft–Produktion. Hierbei ist zu bemerken, daß diese Bedingung in der Praxis teilweise fehlt. Schließlich ist eine gegenseitige Verbindung der Plankennziffern für den wissenschaftlich-technischen Fortschritt mit allen anderen Arten (Abschnitten) der Pläne des Zweiges (der Vereinigung) sowohl in der horizontalen als auch in der vertikalen Richtung erforderlich. Die Erfüllung der geforderten Bedingungen beschleunigt die Realisierung der Pläne für den wissenschaftlich-technischen Fortschritt, erhöht die Effektivität der Planung des wissenschaftlich-technischen Fortschrittes und festigt seine methodologischen Grundlagen.

Die Planung des wissenschaftlich-technischen Fortschritts beinhaltet die Erstellung von Plänen und ihre Realisierung. Mit der Ausarbeitung und Erfüllung der Pläne ist die Planung des wissenschaftlich-technischen Fortschritts jedoch noch nicht zu Ende. Eines der Kriterien für die Qualität der Planung ist die Realisierung in der Praxis. Die Fortsetzung des Planungsprozesses (sozusagen als Rückkopplung) ist die Kontrolle über die Erfüllung. Die Kontrolle der faktischen Erledigung der Dinge ist immer ein unverzichtbarer, äußerst wichtiger Teil der organisatorischen Tätigkeit des Apparates der Vereinigung. Um die Pläne in allen Teilbereichen und bei allen Kennziffern zu erfüllen, macht sich eine systematische Arbeit zum Verlaufe der Erfüllung der Pläne erforderlich. Die Kontrolle über die Erfüllung der Pläne ist eine Grundbedingung für die Planung.

Grundlegende Aufgaben von Kontrollen und Überprüfungen bezüglich der Erfüllung des Planes für den wissenschaftlich-technischen Fortschritt sind:

- die Genauigkeit der Verwirklichung der wirtschaftspolitischen Aufgaben und die Erfüllung aller Planaufgaben im vollen Umfang;
- die rechtzeitige Feststellung und Verhütung einzelner partieller Disproportionen bei der Entwicklung der geplanten Objekte;
- Korrektur der laufenden Planung unter Berücksichtigung der neuentstandenen Aufgaben (oder Nutzung von Reserven, die im Prozeß der Planerfüllung aufgespürt wurden);
- Auffindung und Abstellung von Ressortgeist oder lokalen Tendenzen bei der Realisierung der Pläne;
- Aufspüren von Fehlern und Lücken in den Plänen sowie Erarbeitung von Maßnah-

men zu ihrer Abstellung zur weiteren Vervollkommnung der Organisation der Planung;
- Bereitstellung von Materialien und Ausgangsdaten für die Erarbeitung künftiger Pläne der Vereinigung.

Die Kontrolle der Erfüllung der Pläne für den wissenschaftlich-technischen Fortschritt in den Vereinigungen der USdSSR setzt eine tiefgreifende Analyse der Tätigkeit der ausführenden Organe (Betriebe, Institutionen) voraus. Das Ziel der Analyse ist nicht nur das Auffinden von Mängeln, sondern auch die Verallgemeinerung und Verbreitung der *Erfahrungen der Besten*. Die Realisierung einer wirksamen Kontrolle bezüglich der Erfüllung der Pläne Wissenschaft und Technik ist nur dann möglich, wenn eine moderne vollständige und qualitativ hochwertige Information vorhanden ist.

Die neuen Anforderungen der Zeit, die neuen Maßstäbe und die Form der Wirtschaft in unserem Lande sowie in anderen Mitgliedsländern des RGW diktieren notwendigerweise die weitere Vervollkommnung der Planung. In der bevorstehenden Etappe ist die gesamte Planungstätigkeit auf das *volkswirtschaftliche Endergebnis* auszurichten. Im Zusammenhang damit wurden Maßnahmen zur weiteren Vervollkommnung der Planung des wissenschaftlich-technischen Fortschritts und der Wirtschaftsmechanismen abgesteckt und realisiert.

In den Plänen ist vorgesehen, den gesellschaftlichen Bedarf besser und vollständiger bei höchster Effektivität der Nutzung der Errungenschaften von Wissenschaft und Technik zu befriedigen. Die Ausgewogenheit der Pläne ist zu garantieren und die erforderlichen staatlichen Reserven sind dafür vorzusehen. Äußerst notwendig ist eine Vervollkommnung des Systems der *miteinander verbundenen* Pläne – der langfristigen Fünfjahr- und Jahrespläne. Es ist eine komplexere Verbindung zwischen Territorial- und Zweigplanung vorzunehmen. Die Zeit ist herangereift, die Zuverlässigkeit der Prognosen für den wissenschaftlich-technischen Fortschritt zu erhöhen, die Anwendung dieser Prognosen zu erweitern, besonders bei der Erarbeitung der Pläne Wissenschaft und Technik. Die Organisation und die Methoden für die Erarbeitung der Pläne Wissenschaft und Technik müssen weiter verbessert, die Termine verkürzt und das System der Kennziffern vervollkommnet werden. Die Einflußnahme auf die Erhöhung des technischen Niveaus der Produktion und die Qualität der Erzeugnisse muß sich verstärken. Das Wachstumstempo bei der Arbeitsproduktivität, der wirtschaftliche Umgang mit Material und finanziellen Ressourcen muß sich forciert gestalten. Weiterhin macht es sich erforderlich, das Rechnungs- und Buchhaltungssystem sowie die statistische Information in Übereinstimmung mit den gewachsenen Bedürfnissen der Planung des wissenschaftlich-technischen Fortschritts zu verbessern.

In den Allunions- und Produktionsvereinigungen muß man die Arbeit zur Schaffung eines Systems von Natural- und Wertnormativen für eine weitere Vervollkommnung der Erarbeitung von Bilanzen und Plänen beschleunigen. Begründete Normative sind Grundlage und notwendiges Instrumentarium für die Planung des wissenschaftlich-technischen Fortschritts, obwohl das gegenwärtig faktisch ohne Berücksichtigung der entsprechenden Normative vor sich geht. Unter solchen Bedingungen sind Bereiche, die den wissenschaftlich-technischen Fortschritt planen, gezwungen, eine Einschätzung der im Planungszeitraum enthaltenen Vorschläge nicht mit Berücksichtigung der Normative vorzunehmen, sondern den Umfang der Mittel und die aufgewendete Zeit für die Realisierung dieser Vorschläge selbst festzulegen. Ein ohne Berücksichtigung der Normative erarbeiteter Plan Wissenschaft und Technik läßt sich schwer steuern, und seine Erfüllung ist kaum kontrollierbar. Das Ergebnis aus der Erfüllung eines solchen Planes wird in Prozenten aufgrund der verausgabten Mittel und Kalendertage bewertet.

Es ist deshalb nicht verwunderlich, daß die Pläne Wissenschaft und Technik die nach der erwähnten Methode erarbeitet wurden, öfter korrigiert werden, besonders was die Fristen anbelangt.

Die Korrektur erfolgt hauptsächlich in Richtung auf eine Erhöhung der vorher geplanten Fristen. Korrekturen werden auf allen Ebenen vorgenommen, von der Staatlichen Plankommission der UdSSR bis hin zu einzelnen Forschungsinstituten und Betrieben. Man muß sagen, daß die Korrektur einer Position aus dem Plan Wissenschaft und Technik auf der übergeordneten Ebene eine Kettenreaktion von Veränderungen in den nachgeordneten Bereichen hervorruft, weil die Aufgaben auf der übergeordneten Planungsebene eine Synthese der Aufgabenstellungen der nachgeordneten Bereiche darstellt.

Die Analyse der Gründe für die Plankorrektur und die Praxis bei der Erstellung der Pläne Wissenschaft und Technik verlangen eine unverzügliche Erarbeitung entsprechender Plannormative für den wissenschaftlich-technischen Fortschritt, und zwar in erster Linie solche wie:

- Normative über die Fristen für die Schaffung eines neuen Erzeugnisses (nach Gruppen geordnet);
- Normative, die die Proportionen zwischen der Herstellung neuer Technik und ihrer Überleitung regeln;
- Normative für die Fristen des Austausches von serienmäßig hergestellter Technik gegen neue Modelle;
- Wertnormative sowie Normative für relative Arbeitsintensität.

Die Erarbeitung von Planungsnormativen für den wissenschaftlich-technischen Fortschritt sollte zweckmäßigerweise in zwei Richtungen geführt werden:

- für die Planung der Entwicklung traditioneller Technik;
- für die Planung von prinzipiell neu zu produzierenden Arten von Technik.

Man hört mitunter die Meinung, daß die Schaffung von Normativen für die Planung des wissenschaftlich-technischen Fortschrittes eine Schwierigkeit des Problems an sich sei, und zwar hauptsächlich infolge der Unwiderholbarkeit. Obwohl das nicht zu leugnen ist, muß man die Aufmerksamkeit doch auf die Lösung konzentrieren.

Gegenwärtig werden wichtige Bedingungen für eine erfolgreiche Erarbeitung der erwähnten Normative geschaffen. Vollzog sich früher die Schaffung einzelner Muster, so ist jetzt ein konsequenter Übergang zur Produktion von *Maschinensystemen* zu beobachten. Für die Möglichkeit der Erarbeitung von Planungsnormativen zur Schaffung und Überleitung neuer Technik spricht auch die Tatsache, daß etwa 80 bis 90 %der Entwicklungen in diesem oder jenem Maße eine Wiederholung des bereits bestehenden darstellt. Zweifelsohne kann diese Anzahl von Entwicklungen durch ein Normativ erfaßt werden. Berücksichtigt man, daß jährlich in der UdSSR vier bis fünftausend Muster von neuer Technik kreiert werden, dann zeichnen sich die Maßstäbe eines wissenschaftlich begründeten, steuerbaren Prozesses zur Schaffung und Produktion neuer Technik ab. Die erwähnten Bedingungen (Wiederholbarkeit und Übergang zu Maschinensystemen und Typenreihen), vergrößert einerseits die Möglichkeit, Normative für die Planung des wissenschaftlich-technischen Fortschrittes zu schaffen, andererseits erscheint sie aber als Forderung nach einem prinzipiell neuen Herangehen an die Aufstellung der Pläne für den wissenschaftlich-technischen Fortschritt, was seinerseits die Wichtigkeit der Normative erhöht. Das Normativsystem würde eine konkrete Leitung des gesamten Verlaufs des wissenschaftlichen-technischen Fortschritts zur Erzielung eines maximalen Nutzens ermöglichen.

Die Stabilität der Verbindungen zwischen Wissenschaft und Praxis, die weitere Vervollkommnung der Planung des wissenschaftlich-technischen Fortschrittes verlangen eine höhere Verantwortlichkeit der Leiter und ausführenden Bereiche der Planung des wissenschaftlich-technischen Fortschrittes. Das vollkommene System der Planung des wissenschaftlich-technischen Fortschrittes selbst erweist sich als wenig effektiv, wenn nicht gleichzeitig die Verantwortlichkeit für die Erstellung der Pläne und ihre unbedingte Erfüllung verstärkt wird.

Ein wichtiges Moment bei der Vervollkommnung der Planung des wissenschaftlich-technischen Fortschritts in den Vereinigungen ist eine strikte Verknüpfung der Pläne für die Schaffung und Überleitung technischer Neuheiten mit der Bereitstellung der dafür erforderlichen Ressourcen. Gegenwärtig existieren bekanntlich keine langen und stabilen Verbindungen zwischen den Plänen für die Schaffung und Überleitung neuer Technik und den entsprechenden Ressourcen. Die Analyse zeigt, daß in etwa 30 Fällen pro hundert die Verzögerung der Termine bei der Schaffung neuer Maschinen mit einer ungenügenden Absicherung der materiellen Ressourcen (Fristen, Sortiment, Umfang usw.) verbunden ist. Bei der Überleitung neuer Technik ist mehr als die Hälfte der überzogenen Planpositionen die Folge einer schlechten Produktionsvorbereitung, hauptsächlich einer unzureichenden Bereitstellung entsprechender Ressourcen an Arbeitskräften, Material, Finanzen und Investmitteln.

Fast die Hälfte der nichterfüllten Planaufgaben bei Erstserien in der industriellen Fertigung ist mit einer unzureichenden Organisation der Leitung in der neuen Produktion verbunden. Dabei sind organisatorische Mängel oftmals auch mit Fragen der Sicherstellung der Ressourcen für die in Betrieb zu nehmenden Objekte der neuen Technik verbunden. Zu einer Verbesserung bei der Absicherung des Plans Wissenschaft und Technik trägt die Erweiterung der Rechte der Ministerien seit dem Jahre 1981 bei, wie auch die Erhöhung der Rolle der örtlichen Machtorgane, die erfahrene Kader in die Erfüllung der Pläne mit einbeziehen. Eine wichtige Bedingung für die Vervollkommnung der Planung des wissenschaftlich-technischen Fortschrittes in den Vereinigungen ist die Begründung der *Austauschbarkeit* der produzierten Erzeugnisse. Es handelt sich darum, daß im Prozeß der ständigen Beschleunigung des wissenschaftlich-technischen Fortschritts die Progressivität früherer Konstruktionslösungen schnell absinkt, sie moralisch verschleißen, was unausbleiblich zu einer häufigen Substitution der Produktionsobjekte führt. Deshalb muß die Planung an Konstruktionslösungen, die eine alljährliche Substitution der Erzeugnisse unmöglich machen, immer höhere Forderungen stellen. Ein Erzeugnis, das ein bis zwei Jahre in der Produktion ist, bringt mitunter einen größeren ökonomischen Verlust als Gewinn. Man nimmt an, daß die hauptsächlichste Aufgabe bei der Planung des wissenschaftlich-technischen Fortschrittes darin besteht, daß das Konstrukteurspotential der Vereinigung sich nicht auf einen häufigen Wechsel der Modelle, sondern auf eine maximale Progressivität und Langlebigkeit orientieren soll. Die Prinzipien und auch die Konstruktion des zu Beginn des Jahrhunderts erfundenen Theodoliten haben sich zum Beispiel so progressiv erwiesen, daß sie bis jetzt nicht veraltet sind. Die Planung muß darauf Einfluß nehmen, daß der Konstrukteur seine Schöpfungen nicht verwirft, sondern sie bis an die Grenze des Möglichen vervollkommnet, solange das Prinzip der Konstruktion selbst nicht veraltet ist. Bis jetzt zeugt die Praxis davon, daß 20 bis 30 % neuer Konstruktionen sich nur bis zu zwei Jahren in der Produktion befinden.

Die Erhöhung der Progressivität der technologischen Prozesse und neuen Maschinen hängt in vielerlei Hinsicht vom Vorhandensein und der richtigen Nutzung der Versuchs- und Experimentalbasis der Industrie ab. Ihre Planung bedarf einer wesentlichen Vervollkommnung, damit die entstandenen Disproportionen in der Entwicklung von Versuchs- und Serienproduktionen beseitigt werden; damit die erstere nicht zurück bleibt, müssen Barrieren zwischen den Ressorts bei der Nutzung der Experimentierbasis abgestellt werden (auch durch die Schaffung von Basen, die mehreren Zweigen gehören). Wenn die Planerfüllung gefährdet ist, werden die Experimentierbasen gegenwärtig häufig mit Serienproduktionen belastet.

Die Vervollkommnung der Planung des wissenschaftlich-technischen Fortschritts setzt auch eine Ordnung in der Normierung der Umlaufmittel voraus (die Herstellung neuer Technik verlangt oftmals deren schnelle Steigerung).

Eine rechtzeitige Realisierung der Pläne des wissenschaftlich-technischen Fortschritts in den Vereinigungen und Betrieben verlangt die Schaffung eines Gerätebaues mit entsprechenden Kapazitäten, ohne den die Überleitung technischer Neuerungen erheblich aufgehalten wird. Die Vervollkommnung der Planung des wissenschaftlich-technischen Fortschritts hat noch andere Aspekte, die sich hier allerdings nicht behandeln lassen.

Die Suche nach Wegen zur weiteren Stabilisierung der Verbindungen von Wissenschaft und Produktion, zur Vervollkommnung der Planung des wissenschaftlich-technischen Fortschritts als zentrales Bindeglied der Leitung wird zu seiner Beschleunigung beitragen, die Effektivität der Produktion steigern, ein höheres Ziel der gesellschaftlichen Produktion möglich machen und am besten den gewachsenen Bedürfnissen der Menschen und ihrer Befriedigung gerecht werden.

Ju. V. Subockij

Vereinigungen und Entwicklung der Produktionsorganisation

1. Die Vereinigungen sind die am besten entwickelte Organisation des Produktionsprozesses, die auf der Anwendung moderner hochproduktiver Arbeitsmittel und effektiver Technologien beruht, d. h., die die Errungenschaften des wissenschaftlich-technischen Fortschritts widerspiegelt. Die Erhöhung des Niveaus der Konzentration und Spezialisierung der Produktion ist der den Vereinigungen innewohnende wichtigste Vorzug; sie ist eine der Grundbedingungen für das Wachstum der ökonomischen Effektivität infolge der Schaffung und Entwicklung dieser Komplexe: Die Beschlüsse des XXVI. Parteitages der KPdSU und eine Reihe anderer Parteidokumente der letzten Jahre unterstreichen die Bedeutung der Konzentration und Spezialisierung der Produktion in den Vereinigungen. Diesen Fragen wird in der ökonomischen Literatur der UdSSR[1] wie auch der DDR[2] große Bedeutung beigemessen.

2. Die gegenwärtige Entwicklungsetappe der Ökonomik der UdSSR ist durch die Herausbildung einer neuen höheren Stufe der gesellschaftlichen Organisation des Produktionsprozesses gekennzeichnet, die den im Lande geschaffenen starken Produktivkräften und dem gewachsenen Niveau der Vergesellschaftung entspricht und dessen weitere Erhöhung neue Räume eröffnet.

Die Veränderungen in der Produktionsorganisation – ihrer Konzentration, Spezialisierung, Kooperation, Kombination – sind eine der bedeutsamsten Erscheinungen des wissenschaftlich-technischen Fortschritts. Die Organisation bestimmt wesentlich die Voraussetzungen für das Wirken der Produktivität und für die Nutzung der gesellschaftlichen Ressourcen.

Davon, wie weit diese Voraussetzungen gegeben sind, hängt in starkem Maße der Grad ihrer Nutzung ab. Die Organisation ist ein besonderer Faktor des ökonomischen Wachstums, über den alle anderen Faktoren wirken und der das Niveau der ökonomischen Effektivität wesentlich bestimmt.

Fortschritte in der Produktionsorganisation sind eine unabdingbare Voraussetzung der sozialen Entwicklung, der Vervollkommnung des Charakters und Inhalts der Arbeit, der Verstärkung der sozialen Homogenität der Arbeitenden, der Einführung wissenschaftlicher Grundlagen in den Arbeitsprozeß sowie der Verbesserung der Arbeitsbedingungen. Die Produktionsorganisation muß als eines der wichtigsten qualitativen Merkmale betrachtet werden, die das erreichte Entwicklungsniveau der Ökonomik zum Ausdruck bringen. Die organisatorische Entwicklung ermöglicht die Maximierung des Effektes der Erneuerung der technischen Produktionsbasis und der besseren Nutzung des vorhandenen Apparates. Bei letzterem wächst die Effektivität oft ohne

[1] Vgl. z. B. Ju. V. Subockij, Razvitie ob'edinenij v promyšlennosti, Voprosy teorii i metodologii, Moskva 1977; A. Šabalin L. Cedilin, Kombinaty v narodnom chozjajstve GDR, rol', funkcii, tendencii razvitija, in: Planovoe chozjajstvo, 4/1980, S. 101–106.

[2] Vgl. G. Friedrich, H. Koziolek, Grundfragen der sozialistischen Wirtschaftsführung, Berlin 1979, S. 322–372.

große Investitionen infolge der Steigerung der Produktivkraft der Arbeit durch verstärkte Arbeitsteilung, d. h. auf intensiver Grundlage.

3. Zu den wesentlichsten Merkmalen, die die heutige Entwicklung der Produktionsorganisation in den Vereinigungen charakterisieren, gehört die *enge, organische Verbindung zum wissenschaftlich-technischen Fortschritt*, die Übereinstimmung mit seinen Erfordernissen, die breite und rationelle Nutzung der hochproduktiven Maschinen und Ausrüstungen, die komplexe Mechanisierung und Automatisierung der Produktion und die Anwendung effektiver Technologien.

Die Entwicklung der Arbeitsmittel übt den stärksten Einfluß auf die Organisationsformen aus. Zu ihren Hauptrichtungen gehören Wachstum der Nennleistung der Maschinen und Ausrüstungen, breitere Anwendung von Maschinensystemen, Spezialisierung der Arbeitsmittel (funktionelle und erzeugnisgebundene Spezialisierung), Einführung automatischer Maschinen. Das Wachstum der Nennleistung, die sogenannte Aggregatkonzentration, ist eine der wichtigsten Erscheinungen des wissenschaftlich-technischen Fortschritts. Von der Entwicklung dieser Konzentrationsform zeugen folgende Fakten: wenn in den Jahren 1940–1960 das Wachstumstempo des Produktionsvolumens des Maschinenbaus und der Metallverarbeitung 1,6 mal höher war als das Wachstumstempo des Parkes der Metallverarbeitungsmaschinen, so betrug diese Zahl in den Jahren 1960–1975 das Doppelte. Der jährliche Zuwachs der Nennleistung liegt bei 4–8 %.

Die Aggregatkonzentration ist der Hauptfaktor der Vergrößerung der Betriebe, insbesondere in den Zweigen mit kontinuierlicher Produktion sowie in den Zweigen, für die die mechanische Bearbeitung der Rohstoffe, die Einheitlichkeit der genutzten Maschinen und Erzeugnisse charakteristisch ist (z. B. Textilindustrie). Hier ist jedoch auch die Rolle eines anderen Faktors der Betriebskonzentration groß, nämlich die Vergrößerung der Ausrüstungsanzahl. Im Maschinenbau hängt die Betriebskonzentration auf der Grundlage der Einführung von Maschinen mit höherer Leistungsfähigkeit davon ab, inwieweit deren Anwendung die Verflechtung der Fertigungsprozesse von Einzelteilen, Baugruppen, Halbzeugen und der Montage gewährleistet.

Das Wachstum der Nennleistung der Maschinen und Ausrüstungen erfordert die Entwicklung der innerbetrieblichen Kooperation sowohl innerhalb der Vereinigungen als auch zwischen diesen und den anderen Einheiten. Das ist gesetzmäßig; die Produktivität der großen Maschinen ist oft beträchtlich höher als der Produktionsbedarf der einzelnen Betriebe an den entsprechenden Erzeugnissen. So ist in den Traktorenwerken, wo die Konzentration der Fertigung von gleichartigen Erzeugnissen etwa 4 mal höher ist als in anderen Zweigen, der Ausstoß von Kolben 3,5 mal geringer als die jährlichen Produktivität der automatischen Ausrüstungen, bei Blockköpfen ist er 5 mal geringer. Eine rationelle Nutzung der modernen Ausrüstung erfordert einen Ausstoß von 6 Mio Stück Zahnrädern, 46 Mio Stück Kettenzahnrädern, 330 000 Stück Stirnradgetrieben, 800 000 Stück Hydrozylindern durch den Betrieb oder den Betriebsteil. Unter diesen Bedingungen bringt bei einer nichtentwickelten Kooperation „die überschüssige" Leistung der Ausrüstung für die entsprechenden Betriebe deren unvollständige Nutzung mit sich. Und die Verluste werden um so größer, je höher die Produktivität der Maschine ist, da die Stillstandszeiten um so teurer werden, je größer die Maschine ist. Hierin ist eine der Bedingungen begründet, die die Senkung der Fondsintensität der Produktion erschweren. Daher erfordert die vollständige Nutzung der Produktionsmöglichkeiten der modernen Ausrüstung die Entfaltung der zwischenbetrieblichen Kooperation, die als eine Bedingung des wissenschaftlich-technischen Fortschritts erscheint und ein arbeits- und fondssparender Faktor ist. Was die Automatisierung der Produktion anbelangt, so wirkt diese auf die Organisation der Produktion nicht nur in einer Richtung. Einerseits werden viele Formen der isolierten Betriebsproduktion überwunden und deren Kooperation wird erweitert. Andererseits begrenzt die Automatisierung in bekanntem Maße die Entfaltung der zwischenbetrieblichen Kooperation.

Diese Tendenz zeigt sich in dem Maße, in dem die Anwendung automatischer Maschinen mit elektronischer Programmsteuerung die Bedingungen der Kleinserienproduktion verbessert und, in dem die Verluste aus der Umrüstung gesenkt werden. Dabei wird in gewissem Grade die Effektivität der zur Vereinigung gehörenden kombinierten Betriebe erhöht, die Erzeugnisse mit einer breiteren Nomenklatur herstellen (Diversifikation der Produktion). Gegenwärtig ist ein Teil der Vereinigungen durch Organisationsformen der Produktion geprägt, die in der vorausgegangenen Etappe entstanden sind. Außerdem gibt es Fälle, daß autarkische Erscheinungen auftreten und zwar insbesondere bei kleinen Vereinigungen. Das ist in nicht geringem Grade das Ergebnis einer solchen Vorstellung, daß die Vereinigung einen in sich geschlossenen Charakter tragen muß, d. h., daß das Leistungsvermögen dem Bedarf der zusammengeschlossenen Betriebe an den betreffenden Erzeugnissen entsprechen muß.

Die Analyse der Praxis führt zu einer anderen Lösung: die Vereinigungen müssen „offene" Komplexe sein, d. h., ein Teil der vereinigten Betriebe muß äußere Abnehmer mit Elementen der Endproduktion versorgen. Alles andere führt zur Zersplitterung der Produktion.

Eine solche Lage kann am Beispiel der Produktion von Erzeugnissen gezeigt werden, die im allgemeinen Maschinenbau bearbeitet werden – Gußstücke, Schmiedestücke, Stanzteile.

In den größten Vereinigungen sind die Voraussetzungen vorhanden, in hohem Grad konzentrierte Gießereien zu schaffen. In der Mehrzahl der Vereinigungen des Maschinenbaus jedoch fehlen infolge der Begrenzung des Bedarfs solche Voraussetzungen. Selbst eine dreifache Vergrößerung der Leistung des überwiegenden Teils der bestehenden Betriebsteile und Betriebe für Eisen- und Stahlguß, Schmieden und Stanzen sichert nicht die Ausnutzung der hochproduktiven Technik und das Erreichen der technisch-ökonomischen Kennziffern, die für Produktionsstätten mittlerer Größe charakteristisch sind. Nicht zufällig berühren in der übergroßen Mehrzahl der Vereinigungen die Automatisierungsprozesse nicht die Herstellung der jeweiligen Erzeugnisse. Die Beibehaltung kleiner Fertigungsabteilungen bedeutet die Beibehaltung einer Produktion, die keine optimalen Größen erreicht, d. h. die ein unzureichendes Vergesellschaftungsniveau hat.

4. Das zweite Merkmal, das der Produktionsorganisation in den Vereinigungen innewohnen muß, ist die *Orientierung auf die Befriedigung der immer vielfältiger werdenden, wachsenden Bedürfnisse* der Volkswirtschaft und der Bevölkerung und folglich die Orientierung sowohl auf das Wachstum des Umfangs als auch auf die Erweiterung der Nomenklatur der Erzeugnisse.

Unter diesen Bedingungen hat die Produktionsorganisation die Aufgabe, die beschleunigte Einführung der sich vergrößernden Nomenklatur ohne Senkung des Konzentrations- und Spezialisierungsniveaus bei wachsender Effektivität zu sichern. Hieraus ergibt sich die Notwendigkeit der Entwicklung der Produktionsorganisation und der Entwicklung der Erzeugnisse wie auch deren Nomenklatur, aber auch die harmonische Verbindung beider Prozesse, ihre rationelle Anpassung aneinander. Dabei ist letzteres das Bestimmende, die Entwicklung der Erzeugnisse, die direkt die Bewegung der gesellschaftlichen Erfordernisse zum Audruck bringt.

Selbstverständlich ist bei weitem nicht jede Nomenklaturerweiterung rationell. Zweifellos ist die Herstellung von Erzeugnissen nicht annehmbar, die über eine unwesentliche, rein äußerliche Neuheit verfügen, die auf eine künstliche Differenzierung der Erzeugnisse, auf die Befriedigung sozial nicht begründeter Bedürfnisse orientiert sind. Die Zahl der hergestellten Erzeugnisse ist auch so schon groß, es gibt mehr als 12 Mio Positionen; wenn man die Sortimentsunterschiede berücksichtigt, sind es ungefähr 20 Mio. Die Nomenklatur der 14 wichtigsten Industriezweige umfaßt etwa 4 Mio Positionen, davon 2,8 Mio metallurgische Erzeugnisse, 200000 elektrotechnische und Kabelerzeugnisse. Dabei ist ein Anwachsen der Zahl der Erzeugnisse zu verzeichnen, die durchschnittlich auf einen Betrieb kommen, was die Produktionsbedingungen verschlechtert.

Hieraus ergibt sich durchaus nicht die Aufgabe, daß Wachstum der Nomenklatur einzuschränken. Das ist ein unvermeidlicher, gesetzmäßiger Prozeß. Die Schlußfolgerungen aus dem Gesagten sind andere. Die erste Schlußfolgerung besteht darin, daß den Maßnahmen zur Vervollkommnung der Produktionsorganisation in den Vereinigungen wissenschaftlich begründete Entscheidungen auf dem Gebiet der Erzeugnisentwicklung, eine rationelle und in der Regel zentralisierte Auswahl der Grundnomenklatur der einzuführenden Erzeugnisse vorausgehen muß. Die zweite Schlußfolgerung besteht in der Notwendigkeit einer ständig breiter werdenden Unifizierung der Technik und ihrer Elemente – vor allem im zweiglichen und zwischenzweiglichen Maßstab – sowie der Entwicklung der Standardisierung.

5. Die Produktionsorganisation *in den Vereinigungen* muß *der höheren Stufe der gesellschaftlichen Arbeitsteilung, deren entfalteter Kooperation* entsprechen, die durch quantitative wie auch qualitative Besonderheiten gekennzeichnet ist:
a) durch entwickelte Formen. Die erzeugnisspezifische Form – die Erzeugniskooperation (Enderzeugnisse für den Zweig und die Industriegruppe) – wird in breitem Maße durch solche Beziehungen ersetzt, die eine tiefere, differenziertere Arbeitsteilung zum Ausdruck bringen, darunter stärker gegliederte Formen ihrer zwischenbetrieblichen Teilung nach Einzelteilen, Baugruppen, Erzeugnissen der einzelnen technologischen Stadien.
Als Verdeutlichung dieser Tendenz kann die Schaffung einer ganzen Reihe großer Vereinigungen im letzten Jahrzehnt dienen, die Systeme eng spezialisierter Betriebe darstellen, die durch die Kooperation bei der Herstellung einheitlicher Erzeugnisse eng verbunden sind. Das sind vor allem die Automobilvereinigungen „Lichačov-Werk",

Tabelle

Gegenüberstellung von Kennziffern der Vereinigungen der Schuhindustrie mit teilgebundener Kooperation und horizontalem Typ

	Arbeitsproduktivität	Fondsabgabe	Rentabilität	Aufwendungen je 1 Rubel Warenproduktion
Vereinigungen der Schuhindustrie:				
– mit entwickelter teilgebundener Kooperation der Fabriken	100	100	100	100
– horizontaler Typ	84	88	50	109

Quelle: Untersuchungen des Instituts.

„Gorki-Autowerk", „Wolgaer Autowerk", „Lastkraftwerk Kamas", „Autowerk Leninscher Komsomol" u. a. Diese Vereinigungen des vertikalen (vorwiegend vertikalen) Typs bringen den größten Effekt. Als Illustration dazu kann die Gegenüberstellung der Kennziffern der Vereinigungen der Schuhindustrie dienen, wo der geschlossene Produktionszyklus in den Betrieben erhalten geblieben ist, d. h. der horizontale Typ, und der Vereinigungen, wo die teilegebundene Spezialisierung entwickelt wurde, d. h. die vertikalen Beziehungen realisiert wurden (Tabelle 1).

Die Entwicklung der reifsten, differenziertesten Formen der Kooperation wird unter den gegenwärtigen Bedingungen durch die Wirkung einer Reihe von Faktoren gehemmt wie Begrenztheit des Sektors der Großserien- und Massenproduktion (im Maschinenbau der UdSSR beträgt dessen Prozentsatz 25 %; diese Kennziffer ist im Maschinenbau der USA die gleiche); Schwierigkeiten bei der breiten Vereinheitlichung der wachsenden Erzeugnisnomenklatur, insbesondere bei der zwischenzweiglichen Vereinheitlichung; Verstreutheit der Betriebe, was beim riesigen Territorium der Sowjetunion gesetzmäßig ist; spürbare Ausgaben für den Transport und Notwendigkeit zusätzlicher Investitionen in die Transportzweige zur Erweiterung der Kooperation; Kompliziertheit der Regulierung des außerordentlich verzweigten Netzes der Kooperationsbeziehungen, was die Aufrechterhaltung einer hohen Disziplin der Lieferungen erschwert.

Daher bedarf die Einführung gegliederter Formen der Spezialisierung konkreter Begründungen. In vielen Fällen bestimmt die Wirkung der erwähnten Faktoren heute die Zweckmäßigkeit der kombinierten Betriebe. Allerdings muß angenommen werden, daß sich in Zukunft die Anwendung differenzierter Formen der zwischenbetrieblichen Kooperation erweitern wird.

b) durch eine reichere Arbeitsstruktur, durch eine Erweiterung der Arbeitsfunktionen und der zu integrierenden Kooperationen. Insbesondere wächst die Vielgestaltigkeit der Arbeitsarten innerhalb der Vereinigungen, darunter in den der Produktion vorgelagerten Stadium (wissenschaftlich-technische Produktionsvorbereitung), im direkten Stadium der Produktion und in dem der Produktion nachgelagerten Stadium (Einführung der Erzeugnisse beim Verbraucher, deren Montage, Einrichtung, Beteiligung an der Wartung der Technik usw.). Als Folge ergibt sich die Gestaltung eines Teils der Vereinigungen als wissenschaftliche Produktionsvereinigungen (Enderzeugnisse – Forschung und Entwicklung, die zur Einführung in den Betrieben des Zweiges vorgesehen ist) oder Produktions-Wissenschafts-Komplexe (Enderzeugnisse – neue Serien und Massenerzeugnisse, die die wissenschaftlich-technischen Errungenschaften der Vereinigung verkörpern).

6. Die Produktionsorganisation in den Vereinigungen soll in wachsendem Maße dem *Systemcharakter, der Komplexität entsprechen* und auf das Erreichen einer hohen Effektivität nicht nur in den einzelnen Betrieben gerichtet sein, sondern auch aufgrund ihrer breiten Wechselwirkung auf das gesamte Netz der inneren wie auch der volkswirtschaftlichen Verbindungen einwirken.

Um den Effekt des Systemcharakters maximal zu realisieren, ist es erforderlich, daß die Produktionsorganisation die rationelle Nutzung der Ergebnisse der Tätigkeit jeder Produktionseinheit durch einen möglichst breiten Kreis anderer Einheiten gewährleistet, damit der lokale Effekt den Effekt der gesamten Produktionsstruktur um ein Vielfaches vergrößert. Eine solche Organisation zeichnet sich durch das enge Zusammenwirken der spezialisierten Abteilungen, durch die synchrone Funktion und Verflechtung der Entwicklung der verschiedenen Prozesse aus, beginnend bei der Forschung und Entwicklung, der Herstellung der Vormaterialien, Einzelteile und Baugruppen bis hin zur Realisierung der Fertigerzeugnisse und zum Service. Sie zeichnet sich durch die breite Vereinheitlichung und Standardisierung der Erzeugnisse und ihrer Elemente sowie durch die Typisierung der Technologie aus.

7. Die Entwicklung der Produktionsorganisation in den Vereinigungen muß durch *eine fortschreitende Nivellierung der technischen Ausrüstung, der materiellen Arbeitsbedingungen und des Niveaus der ökonomischen Effektivität in den vereinigten Betrieben gekennzeichnet sein.*

In dem Stadium, das der Schaffung der entwickelten sozialistischen Ökonomik vorausging, und unter den Bedingungen einer relativen Enge der materiell-technischen Basis und der begrenzten Ressourcen entstanden progressive Formen der Produktionsorganisation außerordentlich ungleichmäßig. Sie wurden in einigen sehr wichtigen Einheiten realisiert, während die anderen zurückblieben.

Im gegenwärtigen Stadium haben wesentliche und längerwährende Unterschiede im Niveau der Produktionsorganisation einen immer stärker spürbaren Einfluß auf die Effektivität und Lösung der sozialen Aufgaben. Auf dem XXVI. Parteitag der KPdSU wurde folgendes zum Ausdruck gebracht: Wenn man auch bei bestimmten – selbst außerordentlich wichtigen – Gebieten nach vorn stürmt, dürfen doch die anderen Gebiete nicht längere Zeit zurückbleiben. Die moderne Gesellschaft verfügt über bedeutende Möglichkeiten, um die fortgeschrittene Produktionsorganisation in immer breiterem Umfang in den Betrieben einführen zu können. Die Vereinigungen sind dazu berufen, diese Möglichkeit in die Tat umzusetzen.

Zu den dabei auftretenden Vorzügen gehören die Erweiterung der Bedingungen für die Vervollkommnung des Wirtschaftsmechanismus, und zwar für die Einführung einheitlicher Gruppennormative für die Entwicklung der normativen Wirtschaftsbeziehungen zwischen der gesellschaftlichen Produktion insgesamt und ihren Struktureinheiten, von Beziehungen, die die gesellschaftlichen Anforderungen an die Effektivität der Ausnutzung der Ressourcen zum Ausdruck bringen sowie die Normen für die Arbeitsentlohnung.

8. Die Produktionsorganisation in den Vereinigungen muß die *gleichzeitige Lösung von zwei Aufgaben sichern – Wachstum der Produktion und Erhöhung ihrer Effektivität auf intensiver Grundlage.* In dem Stadium, das der Schaffung der entwickelten sozialistischen Ökonomik vorausging, gestattete die technische Produktionsbasis bei weitem nicht immer die Organisationsformen zu wählen, die diesen beiden Anforderungen entsprechen. Oft wurde nur die erste Forderung realisiert, der unter diesen Bedingungen gesetzmäßig die entscheidende Bedeutung beigemessen wurde. Im gegenwärtigen Stadium bestimmt die erwähnte zweifache Richtung in immer stärkerem Maße die organisatorische Entwicklung der Vereinigungen.

In diesem Zusammenhang müssen in die Planungs- und Projektierungspraxis breiter die Kriterien und Kennziffern der gesellschaftlichen Bewertung der organisatorischen Entscheidung einbezogen werden, die das wissenschaftlich-technische Niveau und die Effektivität widerspiegeln (Kennziffern der optimalen und minimal zulässigen Produktionskapazitäten, deren Normativgrößen, Kennziffern der optimalen Größen und Betriebsstrukturen, technisch-ökonomische Normative usw.).

9. Letztendlich ist es erforderlich – dies steht nur der Reihenfolge nach an letzter Stelle, bei weitem aber nicht der Bedeutung nach –, daß die Produktionsorganisation in den Vereinigungen *immer konsequenter auf die Lösung der sozialen Aufgaben*, auf die Schaffung günstiger Arbeitsbedingungen und die Entwicklung der Persönlichkeit der Werktätigen gerichtet wird.

Die organisatorischen Formen müssen dazu beitragen, daß die starre Verbindung des Menschen zur Technik überwunden wird, daß deren bestimmende Rolle im Charakter der Arbeitsfunktionen, die vom Arbeiter ausgeführt werden, überwunden wird und daß die Handarbeit, die schwere und wenig qualifizierte Arbeit auf der Grundlage der komplexen Mechanisierung und Automatisierung verringert wird. Es geht dem Wesen nach um die vollständigere und konsequentere Verbindung der ökonomischen und sozialen Aufgaben, die im Prozeß der sozialistischen Produktion gelöst werden müssen und um das Erreichen des ökonomischen und des sozialen Effektes.

In diesem Zusammenhang muß eine Reihe traditioneller Vorstellungen über die Organisation der Produktion und der Arbeit neu überdacht werden; die Rationalität einiger ihrer Formen wird auf Grund der gegenwärtigen sozialen Aufgaben überschätzt. So trägt zur Verwirklichung dieser Aufgaben die breite Einführung der brigademäßigen Formen der Arbeitsorganisation bei. Darauf ist auch die Vervollkommnung der fließbandmäßigen Organisation gerichtet, die die Arbeitsbedingungen verbessern und die Gleichartigkeit und Monotonie beseitigen soll.

10. Die wichtigsten Prozesse der Produktionsspezialisierung kommen in den Vereinigungen in folgendem zum Ausdruck:

– in der Entwicklung ihrer erzeugnisgebundenen Form auf der Grundlage der Umverteilung der Nomenklatur der gefertigten Enderzeugnisse zwischen den vereinigten Betrieben und der Verstärkung der Gleichartigkeit der Produktion in jedem dieser Betriebe;
– in der Entwicklung der Einzelteil-, Baugruppen- und technologischen Spezialisierung durch die Schaffung von Filialbetrieben mit engem Profil und von großen Basisbetriebsteilen die alle Produktionseinheiten der Vereinigung versorgen, anstelle der kleinen, mehrfach vorhandenen Abteilungen in jeder von ihnen.

Die Schaffung der Vereinigungen führt zur Konzentration der Produktion in den unterschiedlichen Formen. Neben der wirtschaftlichen Konzentration, die in der Bildung der Vereinigung als einer großen Wirtschaftseinheit zum Ausdruck kommt, wird in der Produktionssphäre folgendes erreicht:

– Konzentration gleichartiger mechanischer und Montageabteilungen in einer begrenzten Zahl von erzeugnisgebundenen spezialisierten Betrieben;
– Konzentration der Herstellung von Einzelteilen, Baugruppen, Erzeugnissen bestimmter technologischer Stadien in eng spezialisierten Werken oder in großen Basisbetriebsteilen (Diese Betriebe oder Bestriebsteile können über geringe Kennziffern des Umfangs der Grundfonds und des Personalbestandes verfügen. Sie haben jedoch hohe Parameter der Fondsausstattung, der Arbeitsproduktivität und der Produktionskapazitäten);
– Konzentration der Herstellung der Enderzeugnisse des Zweiges (der Industriegruppe) in den integrierten Produktionskomplexen, die aus spezialisierten und eng verbundenen Kooperationen der Betriebe bestehen.

Um eine flexible, effektiv funktionierende Produktion kleiner Erzeugnisserien zu erhalten, ist deren organisatorische Herauslösung aus den Betrieben mit Großserien- und Massenproduktion und die Konzentration in spezialisierten Betrieben von großer Bedeutung.

Zu den wichtigsten Aufgaben wird die Zentralisierung der Hilfsproduktionen in Vereinigungen gerechnet, bei denen heute das Mechanisierungsniveau am niedrigsten und der Anteil von wenig inhaltsvoller und wenig effektiver Arbeit sowie der Anteil des Personals mit niedriger Qualifikation groß ist.

11. Die Schaffung der Produktionsvereinigungen soll die Lösung des Problems der kleinen Betriebe ermöglichen, das in ihrer z. T. zu geringen Effektivität besteht. Allerdings ergibt sich dieses Problem zum Teil daraus, daß der Strom neuer Ausrüstungen

oft vorrangig in die Großbetriebe gelenkt wird, wo infolgedessen die Fondsausstattung der Arbeit sowie deren Produktivität bedeutend höher ist als in den kleinen Betrieben. Die dadurch entstandenen Kontraste werden zuweilen in der Literatur als ein Sichtbarwerden des unbestrittenen theoretischen Grundsatzes über die Vorzüge der Großproduktion gegenüber der Kleinproduktion angesehen.

Dabei zeigt die eigene und die internationale Praxis, daß die Effektivität vieler Kleinbetriebe nicht niedriger als die großer Betriebe ist. Der Grund liegt darin, daß erstere bei weitem nicht immer die Kleinproduktion verkörpern, sondern daß sie fast immer kleine Strukturteile der Großproduktion darstellen. Das sind ihre spezialisierten Abteilungen, wo die Produktion durch eine hohe Fondsausstattung und Effektivität gekennzeichnet ist, die teilweise das Niveau in den Großbetrieben übertreffen. Daraus folgt, daß bei der Festlegung der Maße dieses oder jenes Betriebes für die Produktion die technische und ökonomische Version zu unterscheiden ist. Dabei müssen die Größen unter Berücksichtigung des Niveaus (der Stufe) der Spezialisierung des Werkes (des Betriebsteiles, der Werkstatt) bewertet werden. Grundvoraussetzung für die Erhöhung der ökonomischen Effektivität der zur Vereinigung gehörenden kleinen Einheiten ist ihre Einbeziehung in die Kooperationsprozesse und somit die Produktionskonzentration.

12. Gegenwärtig sind in den sowjetischen Produktionsvereinigungen viele Forderungen des modernen Organisationsmodells realisiert. Gleichzeitig gibt es auf diesem Gebiet nicht wenige Aufgaben. Um sie erfolgreich lösen zu können, ist es wichtig, insbesondere die Leitbarkeit der vielgestaltigen gesellschaftlichen Prozesse der Arbeitsteilung und -kooperation zu erhöhen, den Wirtschaftsmechanismus konsequenter auf die Erreichung des gegebenen Zieles auszurichten. Dabei müssen die organisatorischen Umgestaltungen innerhalb der Vereinigung den volkswirtschaftlichen Erfordernissen entsprechen. Um die Planung der organisatorischen Umgestaltungen zu verbessern, müssen die wichtigsten Umgestaltungen in den Grundrichtungen der ökonomischen und sozialen Entwicklung der UdSSR vorgesehen werden, die den Zehnjahreszeitraum umfassen; ebenfalls müssen sie in den Fünfjahrplänen vorgesehen werden. Offensichtlich muß die Fünfjahresplanung der Spezialisierung der Produktion am stärksten entwickelt werden.

Spürbar wird die Notwendigkeit einer konsequenteren Umorientierung von der Schaffung komplexer, universeller und autonom gelagerter Betriebe auf die Gestaltung von Kooperationsteilsystemen mehrerer Betriebe, wobei die spezialisierten Betriebe einbezogen werden und als Grundlage für die Schaffung der Vereinigungen dienen.

Es ist wichtig, daß die Vervollkommnung des Wirtschaftsmechanismus dazu beitragen muß, der Produktionskooperation mehr Flexibilität und Operativität zu verleihen. Dabei ist es zweckmäßig, die Stimuli für das Zusammenwirken der Betriebe – der Hersteller und Verbraucher – zu verstärken und ihre Verantwortung für die Erfüllung der vertraglichen Verpflichtungen zu erhöhen.

Die Entwicklung der Produktionsorganisation ist eine große Reserve für die Erhöhung der ökonomischen Effektivität in den Vereinigungen auf der Grundlage des wissenschaftlich-technischen Fortschritts. Die volle Nutzung dieser Reserve ist eine wichtige, aktuelle ökonomische Aufgabe.

G. A. Vlaskin

Aktuelle Probleme der Überleitung wissenschaftlich-technischer Erkenntnisse im Rahmen der Zusammenarbeit von Vereinigungen der RGW-Länder

Auf den jüngsten Parteitagen der kommunistischen und Arbeiterparteien der RGW-Länder wurde erneut und überzeugend bestätigt, daß die Beschleunigung des wissenschaftlich-technischen Fortschritts in der gegenwärtigen Etappe und in der übersschaubaren Zukunft die Hauptvoraussetzung ist, um die materiell-technische Basis der entwickelten sozialistischen und der kommunistischen Gesellschaft in diesen Ländern zu schaffen und die internationalen Positionen der sozialistichen Gemeinschaft zu festigen.

Angesichts der an der Schwelle der 80er Jahre entstandenen Bedingungen des Übergangs zur intensiv erweiterten sozialistischen Reproduktion wird, wie auf der 34. Tagung des RGW hervorgehoben, der wissenschaftlich-technische Fortschritt für unsere Länder zum entscheidenden Mittel zur Lösung der wirtschaftlichen Probleme und die Hauptvoraussetzung für eine erfolgreiche ökonomische Entwicklung im laufenden Jahrzehnt. Dabei ist davon auszugehen, daß seine Beschleunigung nicht so sehr durch ein Wachstum der für die Realisierung von Forschungs- und Entwicklungsergebnissen notwendigen ökonomischen Ressourcen, als vielmehr durch eine höhere Effektivität ihrer Nutzung erreicht werden muß. Das steht im Zusammenhang mit der allgemeinen Entwicklungstendenz in der gegenwärtigen Etappe der wissenschaftlich-technischen Revolution. Der wissenschaftlich-technische Fortschritt schafft günstige Voraussetzungen für grundlegende Veränderungen auf dem Gebiet der Produktion, und das sowohl aus der Sicht ihres technischen Niveaus als auch aus der Sicht der Erzeugnisqualität. Ihre Realisierung ist jedoch ohne eine feste Verbindung von Wissenschaft und Produktion nicht möglich; und diese Verbindung – so wurde auf den Parteitagen der Bruderparteien hervorgehoben – ist gegenwärtig noch nicht in der notwendigen Weise aufgebaut: In der Kette, die Wissenschaft und Produktion verbindet, ist die Überleitung wissenschaftlich-technischer Erkenntnisse nach wie vor das schwächste Glied.

Auf der Suche nach der effektivsten Lösung dieses Problems haben die RGW-Länder in den 70er Jahren eine Vielzahl unterschiedlicher ökonomischer Experimente durchgeführt, die es ihnen ermöglichten, bestimmte kollektive Erfahrungen zu sammeln, die eine ganze Reihe positiver Veränderungen zur Folge hatten: Die angewandte Ausrichtung von Forschung und Entwicklung verstärkte sich, der betriebliche Sektor der Wissenschaft wurde entwickelt und der raschen Realisierung von Forschungs- und Entwicklungsergebnissen wurde größere Aufmerksamkeit geschenkt. Durch Maßnahmen zur beschleunigten Überleitung wissenschaftlich-technischer Erkenntnisse konnten im zurückliegenden Planjahrfünft in bedeutendem Maße das Tempo der Erneuerung von Industrieerzeugnissen erhöht und neue hochqualitative Erzeugnisse sowie progressive technologische Prozesse in die Produktion eingeführt werden. So wurden in der UdSSR allein im Abschlußjahr des Planjahrfünfts etwa 4000 neue Typen an Maschinen, Ausrüstungen, Anlagen, Geräten und Automatisierungsmitteln entwickelt sowie 4 Mio Erfindungen und Rationalisierungsvorschläge eingeführt. Der ökonomische Nutzen aus der Anwendung wissenschaftlicher Erkenntnisse erhöhte sich gegenüber dem vorangegangenen Planjahrfünft insgesamt im Fünfjahrplanzeitraum um 50 %. In der DDR konnte 1980 durch die Beschleunigung des wissenschaftlich-technischen Fortschritts und die Überleitung seiner Ergebnisse ein Wachstum der Arbeitsproduktivität von über 90 % erreicht werden; drei Viertel der laut Plan Wissenschaft und Technik abgeschlossenen Forschungsaufgaben hatten Weltniveau.

In den Direktivdokumenten der letzten Parteitage wurde die Aufgabe gestellt, die begonnene Wende in Richtung einer Optimierung des organisatorisch-ökonomischen Mechanismus der Überleitung wissenschaftlich-technischer Leistungen und fortgeschrittener Erfahrungen rascher zum Abschluß zu bringen. Darauf orientieren auch die hohen Aufgabenstellungen zum Wachstum der Effektivität der Produktion und der Arbeitsproduktivität, wie sie in den RGW-Ländern für das Ende des laufenden Planjahrfünfts vorgesehen wurden.

In der UdSSR ist vorgesehen, auf der Grundlage einer Beschleunigung des wissenschaftlich-technischen Fortschritts und einer breiten Einführung arbeitsökonomischer Technik die Arbeitsproduktivität um nahezu ein Viertel zu erhöhen und dadurch mehr als 90 % des Zuwachses an Industrieerzeugnissen zu erwirtschaften. Dabei wird sich das Endergebnistempo der Technik verdoppeln. In der DDR soll im Ergebnis einer Steigerung der Arbeitsproduktivität auf der Grundlage einer umfassenderen Nutzung der Möglichkeiten von Wissenschaft und Technik bis 1985 eine Arbeitszeiteinsparung von über 600 Mio Stunden in der Volkswirtschaft erreicht werden.

Ausgehend von den Erfordernissen der gegenwärtigen Etappe der wissenschaftlich-technischen Revolution gilt die besondere Aufmerksamkeit der Stimulierung bei der Einführung einer prinzipiell neuen Technik und Technologie, denen wissenschaftliche Entdeckungen und Erfindungen zugrunde liegen. „Der entscheidende, wichtigste Abschnitt ist heute“, so hob L. I. Breshnew hervor, „die Einführung wissenschaftlicher Entdeckungen und Erfindungen. Die Forschungs-, Projektierungs- und Konstruktionsarbeiten sind ökonomisch und organisatorisch enger mit der Produktion zu verknüpfen.“[1]

Fakt ist, daß sich in den letzten Jahren das schöpferische Potential der RGW-Länder jährlich um nahezu 60000 neue technische Lösungen auf der Ebene von Erfindungen erweitert; das ist der dritte Teil des Weltfonds an Erfindungen. Doch der Nutzungskoeffizient von Erfindungen beträgt m. E. in den Ländern der Gemeinschaft durchschnittlich etwas mehr als 30 %. Diese Diskrepanz zwischen dem wissenschaftlich-technischen Potential und seiner Nutzung ist unbefriedigend. Dem ist noch hinzuzufügen, daß in den meisten RGW-Ländern der Anteil von Erfindungen am ökonomischen Gesamtnutzen aus der Überleitung von Erfindungen und Rationalisierungsvorschlägen im Durchschnitt etwa 10 % beträgt; das Wachstum dieses Anteils bleibt bedeutend hinter dem Wachstumstempo der Zahl der Erfindungen zurück. Obgleich das einerseits ein Beweis für die bedeutenden Leistungen bei der Entwicklung der Neuererbewegung ist, bedeutet es andererseits, daß das Tempo des wissenschaftlich-technischen Fortschritts in unseren Ländern bisher noch überwiegend durch die Vervollkommnung bereits im Einsatz befindlicher Technik, nicht aber durch die Entwicklung, Einführung und breite Inbetriebnahme der neuen Technik und Technologie gesteigert wird.

Die Überleitung von Ergebnissen der wissenschaftlich-technischen Tätigkeit in den RGW-Ländern erfolgt gegenwärtig durch ein ganzes System an vielfältigen Formen der Verbindung von Wissenschaft und Produktion. Die wichtigste Form mit der größten Perspektive ist die Konzentration eines bedeutenden Teils der Forschungskader

1 XXVI. Parteitag der KPdSU, Rechenschaftsbericht des Zentralkomitees der KPdSU und die nächsten Aufgaben der Partei in der Innen- und Außenpolitik, Berichterstatter: L. I. Breshnew, Berlin 1981, S. 58

unmittelbar in den Industriezweigen. In den meisten sozialistischen Ländern vollzog und vollzieht sich ein Prozeß der Integration von Forschungsinstituten, Projektierungsbüros, technologischen und Versuchsbetrieben in einem Wirtschaftskomplex, was die Möglichkeit bietet, im Rahmen solch einer Vereinigung den gesamten Zyklus an Arbeiten zu realisieren – von der Forschung bis zur Produktion und zum Absatz der Enderzeugnisse – und die notwendigen Bedingungen für eine Steigerung der Effektivität der Produktion zu schaffen. Nicht selten gehören zu großen Vereinigungen mehrere Forschungsinstitute und andere wissenschaftlich-technische Abteilungen. „Die größte Ersparnis von Arbeitskraft liegt in der Vereinigung der einzelnen Kräfte zur sozialen Kollektivkraft und in der Einrichtung, welche auf dieser Konzentration der bis jetzt einander gegenüberstehenden Kräfte beruht", schrieb F. Engels.[2]

Die Integration von Wissenschaft und Produktion im Rahmen von Produktionsvereinigungen trägt dazu bei – und das beweisen die Erfahrungen der RGW-Länder –, das Tempo des wissenschaftlich-technischen Fortschritts in der Volkswirtschaft zu beschleunigen und Probleme der perspektivischen Entwicklung von Vereinigungen auf hohem wissenschaftlichen Niveau zu lösen. Aufgrund der Spezifik der konkreten Bedingungen haben sich in jedem einzelnen Land eigene Formen an Vereinigungen entwickelt. So ist in der UdSSR die feste Verbindung von Wissenschaft und Produktion in Form der Wissenschafts-Produktionsvereinigungen, deren Bildung im Jahre 1969 einsetzte, am stärksten verbreitet. Von diesen Vereinigungen gibt es gegenwärtig etwa 200, und es besteht in den nächsten 2–3 Jahren die Möglichkeit, weitere 200–250 neue Vereinigungen dieses Typs zu bilden. In der DDR sind die Kombinate die verbreitetste Form der Vereinigung von Wissenschaft und Produktion. In über 150 Kombinaten der Industrie und des Bauwesens sind mehr als 80 % aller Beschäftigten in diesen Zweigen konzentriert. Die Kombinate verfügen über nahezu 9 Zehntel des Forschungs- und Überleitungspotentials der Industrie. In der ČSSR stehen den Produktions- und Wirtschaftseinheiten annähernd 70 % der Mittel zur Verfügung, die jährlich für Forschungen und Entwicklungen bereitgestellt werden.

Große Produktionsvereinigungen sind imstande, wissenschaftlich-technische und wirtschaftliche Fragen zu lösen, die die Kraft von Einzelbetrieben überschreiten. In den Vereinigungen werden die Möglichkeiten für eine bessere Nutzung der Produktionsfonds, der materiellen Ressourcen sowie für die Entwicklung der Spezialisierung geschaffen, wird eine durchgängige Planung des Zyklus Forschung-Produktion gesichert. Und schließlich ist es heute bereits zu einem Axiom geworden, daß in den Vereinigungen neue Ideen am schnellsten realisiert werden, daß sich der Weg einer Neuerung von Berechnungen bis zum industriellen Muster um ein 2–3faches verkürzt. Eine parallele, nicht aber eine schrittweise Tätigkeit aller Glieder bringt einen wesentlichen Zeitgewinn. Es verstärkt sich die Verantwortlichkeit für die Erzeugnisqualität, für eine rechtzeitige Inbetriebnahme der Produktionskapazitäten; es wird ein stabiles Wachstumstempo des Ausstoßes der Erzeugnisse und ihrer Erneuerung gesichert.

Bedeutend sind die Leistungen der Vereinigungen bei der Entwicklung und Konstruktion einer prinzipiell neuen patentwürdigen Technik, die besser ist als internationale und einheimische Muster, die auf dem Weltmarkt konkurrenzfähig sind. Als Beispiel sei auf Erzeugnisse so großer Vereinigungen verwiesen wie „Balkancar" (VRB), „Ikarus" (UVR), „Leuna-Werke", „Robotron", Carl Zeiss", „Schwedt" (DDR), „WAS", „LOMO", „Elektrosila", „Plastpolimer" (UdSSR), „Tatra", „Chemopetrol" (ČSSR) u. a., die den höchsten internationalen Standards entsprechen.

[2] F. Engels, Zwei Reden in Elberfeld, in: MEW, Bd. 2, Berlin 1969, S. 545.

In der Wissenschafts-Produktionsvereinigung „Plastpolimer“ (UdSSR) wurde ein neuer technologischer Prozeß zur Gewinnung von Hochdruck polyäthylen entwickelt. Darauf aufbauend projektierten Spezialisten der UdSSR und der DDR Produktionsanlagen für Polyäthylen „Polymir-50“ in Novopolock und „Polymir-60“ im VEB „Leuna-Werke“. Die Qualität des Polyäthylen entspricht den Weltstandards. Bekannte Firmen industriell entwickelter kapitalistischer Länder zeigten starkes Interesse an der Methode zur Gewinnung von Polyäthylen.

Die großen Vereinigungen auf dem Gebiet der internationalen Zusammenarbeit und vor allem auf dem Gebiet der Produktionsspezialisierung haben gewisse Erfahrungen gesammelt. Ihre Beteiligung an der internationalen sozialistischen Arbeitsteilung für die weitere Konzentration der nationalen Produktion und für die Stärkung der Forschungsbasis in den zu spezialisierenden Richtungen, trägt dazu bei, das technische Niveau der betreffenden Zweige und Produktionsarten zu heben sowie die Erzeugnisqualität zu verbessern. So liegen z. B. der im Rahmen großer Wirtschaftsvereinigungen konzentrierte Hochseeschiffbau und der Chemieanlagenbau in der DDR und der VRP, die Produktion der optischen und der Elektrovakuumtechnik in der DDR, von innerbetrieblichen Transportmitteln in der VRB, der Mikroelektronik und numerisch gesteuerter Werkzeugmaschinen in der ČSSR, der Autobusbau in der UVR, die Produktion von Erdölförderungsanlagen in der SRR u. a. in ihren Maßstäben, dem technischen Niveau und der Erzeugnisqualität nach über den entsprechenden Kennziffern anderer nicht spezialisierter Industriezweige und -gruppen dieser Länder. Das zeigt die wechselseitige Bedingtheit der Prozesse der internationalen sozialistischen Arbeitsteilung und der Entwicklung und Konzentration des nationalen Produktionskomplexes.

Gleichzeitig ist festzustellen, daß die Spezialisierung vorwiegend bei Fertigungszeugnissen (gegenständliche Spezialisierung), wie sie sich gegenwärtig herausgebildet hat, trotz ihres relativ hohen Niveaus schon nicht mehr in vollem Maße den heutigen Anforderungen des wissenschaftlich-technischen Fortschritts und der Zusammenarbeit entspricht. Auf der Tagesordnung steht eine Spezialisierung bei Einzelteilen, Baugruppen und Technologien, deren Anteil gegenwärtig nur 10–15 % beträgt und dadurch eingeengt wird, daß in der Regel Baugruppen und Einzelteile im Austausch gegen Fertigerzeugnisse geliefert werden. Tiefgreifende Kooperationsbeziehungen, die auf die Entwicklung und Überleitung neuer Technik und Technologien orientieren, sind m. E. im Rahmen der Zusammenarbeit der RGW-Länder erst im Entstehen. In der Praxis der gegenseitigen ökonomischen Beziehungen war bisher die Einbeziehung nur einzelner Elemente des Zyklus Wissenschaft-Technik-Produktion in den Prozeß der Zusammenarbeit und Integration am stärksten verbreitet. Noch zu wenig wurden Bemühungen in Richtung einer Spezialisierung und Kooperation der Produktion durch Zusammenarbeit in der Sphäre von Forschungs-, Projektierungs- und Konstruktionsarbeiten untermauert. Das Ergebnis ist, daß im Rahmen der unmittelbaren Zusammenarbeit hergestellte Erzeugnisse ihren qualitativen Charakteristika und technischen Kennziffern nach nicht selten unter den internationalen Standards liegen, daß viele wichtige Produktionsarten, deren Entwicklung von der wissenschaftlich-technischen Revolution diktiert wird, von der Spezialisierung und Kooperation noch nicht erfaßt sind.

Wir meinen, daß der Ergebnischarakter der Zusammenarbeit durch eine breitere Entwicklung und weitere Vervollkommnung der unmittelbaren Beziehungen zwischen den Produktionsvereinigungen wesentlich verstärkt werden könnte. Dank der o. g. Vorzüge der Vereinigungen kann im Rahmen dieser Beziehungen die Realisierung der Vereinbarungen über Arbeitsteilung und Zusammenarbeit in bezug auf den gesamten Zyklus der Entwicklung und Überleitung neuer Technik, der Entwicklung und Einführung neuer technologischer Prozesse aufgenommen werden. Um die Vorzüge im Rahmen der Zusammenarbeit zu realisieren, ist es gleichzeitig in erster Linie erforderlich, ein entsprechendes System auszuarbeiten, das das Interesse der Organisationen und der die Arbeiten Ausführenden an einer beschleunigten Überleitung wissenschaftlich-technischer Ergebnisse zeigt, die im Rahmen der Zusammenarbeit gewonnen oder im Austausch einander übergeben werden.

Fundament für eine erfolgreiche Erfüllung und Realisierung von Vereinbarungen über die wissenschaftlich-technische Zusammenarbeit sowie die Spezialisierung und Kooperation der Produktion ist die Planung. Der Gestaltung der Pläne muß unseres Erachtens eine sorgfältige technisch-ökonomische Begründung der auszuwählenden Objekte der Zusammenarbeit, eine komplexe Bewertung des erwarteten ökonomischen Nutzens im Stadium der Wissenschaft, der Produktion und des Handelsaustauschs vorausgehen, und schließlich ist – um die ökonomische Interessiertheit der an der Zusammenarbeit beteiligten Seiten zu verstärken – ein allmählicher Übergang von der Praxis der Planung, der Ausarbeitung einzelner Probleme und Themen zur Planung wissenschaftlich-technischer und ökonomischer Endergebnisse zu vollziehen.

Gegenwärtig wird die technisch-ökonomische Begründung einer zu wählenden Thematik nur in begrenztem Umfang vorgenommen. Das Ergebnis ist, daß das notwendige Interesse der Partner an der Erfüllung der für eine gemeinsame Lösung gewählten Thematik nicht gewährleistet ist oder im Verlaufe der Ausführung der Arbeiten abnimmt. Hinzu kommt, daß, fehlt die technisch-ökonomische Begründung, die Lösung der Frage einer genauen Arbeitsteilung zwischen den an der Zusammenarbeit Beteiligten erschwert wird.

Nicht minder wichtig ist für eine erfolgreiche Lösung von Problemen der wissenschaftlich-technischen und der Produktionszusammenarbeit die Lösung von Fragen der ökonomischen Stimulierung. Wird im Ergebnis der Zusammenarbeit eine bestimmte Einsparung an Valuta, Investitionen, Material oder Arbeitskraft erreicht, so wäre es unseres Erachtens zweckmäßig, einen Teil dieser Einsparung dem entsprechenden Fonds der Vereinigungen und Betriebe zuzuführen. Auch sollte die Möglichkeit vorgesehen werden, Kollektive der Organisationen und einzelne Ausführende zu prämiieren, wenn sie die Aufgaben im Rahmen der Zusammenarbeit auf hohem wissenschaftlich-technischen Niveau erfüllt haben. Zu diesem Zweck sind im Rahmen der Vereinigungen spezielle Stimulierungsfonds aus Abführungen von dem Gewinn zu bilden, der durch die Produktion neuer Technik oder die Anwendung eines neuen technologischen Prozesses erzielt wird. Andererseits sollten strenge Sanktionen in die Praxis eingeführt werden, und zwar für eine nicht entsprechende Erfüllung der Verpflichtungen, vor allem für nicht qualitätsgerechte und nicht termingerechte Arbeiten.

Die Zusammenarbeit kann einen bedeutenden Nutzen bringen, werden effektive Formen einer Vereinigung der Bemühungen auf der Etappe der Überleitung wissenschaftlich-technischer Erkenntnisse in die Produktion gefunden. Interessant ist in diesem Zusammenhang eine solche Form der Zusammenarbeit wie die Bildung zeitweiliger Wissenschaftler- und Spezialistenkollektive, gemeinsamer technologischer Brigaden auf der Basis führender Wissenschafts-Produktionsvereinigungen, von Kombinaten und anderen Wirtschaftsvereinigungen, die ihre Aufgabe darin sehen, Erfindungen, technische und technologische Entwicklungen, die auch im Rahmen der Zusammenarbeit entstanden oder als Lizenzen von anderen Ländern erworben wurden, sowie Ergebnisse nationaler wissenschaftlicher Forschungen und Entwicklungen bis zum Stadium der industriellen Überleitung zu bringen. Letzteres ist sehr wichtig, da bisher im Rahmen der wissenschaftlich-technischen Zusammenarbeit noch zu wenig wirklich fortgeschrittene, den internationalen Standards entsprechende technische und technologische Lösungen entwickelt wurden.

Die entstehenden Überleitungsabteilungen könnten in erster Linie auf eine beschleunigte Überleitung gemeinsamer wie auch überaus wertvoller nationaler Erfindungen orientiert werden, die zu einer Hebung des technischen Niveaus derjenigen Erzeugnisse führen, die für die Spezialisierung der Bruderländer profilgebend sind. Eine solche Vereinigung der Bemühungen auf dem Gebiet der Überleitung von Ergebnissen der Forschung und Entwicklung würde m. E. die Möglichkeit bieten, die Überleitungsfristen auf ein 4–5faches zu verkürzen. Die Effektivität direkter Beziehungen zwischen den Produktionsvereinigungen wird in vielem durch das System rechtlicher, organisatorischer und ökonomischer Instrumente bestimmt, die es ihnen ermöglichen, sich an der Außenwirtschaftstätigkeit zu beteiligen. In dieser Hinsicht weisen die Produktionsvereinigungen jedes Landes ihre Besonderheiten auf, und auch ihre Möglichkeiten sind bei weitem nicht gleich. Verwiesen wird z. B. auf die z. T. noch zu komplizierte Verfahrensweise des Abschlusses von Kooperationsvereinbarungen, darauf, daß Zweig- und Außenhandelsplanung getrennt erfolgen, daß es keine einheitlichen Zweignormen und -standards gibt u. a. Trotz allem jedoch sind innerhalb der Organisationsstruktur der Volkswirtschaften der RGW-Länder die Produktionsvereinigungen – als grundlegende und relativ homogene Wirtschaftseinheiten – für die Realisierung unmittelbarer Produktionsbeziehungen am besten geeignet.

Deshalb setzt die Lösung der auf dem XXVI. Parteitag der KPdSU und auf den Parteitagen der anderen Bruderparteien gestellten Aufgabe zur Entwicklung direkter Beziehungen wie auch die Aufgabe, die beiden kommenden Planjahrfünfte zu einem Zeitraum der intensiven Produktions- sowie wissenschaftlich-technischen Kooperation werden zu lassen, gleichzeitig die Durchführung umfangreicher Arbeiten zur Annäherung der Mechanismen des Funktionierens der Vereinigungen voraus, wie auch ihrer rechtlichen, planungsseitigen, organisatorischen und außenwirtschaftlichen Aspekte. Das führt m. E. zu dem Schluß, daß die Produktionsvereinigungen in der Perspektive zur Grundzelle des Integrationsprozesses werden, während die zwischen ihnen bestehenden und das gesamte System der ökonomischen Beziehungen durchdringenden Verbindungen die stabile Grundlage für die Annäherung und Integration ihrer nationalen Wirtschaften schaffen werden.

2. Beiträge des DDR-Teils der Gemeinsamen Kommission

W. Frischmuth

Zur Verbindung von Wissenschaft und Produktion im VEB Werkzeugmaschinen-Kombinat „7. Oktober“ Berlin

Das Werkzeugmaschinenkombinat „7. Oktober“ Berlin mit seinen rund 20000 Werktätigen wurde als sozialistisches Industriekombinat im Jahre 1969 nach dem Erzeugnisprinzip gebildet. Das heißt, die Produktion des Kombinates ist ganz entscheidend ausgerichtet auf die Herstellung von Werkzeugmaschinen für die rotationssymmetrische Teilbearbeitung.

Bei unseren Haupterzeugnissen handelt es sich überwiegend um Werkzeugmaschinen für Dreh- und Schleifbearbeitungen, die Herstellung von Zahnrädern und deren Hochgenauigkeitsbearbeitung sowie um ein breites Sortiment von Schleifkörpern.

Unsere Hauptabnehmer sind die Automobil- und Traktorenindustrie, die Elektromotoren- und Wälzlagerindustrie sowie der Maschinenbau. Rund 55 % der für die drei genannten Verfahrensgruppen anfallenden Teilsortimente der metallverarbeitenden Industrie können durch unserer Erzeugnispalette von Werkzeugmaschinen bearbeitet werden. Wie kräftig also der Rationalisierungsschub in unserer Volkswirtschaft ausfällt, hängt u. a. von der Leistungskraft unseres Kombinates ab, von der sortiments-, stück-, qualitäts- und termingerechten Bereitstellung von hochproduktiven Werkzeugmaschinen sowie Industrierobotern in ihren unterschiedlichsten Kombinationen

- als Fertigungsstraße, durch automatisierten Werkzeugfluß miteinander verbundener Werkzeugmaschinen unterschiedlicher Verfahren;
- als Fertigungszelle, Kopplung von Werkzeugmaschinen mit Manipulator bzw. Industrieroboter;
- als Maschinensystem, flexibel verkettete Werkzeugmaschinen oder Fertigungszellen mit flexiblem Fertigungsablauf;
- Industrieroboter, sowohl für die Bedienung von Werkzeugmaschinen als auch zur Verkettung derselben.

Der Bedarf des Auslandes an unseren Erzeugnissen ist groß; rund 85 % unserer Werkzeugmaschinen werden exportiert. Über 60 % unseres Exportvolumens wird in die Sowjetunion geliefert; mehr als 20 % beträgt jährlich der NSW-Export. In rund 40 Ländern aller Kontinente bewähren sich die Werkzeugmaschinen aus dem Kombinat „7. Oktober“ Berlin. Das Handelssortiment umfaßt ca. 85 Typen. Auf dem Weltmarkt sind Zahnrad-Wälzschleifmaschinen und Zahnrad-Wälzfräsmaschinen, Innen- und Außenrundschleifmaschinen, Plandrehmaschinen und Drehmaschinen für Futter- und Spitzenteile besonders gefragt. Die große Nachfrage nach unseren Erzeugnissen immer besser zu befriedigen, erfordert, um einige Grundaspekte herauszugreifen, folgendes:

Das Leistungspotential des Kombinates mit seinen z. Z. 12 Betrieben, die in 42 territorial getrennten Fertigungsbereichen über 9 Bezirke der Republik verteilt sind, muß ständig auf das fortgeschrittene internationale wissenschaftlich-technische Entwicklungsniveau orientiert werden. Das betrifft sowohl internationale Spitzenleistungen in der Erzeugnisentwicklung, wie z.B. DAM 8×50 Mehrspindeldrehautomat für Stangenwerkstoff, ZSTZ 06 Zahnrad-Wälzschleifmaschine, MLRWR 100 Fertigungsstraße für die Hartbearbeitung von Wälzlageraußenringen, DS 4/CNC 600 Hochleistungsdrehmaschine für Futter- und Spitzenteile mit Mikroprozessorsteuerung, als auch die stetige Rationalisierung der produktionsvorbereitenden wie der produktionsdurchführenden Prozesse selbst. Dazu gehört z. B. die Schaffung von modernen Technologen- und Konstrukteurarbeitsplätzen der Aufbau von integrierten Fertigungabschnitten in den kleinmechanischen Fertigungen der Maschinenbaubetriebe, die Entwicklung und der Bau von Industrierobotern im VEB Berliner Werkzeugmaschinenfabrik, die Erhöhung von Umfang und Niveau des Rationalisierungsmittelbaus, der Aufbau einer modernen Gießerei, der Auf- und Ausbau der kombinatsinternen arbeitsteiligen Prozesse mittels zentraler und territorialer Fertigungen im Kombinat – 1980 bestanden 33 zentrale sowie 13 territoriale Fertigungen mit einem Produktionsvolumen von 94 Mio M.

Sich auf das Tempo des internationalen Entwicklungsstandes einzustellen, verlangt zugleich, das Bildungsniveau der Werktätigen stetig zu erhöhen. So stieg z. B. der Anteil der Hoch- und Fachschulkader im Kombinat von 1971 bis 1980 von 11,4% auf 19,2 %. Auf der Grundlage von Vereinbarungen verbindet das Kombinat eine enge Zusammenarbeit mit solchen Institutionen sowie Hoch- und Fachschulen, wie z. B. der Akademie der Wissenschaften der DDR; der Technischen Hochschulen in Karl-Marx-Stadt und Magdeburg; der Technischen Universität Dresden; den Ingenieurschulen in Wildau und Breitenbrunn und der Hochschule für Ökonomie in Berlin-Karlshorst.

Bildungsschwerpunkte sind der Einsatz der Mikroelektronik in der Antriebs- und Steuerungstechnik von Werkzeugmaschinen, die breite Anwendung der elektronischen Rechentechnik in produktionsvorbereitenden und -durchführenden Prozessen sowie die Entwicklung und der Bau von Industrierobotern. Gleiche Aufmerksamkeit gilt der Sicherung des Facharbeiternachwuchses. Dieser beginnt bereits beim Unterricht in der Produktion, in dem rund 9200 Schüler allgemeinbildender polytechnischer Oberschulen in 17 polytechnischen Einrichtungen des Kombinates unterrichtet werden. Seine Fortsetzung findet dies mit der Lehrlingsausbildung. So wurden an 4 kombinatseigenen Schulen rund 1700 Lehrlinge zur Facharbeiterqualifikation geführt.

Die Möglichkeiten aus der sozialistischen ökonomischen Integration müssen voll ausgeschöpft werden. Auf der Grundlage bi- und multilateraler Vereinbarungen vollzieht sich ein planmäßig abgestimmter Prozeß, der die Kooperation in Produktion und Forschung umfaßt. Ergebnisse der sozialistischen ökonomischen Integration sind z. B. unsere hochleistungsfähigen Schleifmaschinen für die Wälzlagerindustrie und die Entwicklung von Fertigungslinien für die Elektromotorenindustrie, jeweils entstanden in Zusammenarbeit mit Anwenderbetrieben und Instituten der UdSSR. Aus der Zusammenarbeit des VEB Mikrosa Leipzig mit dem Allunionsinstitut für Wälzlagerindustrie Moskau, WNIPP, z. B. entstanden Neuentwicklungen verschiedener Typen von Stirnschleifmaschinen und Sondermaschinen zur Bearbeitung hochgenauer Kegelrollen.

Der X. Parteitag der SED beschloß die kontinuierliche Fortführung der Hauptaufgabe – eine fundamentale Aussage, denn sie bedeutet Sicherung und schrittweise Erhöhung des materiellen und kulturellen Lebensniveaus unseres Volkes bei gleichzeitiger ökonomischer Untermauerung unserer Friedenspolitik, wie sie das Friedensprogramm des XXVI. Prteitages der KPdSU richtungsweisend aufzeigte.

Mit den Beschlüssen des X. Parteitages der SED wurden nicht nur das Ziel selbst, sondern mit den 10 Schwerpunkten der ökonomischen Strategie der Partei auch die Wege zu diesem Ziel abgesteckt. Das Wesen dieser ökonomischen Strategie für die achtziger Jahre besteht darin, einen raumgreifenden Schritt bei der Verbindung der Vorzüge des Sozialismus mit den Errungenschaften der wissenschaftlich-technischen Revolution zu tun.

Der wissenschaftlich-technische Fortschritt im Werkzeumaschinenbau – und das gilt nicht nur in diesem spezifischen Zweig des Maschinenbaus – läßt sich in groben Zügen etwa wie folgt charakterisieren:

1. Durch den Einsatz der Mikroelektronik erlebt die Werkzeugmaschine quasi einen neuen „Frühling". Sie arbeitet schneller und dabei ausdauernder, die Bearbeitungsgenauigkeiten erhöhen sich, ebenso die Funktions- und Umweltfreundlichkeit der Maschine. Gleichzeitig ist ein schrittweiser Trend der Arbeitskräftefreisetzung bei der Maschinenbedienung zu verzeichnen, der bedienerarme Betrieb ist keine Utopie.

2. Die mikroelektronischen Bausteine selbst machen dabei eine atemberaubende Entwicklung durch. Seit 1967 produziert das Kombinat NC-gesteuerte Werkzeugmaschinen. Aber erst die heutige CNC-Technik ermöglicht jenen technologischen Sprung in Richtung bedienerarmen Betrieb. Die moderne Steuerung vermag mehrer Achsen zu bedienen, verarbeitet Daten (wie Vorschübe, Spantiefen usw.) schneller, weist eine große Speicherkapazität auf und die Programmierbarkeit vereinfacht sich wesentlich. Die Software wird mehr und mehr ein unerläßlicher Bestandteil der Warenproduktion. Zugleich wird die elektronische Steuerung fortlaufend miniaturisiert und somit maschinenintegriert. Aber das viel wesentlichere ist, erst die moderne Steuerungstechnik bietet die Voraussetzung für einen tiefgreifenden Automatisierungsprozeß an der Werkzeugmaschine, nämlich die automatische Be- und Entladung der Maschine durch den Einsatz von Industrierobotern, Manipulatoren u. ä., das gilt sowohl für die zu bearbeitenden Werkstücke als auch für den automatischen Werkzeugwechsel.

3. Die vorgenannten Vorzüge der neuen Generation von Werkzeugmaschinen würden nutzlos sein, wenn der wissenschaftlich-technische Fortschritt im Werkzeugmaschinenbau nicht wesentlich komplexer wirken würde. Die Durchlaufzeit von mechanisch zu bearbeitenden Teilen – bevor sie in den Montageprozeß eingehen – ist z. T. bis zu 90 % durch Lagerzeiten bestimmt. Das heißt, in der Erhöhung der produktiven Zeit, eben der Bearbeitungszeit bzw. anders gesagt, in der wesentlichen Senkung der unproduktiven, von der Werkzeugmaschine selbst nicht zu beeinflussenden Zeit, liegt ein weiterer entscheidender Produktivitätsfaktor. Wie aber läßt sich der Teiledurchlauf in der Mechanik, insbesondere der Kleinteilefertigung wesentlich beschleunigen? Das Lösungswort heißt IGFA – Integrierter Fertigungsabschnitt. Dabei handelt es sich auch hierbei – analog zur Werkzeugmaschine – um ein Ensemble von Maßnahmen, um die völlige Umstrukturierung von Werkhallen einzig mit dem Ziel der zeitlichen Optimierung des Teiledurchlaufes.

4. Und ein weiterer entscheidender Komplex des wissenschaftlich-technischen Fortschritts, der in den vorgenannten Punkten bereits anklang, sei hier genannt: die elektronische Datenverarbeitung. Sie steht im Begriff, neben der Abarbeitung umfangreicher ökonomischer Daten in Planungs- und Abrechnungsprozessen, in der unmittelbaren Produktionsvorbereitung sowie im Produktionsprozeß selbst zunehmend unentbehrlich zu sein, mehr noch, ohne sie ist die durchgängige komplexe Rationalisierung ganzer Produktionsprozesse undenkbar. Die Produktion von Zahnflankenschleifmaschinen im Stammbetrieb des Kombinates erfolgt. z. B. in Seriengrößen von 12 bis 48 Maschinen, jährlich werden ca. 28 500 Fertigungsaufträge (Lose) mit ca. 15 Teilen pro Los erteilt. Jedes Teil ist durchschnittlich mit 8 (verschiedenen) Arbeitsgängen zu bearbeiten. Bei dieser Vielfalt ordnend und schnell einzugreifen im Vorbereitungs- und Fertigungsprozeß, ist eine wesentliche Aufgabe der EDV. Beispiele dafür sind der Kleinrechnereinsatz in der Konstruktion und Technologie, der Bildschirmeinsatz in der Material-

wirtschaft und zentralen Produktionslenkung sowie der Einsatz von Prozeßrechnern in Integrierten Fertigungsabschnitten.

Zu einigen wesentlichen Details der wissenschaftlich-technischen Entwicklung im Kombinat:

Steuerungs- und Antriebstechnik

Die elektrische Automatisierungstechnik für Werkzeugmaschinen ist seit ca. 1975 im führenden internationalen Niveau und sei etwa 1979 im Kombinat von folgender Tendenz geprägt:

1. Die Vielzahl maschinenspezifischer kontaktbehafteter und kontaktloser Steuerungen wird durch die Ergebnisse der Elektronikentwicklung zu einem Baukasten elektronischer Steuerungen unifiziert, bei dem an wenige universelle Zentralsteuerungen maschinenspezifische Peripheriebaugruppen wie Antrieb, Meßsysteme, Eingabemittel, Leistungsteile sowie Software angepaßt werden. Die Entwicklung von verdrahtungsprogrammierten, speicherprogrammierbaren- und Rechnersteuerungen verdeutlicht dies.

2. In der Antriebstechnik vollzieht sich eine Expansion von stufenlos stellbaren Elektroantrieben, hervorgerufen durch den Einsatz von elektronischen- und zunehmend mikroelektronischen Bauelementen. Gleichstromhaupt- und Vorschubantriebe sowie elektrische Schnittantriebe sind die typischen Vertreter dieser Entwicklung.

Die Werkzeugmaschinen des Kombinates sind – differenziert natürlich – ausgelegt auf speicherprogrammierbare Steuerung PS 2000, Rechnersteuerung CNC 600, CNC-Handeingabesteuerung CNC 642–646, freiprogrammierbare Steuerung PC 600/610, Gleichstrom-Hauptantrieb DT 1, werkzeugmaschinenspezifische Vorschubantriebe WSA 2, Industrierobotersteuerung IRS 600/650/2000.

Das Ziel besteht darin, sowohl für die Einzelmaschine als auch für Fertigungsstraßen, prozeßflexible Industrieroboter als „Technologische Einheit" und perspektivische Fertigungszellen den Anteil der mit elektronischen und mikroelektronischen Baugruppen und Steuerungen ausgerüsteten Erzeugnisse von 9 % im Jahre 1980 auf 55 % im Jahre 1985 zu steigern.

Komplexe Rationalisierung der technischen Vorbereitung und Organisation der Produktion (ab 1979)

Hinter diesem Titel verbirgt sich ein Staatsauftrag, an dem neben dem Stammbetrieb unseres Kombinates auch andere Stammbetriebe beteiligt sind. Nachstehend einige Beispiele für Vorhaben, die in unserem Stammbetrieb realisiert wurden bzw. kurz vor der Lösung stehen:

1. Integrierte Gegenstandsspezialisierte Fertigungsabschnitte (IGFA) in der kleinmechanischen Fertigung

Der 1. IGFA-Abschnitt ging ab 1. 7. 1981 in Dauerbetrieb. Das Organisationskonzept dazu sieht wie folgt aus:

- Lagerung der Teile in Hochregallagern und An- und Abtransport der Teile zu den Arbeitsplätzen mit Regalbediengeräten,
- Erfassung der realisierten Arbeitsgänge über Datenerfassungsstellen direkt an den Arbeitsplätzen,
- Prozeßrechnersteuerung der Maschinenbelegung und der Regalbediengeräte,

– Informations- und Steuerungsmöglichkeiten für die Meister über Bildschirme,
– täglicher Datenaustausch zwischen Großrechner und Prozeßrechner.

2. Rechnergestützte Produktionsvorbereitung

Zu diesem Komplex gehören:
– Datenbank technischer Stammdaten,
– pro Maschinenserie des Planes Teilebedarfsermittlung, Durchlaufplanung, Fertigungsauftragsbildung, Druck der Lohn- und Materialscheine,
– Datenbank der Produktionsaufträge mit täglicher Erfassung realisierter Arbeitsgänge und täglichen Planaufschlüsselungen,
– Bildschirmeinsatz in der zentralen Produktionslenkung.

Die täglichen Vorgaben der zentralen Produktionslenkung gehen im IGFA in Form von Magnetbändern an den Prozeßrechner; in anderen Produktionsbereichen gehen diese Vorgaben als Listen an die Disponenten. So ist es möglich, Produktionsabschnitte mit unterschiedlichem Automatisierungsgrad in einer Produktionsorganisation zu koordinieren.

Mit dem steigenden Automatisierungsgrad einzelner Produktionsabschnitte wächst u. a. die Verantwortung der Zentralen Produktionslenkung betreffs ihrer Entscheidungen über Veränderungen des technologischen Ablaufes, der Stückzahl, des Termins oder der Priorität einzelner Aufträge. Zur notwendigen exakten Informationsbereitstellung ist die zentrale Produktionslenkung mit Bildschirmtechnik ausgestattet.

3. Verwaltungsrationalisierung in der Materialwirtschaft
– Materialplanung, -bestandsrechnung, -abrechnung komplett über Großrechner,
– Materialdisposition auf Basis Bildschirmtechnik,
– Druck Materialbestellungen am Großrechner.

4. Planung Abrechnung, Plan-Ist-Vergleich
– Informationsbasis Planung und Kapazitätsbilanz Produktion,
– Erzeugnisaufwandsfortschreibung,
– Nachkalkulation Lohn auf Basis Plan-Ist-Vergleich pro Lohnschein.

5. Komplexe Rationalisierung der technologischen Vorbereitung durch Einsatz von Technologenarbeitsplätzen

Im Mittelpunkt der Arbeit stehen 3 Aufgabenkomplexe:
– Rationalisierung der Programmierung von NC-Maschinen zur Sicherung ihres effektiven Einsatzes in der mechanischen Fertigung (bei kurzfristigen Umdisponierungen von Teilen oder technischen Störungen sind kurzfristig neue Steuerlochstreifen bereitzustellen oder bestehende Steuerlochstreifen zu ändern),
– Erstellung von Technologien auf Basis von Typentechnologien für konventionelle Werkzeugmaschinen,
– Verbesserung Änderungsdienst Datenbank der technischen Stammdaten (BASTEI) als Voraussetzung für IGFA (Die technologischen Daten für die Herstellung der Teile erhält der Prozeßrechner im IGFA vom Großrechner ES 1040; eine falsche Arbeitsplatzgruppe z. B. in der Datenbank hätte zur Folge, daß der Prozeßrechner das zu bearbeitende Teil an eine falsche Arbeitsplatzgruppe transportieren ließe. Es käme zu Fehlabläufen.).

6. Rationalisierung der Konstruktion durch Einsatz von Konstruktionsarbeitsplätzen
– Automatische Erstellung von Zeichnungen durch Plotter,
– Grafikbildschirmeinsatz für die Entwicklung von Bauteilen, den Entwurf elektronischer Schaltungen, das Studium komplizierter Bewegungsabläufe,
– Einsatz von Speichergeräten für die Abspeicherung komplizierter Berechnungsprogramme, Teilekataloge, Stücklisten, Erzeugnisparameter durch Kleinrechner.

Entwicklung, Bau, Einsatz von Industrierobotern

Mit dem Beschluß des Ministerrates vom 24. 5. 1979 über „Maßnahmen zur Entwicklung, Produktion und zum Einsatz von Industrierobotern" wurden die Aufgaben zur schnellen Entwicklung und Durchsetzung der Industrierobotertechnik als eine der Voraussetzungen für eine entscheidende Erhöhung des technologischen Niveaus und der Effektivität der Produktion festgelegt. Mit der konzipierten Entwicklung des VEB BWF Marzahn zum zentralen Produzenten von Industrierobotern einer Typenreihe zur Beschickung von Werkzeugmaschinen erhält der Werkzeugmaschinenbau in Berlin und damit das Kombinat „7. Oktober" Berlin eine Schlüsselrolle für die Durchsetzung dieser modernen Technologie.

Für den VEB BWF Marzahn besteht die Aufgabe, im Zeitraum 1980–1985 1200 Stück Industrieroboter der Typenreihe zu produzieren. Zur schrittweisen Durchsetzung der festgelegten Produktionsentwicklung bis 1985 wird im VEB BWF Marzahn ein leistungsfähiger Produktionsbereich für Industrieroboter der Typenreihe errichtet. Ausgehend von den gegenwärtigen Erkenntnissen des Industrierobotereinsatzes und den Forderungen zur Realisierung einer bedienerarmen dritten Schicht, erfolgt in Zusammenarbeit mit dem Forschungszentrum des Werkzeugmaschinenbaus die Gestaltung von Typenlösungen für Industrierobotereinsatzfälle. Die Endbaustufe bilden Fertigungszellen mit Industrierobotereinsatz mit solchen integrierten Funktionskomplexen wie z. B.

- die Werkstücksqualitätskontrolle durch entsprechende Meß- und Prüfeinrichtungen,
- die Werkzeugträger- und Werkzeughandhabung,
- die Werkzeugverschleißmessung und -kompensation einschließlich Werkzeugbruchkontrolle,
- das Hilfsstoffver- und -entsorgungssystem (Kühlschmiermittel, Späne),
- die Zustandsüberwachung als Diagnosesystem für maschinen-, handhabungs- und fördertechnische Ausrüstungen einschließlich Störanzeige,
- ein komplettes Softwaresystem für Teile-, Bewegungs-, Meß-, Prüf-, Werkzeugaustausch- und fördertechnische Komplexe.

Zu einigen ökonomischen Aspekten der Beschleunigung des wissenschaftlich-technischen Fortschritts im Kombinat

Die bisherigen Darlegungen zur wissenschaftlich-technischen Politik im Kombinat sollten einen Einblick geben in die Komplexität, Dynamik und auch Dialektik dieses Gesamtprozesses.

Alle Werktätigen, alle Arbeiter, Konstrukteure, Technologen usw. auf die jeweiligen Grundziele in enger sozialistischer Gemeinschaft auszurichten, erfordert eine konzeptionelle Arbeit, wie z. B. Konzeption der sozialistischen Rationalisierung 1980–1990, Konzeption der Erzeugnisentwicklung 1980–1995, Konzeption Mikroelektronik.

Hier stellt sich die Frage: Wie kann, wie muß die Ökonomie Einfluß nehmen auf die Beschleunigung des wissenschaftlich-technischen Fortschritts im Kombinat, auf die schnellere Überführung entsprechender Ergebnisse in die Produktion und deren effektive Verwertung im Produktionsprozeß?

– Es zeigt sich, daß die Lösung wissenschaftlich-technischer Aufgaben in ihrer Komplexität ohne konzeptionelle Arbeit der Kombinatsbetriebe sowie der Kombinatsfachbereiche undenkbar ist. Aber die Paßfähigkeit dieser Konzeptionen, die Rang-

und Reihenfolge der abzuarbeitenden Aufgaben, letztlich ihre Praxisreife wird erst durch die Ökonomie bestimmt, durch jeweils exakt formulierte ökonomische Zielstellungen, Kriterien, Stimuli. Das heißt, der Ökonom im Betrieb muß mehr sein als ein „Verdichter von Zahleneinheiten" bzw. Analytiker, er muß den Reproduktionsprozeß gleichsam vermitteln, koordinieren, seine Dynamik bestimmen.
Folglich, so wie die wissenschaftlich-technischen Kader sich ein bestimmtes Rüstzeug an ökonomischen Kenntnissen aneignen, so muß umgekehrt jeder Hoch- und Fachschulökonom vertieftes Wissen beherrschen zu jenen Fachgebieten, mit deren spezifischer Planung bzw. Analyse er befaßt ist. Das ist ein Problem, das nur lösbar ist, indem einerseits bestimmte Anforderungen an die Ausbildung von Hoch- und Fachschulökonomen gestellt werden, andererseits muß in der Praxis der Ökonom stärker angehalten werden, die inhaltliche Seite seiner Planungs- und Abrechnungsarbeit tiefer zu durchdringen.
– Den wissenschaftlich-technischen Fortschritt zu beschleunigen heißt, immer mehr und qualitativ bessere Produkte bereitzustellen für die Versorgung der Bevölkerung, der Volkswirtschaft und des Exports. Dies verlangt u. a., daß im Kombinat der arbeitsteilige Prozeß ständig neu zu überdenken ist. Das betrifft sowohl die Final- und Baugruppenproduktion als auch die Produktion von Einzelteilen. Kennziffern der Effektivität bilden hierbei besondes wertvolle Entscheidungshilfen bei der Beurteilung von Varianten. Andererseits bilden diese Kennziffern allein bei der Beurteilung der wirtschaftlichen Gesamtsituation des Kombinates und seiner Betriebe keinen ausreichenden Gradmesser.
– Neue wissenschaftlich-technische Lösungen, deren Einführung in die Produktion zu Produktivitätssteigerungen führen, sollten auch von der Effektivität im Vergleich zur bisherigen Lösung so gestellt sein, daß deren beschleunigte Einführung in die Produktion gemäß den volkswirtschaftlichen Möglichkeiten entsprechend stimuliert wird.
Beispiel:
In allen drei Verfahrensgruppen Drehen/Schleifen/Verzahnen besteht seitens der Betriebe die Forderung, daß für die zu produzierenden Werkzeugmaschinen auch eine weltstandskonforme Preisentwicklung für die neue Steuerungskonzeption seitens der Zulieferindustrie notwendig ist zur Realisierung ökonomischer Zielstellungen, insbesondere zur Vertiefung des arbeitsteiligen Prozesses, zur Senkung der spezifischen Aufwände an Arbeitszeit und Material sowie zur Sicherung vertretbarer Kostensätze. Dieser Problemkreis ist eng verbunden mit der Rolle des Gebrauchswertes bzw. der Gebrauchseigenschaften bei der Wertbildung und – abgeleitet – bei der Preisgestaltung.
– Bei der weiteren Vertiefung der sozialistischen internationalen Arbeitsteilung benötigt das Kombinat begründete, eindeutige Orientierungen bei der Gestaltung optimaler Relationen zwischen Konzentrationen der Produktion, internationaler Spezialisierung und Kooperation sowie der Diversifizierung seiner Erzeugnisstruktur.
– Analog der wissenschaftlich-technischen Zusammenarbeit mit diversen Institutionen Universitäten, Hoch- und Fachschulen, z. B. zur Weiterentwicklung der Robotertechnik, bedarf das Kombinat auch stärker ausgeprägt der aufgabenkonkreten ökonomischen Zusammenarbeit mit diesen u. a. zentralen Einrichtungen, z. B. betreffs der weiteren Gestaltung der leistungsorientierten Lohnpolitik, insbesondere jener Lohnformen zur beschleunigten Umsetzung wissenschaftlich-technischer Schwerpunktvorhaben zur Steigerung der Arbeitsproduktivität und Effektivität; der weiteren Entwicklung eines komplexen Systems kombinatskonkreter Wettbewerbsformen zur Stimulierung wissenschaftlich-technischer Leistungen; der Unterstützung zu notwendigen

internationalen Preis-Aufwands-Vergleichen als einem wesentlichen und permanent notwendigen analytischen Aufgabenkomplex bei der stetigen Orientierung wissenschaftlich-technischer Leistungen an internationalen Bestwerten.

Bei all den komplizierten, anspruchsvollen Aufgaben, die es in immer größerer Dynamik bei der Meisterung des wissenschaftlich-technischen Fortschritts zu lösen gilt, ist das Wohl der Menschen nicht nur das Endziel aller Anstrengungen, es muß auch in allem Momenten des Tätigseins überzeugend zum Ausdruck kommen.

Ich habe ausführlich die Wirkungsweise der Integrierten Gegenstandsspezialisierten Fertigung in der Kleinmechanik des Stammbetriebes behandelt. Wenn bei solch einer komplexen sozialistischen Rationalisierung eines entscheidenden Produktionsabschnitts die Arbeitsproduktivität um 40 % erhöht und gleichzeitig rund ein Drittel Arbeitskräfte freigesetzt sowie ebenfalls etwa ein Drittel des Werkzeugmaschinenbestandes reduziert (Aussonderung verschlissener Werkzeugmaschinen) wird, dann lohnt sich ein solcher Kampf zur Durchsetzung des wissenschaftlich-technischen Fortschritts.

H. Hanspach

Erfahrungen und Aufgaben der Arbeitswissenschaften für die feste Verbindung von Wissenschaft und Produktion

1. Zur Rolle der Arbeitswissenschaften bei der Verbindung von Wissenschaft und Produktion im Sozialismus

Das langfristige und stabile Wirtschaftswachstum ist vom Tempo des wissenschaftlich-technischen Fortschritts und der qualitativen Verwertung seiner Ergebnisse entscheidend abhängig. Er bestimmt maßgeblich die Weiterentwicklung der materiell-technischen Basis der Volkswirtschaft, der Produktivkräfte insgesamt sowie ihre effektive Nutzung zum Wohle der Gesellschaft. Im Sozialismus dient die Wissenschaft umfassend der Befriedigung materieller, sozialer und kultureller Bedürfnisse der Menschen und wird für die kommenden Jahre eine noch größere Verantwortung zur Sicherung des ökonomischen Wachstums haben. Im Rechenschaftsbericht an den X. Parteitag der SED wurde hervorgehoben: „Die Wissenschaft ist in eine neue Rolle und Verantwortung hineingewachsen. Ihre Verflechtung mit dem gesellschaftlichen Leben, insbesondere mit unserer Volkswirtschaft, hat ein qualitativ höheres Niveau erreicht. Jeder ernsthafte und tiefgreifende Fortschritt in der Entwicklung der modernen Produktivkräfte hat heute und in Zukunft seine Wurzeln in wissenschaftlichen Erkenntnissen. Daher muß der gesellschaftliche, der ökonomische Nutzen im Mittelpunkt wissenschaftlicher Aufgabenstellung stehen."[1] Der Sozialismus verbindet die Wissenschaft mit der Produktion in einer grundsätzlich anderen gesellschaftlichen Qualität als im Kapitalismus. Dort steht die Wissenschaft im Verwertungsprozeß dem Menschen feindlich gegenüber und ist gegen seine grundlegenden Lebensinteressen gerichtet. Die Wissenschaft im Sozialismus wird durch die zielgerichtete Tätigkeit des Menschen, die sich im Zyklus Wissenschaft – Technik – Produktion vollzieht, zur Produktivkraft. Die Wissenschaft von der Arbeit nimmt in der sozialistischen Gesellschaft im Verband mit anderen Wissenschaftsgebieten einen wichtigen Platz ein. Sie befaßt sich mit der Stellung des Menschen im Arbeitsprozeß, mit seiner Tätigkeit, mit den Bedingungen des Arbeitsvollzuges und den Leistungsvoraussetzungen. Diese Wissenschaft stellt sich den politischen und praktischen Erfordernissen für eine enge Verbindung mit der Produktion. Sie strebt mit den Erkenntnissen der verschiedenen arbeitswissenschaftlichen Teildisziplinen komplexe Lösungen an. Wo die fortgeschrittensten Erkenntnisse der technischen und arbeitswissenschaftlichen Disziplinen wie Arbeitsökonomie, Arbeitsingenieurwesen, Arbeitsmedizin, Arbeitspsychologie, Arbeitssoziologie u. a. *zusammenhängend* eingesetzt werden, sind optimale Ergebnisse zu erzielen. Deshalb sprechen wir in der DDR von sozialistischen Arbeitswissenschaften.

Die Sicherung eines höheren Leistungsanstieges in der Volkswirtschaft auf der Grundlage gesteigerter Effektivität der eingesetzten gesellschaftlichen Gesamtarbeit erfordert gesetzmäßig eine immer rationellere Verbindung der Wissenschaft mit der Produktion. Sie muß dazu führen, daß neue wissenschaftlich-technische Erkenntnisse rascher in neuen Technologien, Verfahren und Arbeitsmitteln bei gleichzeitig hohem Organisa-

[1] Bericht des Zentralkomitees der Sozialistischen Einheitspartei Deutschlands an den X. Parteitag der SED, Berichterstatter: Genosse Erich Honecker, Berlin 1981, S. 51.

tionsniveau der Arbeitsprozesse realisiert werden. Das abgestimmte Zusammenwirken der Wissenschaftsgebiete und die auf praktische Bedürfnisse der Produktion gerichteten Ergebnisse sind unabdingbare Voraussetzungen, um die grundlegenden Vorzüge der sozialistischen Gesellschaftsordnung, wie die Organisation der Gemeinschaftsarbeit zwischen der technischen Intelligenz und der Arbeiterklasse und die Organisation der interdisziplinären Kooperation, noch stärker zur Wirkung zu bringen. Die breite Mitwirkung der Werktätigen bei der Anwendung wissenschaftlicher Erkenntnisse in der Produktion ermöglicht, die objektiven Bedingungen für eine bessere Nutzung des vorhandenen Qualifikations- und Bildungsniveaus der Werktätigen im Arbeitsprozeß auszuschöpfen und weiter zu entwickeln.

Eine wesentliche Wirkungsrichtung der Wissenschaft ist das Zusammenwirken von Mensch und Technik im Arbeitsprozeß. Die Art und Weise dieser Kopplung muß auf die Ausschöpfung der potentiell vorhandenen Effektivitätsreserven gerichtet sein. Da die Produktivitäts- und Effektivitätspotenzen der vergegenständlichten Arbeit über eine hohe Wirksamkeit der lebendigen Arbeit erschlossen werden, ist der Ausschöpfungsgrad dieser Potenzen um so höher, je besser es gelingt, den subjektiven Faktor mit den gegenständlichen Faktoren des Arbeitsprozesses zu verbinden. Es liegt auf der Hand, daß diese Aufgaben mit der Einführung produktiver Technik und technologischer Neuerungsprozesse, wie sie in der DDR vorbereitet werden, an die Arbeitswissenschaften neue Anforderungen stellen.

Diese neuen Anforderungen sind immer technisch, technologisch, ökonomisch und sozial determiniert. Im Sozialismus findet das seine Widerspiegelung bei der wissenschaftlichen Gestaltung und Organisation der gesellschaftlichen Arbeit und in der Arbeitsorganisation im Betrieb und Kombinat. Die Entfaltung der Persönlichkeit des Menschen wird gefördert und seine Rolle als Hauptproduktivkraft prägt sich im Prozeß der Arbeit immer weiter aus. Das objektiv mögliche Zusammenwirken des Menschen mit den gegenständlichen Faktoren des Arbeitsprozesses ist Inhalt der wissenschaftlichen Arbeitsorganisation und ein Merkmal sozialistischer Produktionsverhältnisse. Im praktischen Leben findet das seinen sichtbaren Ausgangspunkt insbesondere bei der Arbeitsmittelgestaltung, der Projektierung der Arbeitstätigkeit der Werktätigen und der Arbeitsbedingungen. Auf diesen Zusammenhang machte bereits Karl Marx aufmerksam, als er nachwies: „Nicht was gemacht wird, sondern wie, mit welchen Arbeitsmitteln gemacht wird, unterscheidet die ökonomischen Epochen. Die Arbeitsmittel sind nicht nur Gradmesser der Entwicklung der menschlichen Arbeitskraft, sondern auch Anzeiger der gesellschaftlichen Verhältnisse, worin gearbeitet wird.“ [2] Angewandt auf die planmäßige Entwicklung sozialistischer Produktionsverhältnisse hat Marx damit die Notwendigkeit und gesellschaftliche Aufgabenstellung einer wissenschaftlichen Organisation der Arbeit im Sozialismus begründet.

2. Ergebnisse und Erfahrungen bei der Anwendung arbeitswissenschaftlicher Erkenntnisse und ihre Nutzung durch wissenschaftliche Arbeitsorganisation

In der erfolgreichen Gesamtbilanz, die der X. Parteitag der SED zur volkswirtschaftlichen Entwicklung gab, nehmen die Ergebnisse der Praxis auf arbeitswissenschaftlichem Gebiet mit Unterstützung der Wissenschaft einen wichtigen Platz ein. Sie spiegeln sich u. a. wider in

[2] K. Marx, Das Kapital, Erster Band, in: MEW, Bd. 23, Berlin 1962, S. 194–195.

– ökonomisch nachweisbaren Einsparungen an lebendiger Arbeit, ausgedrückt in Arbeitszeitsenkung je Erzeugnis- oder Leistungseinheit, besonders in der Arbeitsplatzeinsparung und Freisetzung von Arbeitskräften für andere Aufgaben;
– der stärkeren Einflußnahme von Maßnahmen der WAO auf den wissenschaftlich-technischen Fortschritt;
– den erreichten Fortschritt mit der WAO zur weiteren Verbesserung der Arbeits- und Lebensbedingungen sowie im
– gestiegenen Einfluß auf die Schaffung einer Massenbasis für den Zusammenschluß von Wissenschaft und Produktion im sozialistischen Wettbewerb.

Die hohe Wirksamkeit realisierter WAO-Maßnahmen kommt darin zum Ausdruck, daß sie über 30 % am Produktivitätszuwachs in der Industrie Anteil hatten. Von besonderem Gewicht ist die Tatsache, daß unter Anwendung wissenschaftlich erprobter Richtlinien für die komplexe Rationalisierung allein in den Jahren 1976–1980 über eine Million Arbeitsplätze um- bzw. neugestaltet wurden. Im Jahre 1981 wurden weitere 222 000 Arbeitsplätze entsprechend den Erkenntnissen der wissenschaftlichen Arbeitsorganisation neu- oder umgestaltet.[3] Das führte einerseits zur weiteren Verbesserung der Arbeitsbedingungen, andererseits zu hohen Steigerungsraten der Arbeitsproduktivität, zur Reduzierung von Arbeitszeit bis zur Einsparung von Arbeitsplätzen. Solche Effekte konnten u. a. im Ergebnis von Rationalisierungsinvestitionen in Verbindung mit der umfassenden Anwendung der WAO in wichtigen Bereichen der Industrie erreicht werden. Der mit Investitionen verbundene zusätzliche Arbeitskräftebedarf wurde durch solche Freisetzungseffekte und durch die Reduzierung neu zu schaffender Arbeitsplätze 1980 im Vergleich zu 1979 um ca. 40 % gesenkt. Das Verhältnis zwischen der Einsparung und Neuschaffung von Arbeitsplätzen wurde verbessert. In der metallverarbeitenden Industrie sind im Jahre 1981 mehr Arbeitsplätze eingespart als neu geschaffen worden.

Diese Ergebnisse stützen sich auch auf die bessere wissenschaftliche Durchdringung zusammenhängender Prozesse. Mit der Vorbereitung und Durchführung von Investitionen sind gleichzeitig mit der Schaffung veränderter Arbeitsplätze Fragen des effektiven Arbeitskräfteeinsatzes gelöst worden. Viele Kombinate arbeiten langfristige Programme für die weitere Erhöhung der Effektivität des vorhandenen Arbeitsvermögens aus und ordnen sie in ihre technische und ökonomische Strategie ein. Diese auf wissenschaftlichen Methoden beruhende höhere Komplexität und Verflechtung der Maßnahmen war ein wichtiger Schlüssel, alle Arbeitsplätze in die umfassende Rationalisierung ganzer Produktionsprozesse einzuschließen. Außer den erreichten Einsparungseffekten konnte gleichzeitig auf die bessere Nutzung des Bildungs- und Qualifikationsniveaus der Werktätigen Einfluß genommen werden. Die Erfahrungen zeigen, daß eine höhere Qualität der Rationalisierungarbeit dann erreicht werden kann, wenn von Anfang an langfristig arbeitswissenschaftliche Erkenntnisse genutzt werden. In vielen Fällen konnten in kürzerer Frist die geplanten Rationalisierungeffekte erreicht werden. Der Einsatz von bisher ca. 13 000 Industrierobotern bis Ende 1981 ermöglichte es, die Arbeitsproduktivität bedeutend zu steigern und gleichzeitig die Arbeitsbedingungen der Werktätigen zu verbessern.

In unserem Lande ist die Rationalisierungsbewegung im Zusammenhang mit der Schaffung und Inbetriebnahme volkswirtschaftlich bedeutsamer neuer Produktionsanlagen unter der Bezeichnung „Schwedter Initiative" bekannt. Diese Bewegung steht unter der Losung: „Weniger produzieren mehr." Sie hat sich in fast allen Industriezweigen verbreitet. Sie stützt

[3] Vgl. Mitteilung der Staatlichen Zentralverwaltung für Statistik über die Durchführung des Volkswirtschaftsplanes 1981, in: Neues Deutschland v. 16./17. Januar 1982, S. 4.

sich auf die im Petrolchemischen Kombinat (PCK) Schwedt gemachten Erfahrungen mit der umfassenden Anwendung der WAO zur Verwirklichung komplexer Rationalisierungsstrategien in Kombinaten. Ihr Ziel besteht darin, bestehende Arbeitsplatzstrukturen durch Neuordnung und Zusammenlegung von Arbeitsaufgaben besser zu gestalten, die Produktivität und den schöpferischen Inhalt der neuen Arbeitsplätze wesentlich zu erhöhen und den erforderlichen Anteil von Arbeitskräften für die Inbetriebnahme neuer Anlagen zu gewinnen. Das PCK Schwedt hat sich z. B. bis 1982 die Aufgabe gestellt, aus den eigenen Kombinatsressourcen 2400 Arbeitskräfte für die neuen hochproduktiven Anlagen zu gewinnen. Von grundlegender Bedeutung war, daß diese Aufgabe von allen Werktätigen unterstützt und getragen wurde. Jeder Arbeitsplatz wurde mit wissenschaftlichen Methoden untersucht. Angewandte Instrumentarien und Methoden haben sich nicht nur bewährt, sondern konnten durch neue Erfahrungen vervollkommnet werden.

Mit den Methoden einer langfristigen Planung und festen Einordnung der WAO-Aufgaben in die wissenschaftlich-technischen Konzeptionen bzw. Pläne Wissenschaft und Technik der Kombinate und Betriebe konnten bei der Realisierung der vorgesehenen Einsparung an Arbeitszeit bis zu 40 % erreicht werden. Die längerfristige Planung hat den Vorzug einer gründlichen Auswahl von solchen wissenschaftlich fundierten Instumentarien, mit deren Anwendung die gesteckten Ziele besser erreichbar werden. Derartige Instrumentarien sind z. B. Dokumente über arbeitswissenschaftliche Anforderungen bei der Gestaltung technischer und organisatorischer Bedingungen, Typenlösungen der WAO für Arbeitsplätze und -prozesse, oder Niveaukennzahlen der WAO. Viele dieser Instrumentarien sind in einem „Katalog arbeitswissenschaftlicher Richtlinien“ zusammengefaßt. Der von Arbeitswissenschaftlern verschiedener Disziplinen erarbeitete Katalog bildet eine wertvolle Hilfe für die Arbeit der Projektanten, Technologen und Konstrukteure in der Praxis und in den Arbeitswissenschaftlichen Zentren der Ministerien. Er sichert u. a. die planmäßige Einbeziehung arbeitswissenschaftlicher Erkenntnisse in den konstruktiven und technologischen Entwicklungsprozeß und ermöglicht z. B. die arbeitswissenschaftliche Gestaltung sowie eine arbeitswissenschaftliche Bewertung der Qualität der Erzeugnisse als künftige Arbeitsmittel. Beispiele für Erzeugnisse mit hohem arbeitswissenschaftlichen Gestaltungsniveau und vorbildlicher Formgestaltung gibt es heute in fast allen Bereichen der Industrie, so z. B. im Landmaschinenbau, in der Verpackungsindustrie, in der Datenverarbeitung oder im Verkehrswesen.

Im vergangenen Fünfjahrplan wurden vor allem mit Maßnahmen der WAO für insgesamt 212000 Werktätige die Arbeitserschwernisse reduziert oder gänzlich beseitigt. Die ständige Fürsorge des Staates für den Gesundheits- und Arbeitsschutz, die konstruktive Zusammenarbeit der Gewerkschaften mit der staatlichen Leitung und der Wissenschaft führte darüber hinaus zu einer weiteren Senkung der Unfallquote. Im Zeitraum 1970 bis 1980 sank die Anzahl der Arbeitsunfälle von 40 auf 29 pro 1000 Beschäftigte. Damit ist 1980 die niedrigste Arbeitsunfallquote seit Bestehen der DDR erreicht worden. Spürbare Fortschritte in der Verbesserung der Arbeits- und Lebensbedingungen widerspiegeln sich in der Tatsache, daß sich für jeden zweiten Werktätigen die Bedingungen seiner Arbeit in den zurückliegenden fünf Jahren verbessert haben. Gestiegene Arbeitszufriedenheit der Werktätigen drückt sich in höheren Leistungen, Initiative und in einer erheblichen Minderung der Fluktuation aus. Entsprechend dem humanistischen Anliegen der beruflichen Rehabilitation hat sich die Zahl der geschützten Arbeitsplätze von 2200 im Jahre 1970 auf mehr als 30000 im Jahre 1980 erhöht, an denen Behinderte eine sinnvolle Tätigkeit ausüben und am gesellschaftlichen Leben teilnehmen können.

Die von den Werktätigen immer mehr getragene und initiativreiche Realisierung der WAO-Aufgaben im sozialistischen Wettbewerb förderte und beschleunigte die Herausbildung einer Massenbasis. Das ist eine wesentliche Stufe des engeren Zusammenschlusses von Wissenschaft und Produktion bei der sozialistischen Rationalisierung. Es ist ein Verdienst der Gewerkschaften, als umfassendste Massenorganisation der Arbeiterklasse, die Werktätigen zur Wahrnehmung ihrer eigenen Interessen für produktive, inhaltsreiche und gefährdungsfreie Arbeit beim wissenschaftlich-technischen Fortschritt zu mobilisieren.

Die komplexe Rationalisierung in Verbindung mit der Einführung neuer technischer und technologischer Lösungen hat durch das bewußte koordinierte Zusammenwirken größerer Kollektive von Arbeitern und wissenschaftlich-technischer Intelligenz in den Kombinaten und Betrieben einen großen Aufschwung erfahren. Dies zeigte sich in einer zunehmenden Zahl von Neuerervereinbarungen, in der Herausbildung von über 20000 WAO-Kollektiven mit über 250000 Mitgliedern, in der Übernahme von WAO-Objekten im Rahmen der Jugendbewegung „Messe der Meister von Morgen" und in neuen Wettbewerbsformen. So erhalten bewährte Formen, wie die „persönlichen Planangebote", die „persönlich-schöpferischen Pläne zur Steigerung der Arbeitsproduktivität" und neue Formen, wie „kollektive Pläne der Intensivierung", wo z. B. Angehörige verschiedener Berufsgruppen den sozialistischen Wettbewerb nach einem gemeinsamen Wettbewerbsprogramm führen, ein breites Anwendungsfeld. Bei der breiten Anwendung der Schwedter Initiative wurden zur Erreichung ökonomischer Zielstellungen, besonders für einen Planvorlauf Leistungsbestwerte sowie Besetzungsnormative entwickelt. Eine wirkungsvolle Unterstützung der technischen Intelligenz für die Breitenwirksamkeit der Rationalisierung erfolgt durch die sozialistische Ingenieurorganisation, die Kammer der Technik. Sie schafft auf zentraler Ebene und in den Territorien der Republik Arbeitsgremien zur Lösung wissenschaftlicher Probleme in der Produktion und unterstützt die Weiterbildung der Arbeiter, Leiter, Meister, Techniker und Ökonomen sowie Spezialisten mit eigenen Kräften ihrer Organisation.

3. Ausgewählte arbeitswissenschaftliche Problemstellungen und Aufgaben bei der engeren Verbindung von Wissenschaft und Produktion in den 80er Jahren

Die komplizierter werdenden Reproduktionsbedingungen infolge der internationalen Lage zu Beginn der 80er Jahre erfordern, die Intensivierung in der Volkswirtschaft mit noch größerer Wirksamkeit fortzusetzen. Dabei wird die komplexe Rationalisierung immer stärker zum Hauptweg der wissenschaftlichen Ausgestaltung der Produktion. Aus arbeitswissenschaftlicher Sicht wird die weitere Erhöhung des Wirkungsgrades der lebendigen Arbeit durch bessere Nutzung des Arbeitszeitfonds und die Nutzung des qualitativen Teils des Arbeitsvermögens an Bedeutung zunehmen. Das gesellschaftliche Arbeitsvermögen als Intensivierungsfaktor zu erschließen, ist zwar ein theoretisch anerkannter, aber keineswegs in der Praxis schon im erforderlichen Maße realisierter Faktor. Es gibt neu heranreifende Grundprobleme, die der weiteren Lösung und auch der vertieften Analyse und der Ableitung entsprechender Schlußfolgerungen für die Vervollkommnung der Leitung und Planung in den Kombinaten und Betrieben bedürfen. Das betrifft:

- die Erhöhung der Übereinstimmung zwischen potentiellem und genutztem Arbeitsvermögen,
- die Erhöhung der Übereinstimmung zwischen quantitativer und qualitativer Struktur

des Arbeitsvermögens und der Struktur der Arbeitsplätze und -prozesse beim wissenschaftlich-technischen Fortschritt sowie
– die Erhöhung der effektiven Nutzung des gesellschaftlichen Arbeitsvermögens.

Der wissenschaftlich-technische Fortschritt wirkt nicht nur auf die Menge, Struktur und Qualität der Produktion, sondern auch zugleich auf die Arbeitsbedingungen, die bestimmend für wesentliche Seiten der Entwicklung der Klassen und Schichten sowie der Persönlichkeitsentwicklung sind. Durch die Veränderungen in der Technologie, der gegenständlichen Bedingungen der Arbeitsteilung sowie von Organisation und Struktur der Produktion beeinflußt er zugleich die Gestaltung zwischenmenschlicher Beziehungen im Arbeitsprozeß. Die Dialektik von sozialer und wissenschaftlich-technischer Entwicklung muß tiefer erforscht werden, da theoretische Erkenntnisse und Realität noch nicht in jedem Falle in Übereinstimmung stehen.

Für die Gestaltung von produktivitäts- und persönlichkeitsförderlichen Arbeitsbedingungen, die in höherem Maße den wachsenden ökonomischen und sozialen Erfordernissen entsprechen, sind zwei Richtungen bestimmend:

– Die in größerer Breite einzuführenden technologischen Neuerungsprozesse müssen entsprechend den Erkenntnissen der Arbeitswissenschaften Fragen der Qualität und Effektivität der Arbeit mit einschließen.
– Mit der Anwendung der Erkenntnisse der WAO sind unter den Bedingungen vorhandener Technologien solche Bedingungen zu schaffen, daß durch eine entsprechende Teilung der Arbeit, durch Verbesserung der Arbeitsbedingungen alle Potenzen und Faktoren zur Erhöhung der ökonomischen und sozialen Wirksamkeit von Wissenschaft und Technik durch den Menschen im Produktions- und Arbeitsprozeß erschlossen werden.

Das wird an folgenden ausgewählten Problemen deutlich:

Der wissenschaftlich-technische Fortschritt findet zunehmend Eingang in neue Gebiete und Bereiche menschlicher Arbeit und führt mit den Umwälzungen der materiellen Bedingungen der Arbeit zu Veränderungen ihres Inhalts. Damit ist gleichzeitig ein Veränderungsprozeß menschlicher Arbeitstätigkeit in Bewegung gesetzt, der zum Teil neuartige Bedingungen für die Steigerung der Produktivität und Effektivität der Arbeit schafft. Es ist aber von gleicher Bedeutung, daß beim weiteren Zusammenschluß von Wissenschaft und Produktion mit den technischen und ökonomischen Veränderungen gleichzeitig die Lösung sozialer Aufgaben gesichert wird. „Nicht jede technische Lösung ermöglicht es, gegenwärtig schon die Bedürfnisse der Gesellschaft nach steigender Effektivität (in der Herstellung, in der Anwendung und im Export) ... optimal zu befriedigen, die günstige Bedingungen für die Arbeit , die Entwicklung sozialistischer Persönlichkeiten und Kollektivbeziehungen schaffen. Durch den jeweiligen Stand der Technik und die Möglichkeiten zu ihrer Realisierung verstärken sich zeitweilig sogar in einzelnen Bereichen die psychisch-nervalen Belastungen und Erscheinungen der Monotonie der Arbeit. Wie die Erfahrungen zeigen, führen der Einsatz von Maschinen und selbst die Automatisierung gegenwärtig nicht immer direkt zur Verbesserung der Arbeitsbedingungen. Erleichterung der Arbeit ist mitunter von einer Zunahme der Monotonie begleitet. All dies ist bei der Konzipierung technischer Lösungen zu bedenken und muß – da die Herausbildung des neuen Typs der Technik ein längerfristiger Prozeß ist – zunehmend besser berücksichtigt werden.“[4]

Wie auf dem XXVI. Parteitag der KPdSU festgestellt wurde, sind dazu Anstren-

[4] Autorenkollektiv, Zur Verbindung von wissenschaftlich-technischer Revolution und Sozialismus. Zentrale Konferenz der DDR am 16./17. 10. 1979 S. 67–68 (Abhandlungen der Akademie der Wissenschaften der DDR, Abteilung Veröffentlichungen der Wissenschaftlichen Räte, Nr. W 2/1980.)

gungen notwendig, um schrittweise und planmäßig die Arbeit des Menschen produktiver, inhaltsreicher, interessanter und schöpferischer zu gestalten. Je besser das gelingt, um so schneller werden auch Widersprüche zwischen dem vorhandenen Bildungs- und Qualifikatinsniveau und dessen tatsächlicher Nutzung, z. B. in Prozessen der Massenproduktion, überwunden. Die Lösung dieses ökonomischen und sozialen Problems bedeutet, wesentliche Hindernisse auf dem Weg der Entwicklung der Arbeit zum ersten Lebensbedürfnis jedes Menschen zu beseitigen und den sozialistischen Charakter der Arbeit ständig weiter auszuprägen.

Im Prozeß der weiteren Substitution lebendiger Arbeit durch technische Mittel gewinnt die Gestaltung der Informationsdarbietung zur sicheren und effektiven Bedienung der Maschinen sowie die Gestaltung der Kopplungsstellen zwischen Mensch und Maschine an Bedeutung. Wichtige Aspekte der Gestaltung sind die Minimierung des Bedienaufwandes, die Optimierung physischer und psychischer Beanspruchung und die Gewährleistung der Arbeitssicherheit. Aufgaben der Aufnahme, Verarbeitung, Speicherung und Umsetzung tätigkeitsrelevanter Informationen mit unterschiedlichen Schwierigkeits-, Komplexitäts- und Zeitmerkmalen werden vordergründig.

Ein wichtiges Problem ist die Gestaltung der Funktionsteilung zwischen Mensch und Maschine, die Arbeitsteilung und Kooperation zwischen den Abteilungen im Betrieb zwischen und in den Arbeitskollektiven. Fragen der Arbeitsteilung sind nicht nur technologisch, sondern stets im Zusammenhang mit psychologischen und sozialen Lösungen zu verbinden. Die teils noch nicht völlig überwundene, im Kapitalismus entstandene tiefgegliederte Arbeitsteilung führt noch immer in einzelnen Betrieben einiger Industriezweige zu Problemen. Dort sind entweder technisch-organisatorische Lösungen noch nicht entwickelt oder entsprechende Voraussetzungen noch nicht geschaffen worden. Die Untersuchung von rund 600 Tätigkeiten in verschiedenen Industriezweigen hat z. B. ergeben, daß sich bei 12 % Erscheinungen noch nicht beseitigter neuropsychischer Belastung der Werktätigen im Sinne der Überforderung oder der Monotonie zeigen. Deshalb muß die Wissenschaft, allen voran die Arbeitswissenschaften, ihre Aufgaben nach wie vor sowohl bei der Rationalisierung bestehender Arbeitsprozesse und zum anderen bereits bei der Vorbereitung neuer Arbeitsmittel, künftiger Produktionsstätten und Prozesse lösen. Nur auf diese Weise können Positionen des nachträglichen Sanierens von Produktions- und Arbeitsbedingungen schrittweise abgebaut werden.

Mit der Aufgabe, bis 1985 ca. 25 % der erforderlichen Arbeitsproduktivitätssteigerung durch den Einsatz der Mikroelektronik und die Robotertechnik zu erreichen, sind neue Problemstellungen herangereift. Die Entwicklung und der Einsatz der Mikroelektronik, der Robotertechnik sowie neuer Steuerungssysteme bei der Automatisierung bieten die Möglichkeit, in volkswirtschaftlichen Größenordnungen menschliche Arbeit zu ersetzen bzw. gefährdende und gesundheitsschädigende Bedingungen der Arbeit zu beseitigen. Gerade mit dem Einsatz teil- bzw. vollautomatisierter Technik treten gegenüber niederen Technisierungsstufen spürbare Veränderungen in der Funktionsteilung Mensch—Arbeitsmittel ein, die das Profil der allgemeinen Arbeitsfunktionen des Menschen einschneidend umgestalten. Dieser die Art der Arbeitsfunktionen betreffende Einfluß überlagert sich mit einer zunehmenden Differenzierung der konkreten Realisierung der Arbeitsfunktionen, vor allem der Bedien-, Registrier- und Regelfunktionen. Ein Maßstab hierfür ist die ständige Erweiterung der Nomenklatur der Arbeitsmittel. Sie hat sich auf der Grundlage zunehmender unterschiedlicher maschinentechnischer Varianten der Arbeitsmittel in den letzten 30 Jahren verdoppelt. Außer den unterschiedlichen maschinentechnischen Varianten der Arbeitsmittel sind es vor allem Eigenschaften der Steuerungen bzw. Regelungen, die verändernd in den Inhalt der Arbeit eingreifen und die Strukturen der physischen und psychischen Arbeitsfunktionen des Menschen beeinflussen.

Für die künftigen Aufgaben ergeben sich folgende Richtungen:

1. *Es bleibt ein grundlegendes Anliegen der arbeitswissenschaftlichen Forschung, die durch Wissenschaft und Technik hervorgerufenen Veränderungen in der Produktion gründlich zu analysieren und Wege und Methoden zu entwickeln, um den Wirkungsgrad der lebendigen Arbeit ständig zu erhöhen.* Dabei geht es um Wege und Methoden, die gewährleisten, daß

– kontinuierliche und stabile Steigerungsraten der Arbeitsproduktivität und Effektivität sowie gleichzeitig persönlichkeitsförderliche Arbeitsbedingungen geschaffen werden;
– sich die Minimierung des Arbeitsaufwandes (Einsparung von Arbeitsplätzen, Arbeitszeit, Arbeitskräften) bei Sicherung des bedarfsgerechten Produktions- und Leitungszuwachses planmäßig vollzieht;
– die Annäherung von potentiellem und effektiv genutztem gesellschaftlichem Arbeitsvermögen mit dem Ziel der Erschließung von weiteren Arbeitskräftereserven erfolgt;
– die qualitative und quantitative Proportionalität zwischen einsetzbarem Arbeitsvermögen und den Arbeitsplätzen in den Wirtschaftsbereichen und territorial gewährleistet wird;
– die volle Nutzung der Arbeitszeitfonds unter Berücksichtigung eines optimalen Einsatzes des körperlichen und geistigen Leistungsvermögens der Werktätigen spürbar erhöht wird.

2. *Mit dem Erkennen der Tendenzen und Gesetzmäßigkeiten der volkswirtschaftlichen und territorialen Entwicklung, Verteilung und Strukturierung des gesellschaftlichen Arbeitsvermögens* wird gleichzeitig die Herausarbeitung der Anforderungen an die Technik, Technologie und Organisation für den rationellen und qualifikationsgerechten Einsatz des Arbeitsvermögens vollzogen. Der Prozeß der dynamischen Veränderung der Arbeit durch den wissenschaftlich-technischen Fortschritt ist in den Kombinaten und Betrieben mit wissenschaftlichen Methoden so planbar und realisierbar zu gestalten, daß mehr Arbeitsplätze und Arbeitskräfte eingespart und effektive und persönlichkeitsförderliche Bedingungen für die Arbeitsprozesse und die komplexe Rationalisierung geschaffen werden.

3. *Die Erfahrungen der letzten beiden Fünfjahrplanperioden bestätigen, daß die Anwendung der WAO an Leistungsreserven heranführt, die durch rationell organisierten Einsatz lebendiger Arbeit, ihrer effektiven Kombination mit den Produktionsfonds und durch eine dem sozialistischen Leistungsprinzip entsprechende materielle und moralische Stimulierung erschlossen werden.* Auf Grund der zunehmenden Komplexität der Produktions- und Arbeitsprozesse werden neue und vollkommenere Lösungswege erforscht, um die WAO bereits in der Phase der Produktions-Vorbereitung verstärkt in ganzen Fertigungsabschnitten und -bereichen und in direkter Verbindung mit Veränderungen der Technik, Technologie und Produktionsorganisation anzuwenden.

Zwei Hauptrichtungen kristallisieren sich für die weitere Forschung zur breiten Anwendung der WAO beim wissenschaftlich-technischen Fortschritt heraus: Die Anwendung der WAO bei der Erneuerung *technologischer Prozesse* und ihre Anwendung bei der *Entwicklung von Erzeugnissen*, vorrangig als künftige Produktionsmittel. Dabei stehen die Hauptrichtungen des wissenschaftlich-technischen Fortschritts wie

– die beschleunigte Entwicklung und Anwendung der Mikroelektronik als volkswirtschaftliche Schlüsseltechnologie;
– Entwicklung, Produktion und Anwendung elektronischer Steuerungen für Be-

und Verarbeitungsmaschinen, für Bearbeitungszentren und für den Einsatz von Industrierobotern;
- die Einführung flexibler Automatisierungslösungen sowie integrierter Fertigungssysteme unter Einsatz von Industrierobotern bei stärkerer Beachtung der Mechanisierung und Automatisierung von Transport-, Umschlag- und Lagerprozessen;
- der Einsatz moderner Rechentechnik für die Rationalisierung von Informationsverarbeitungsprozessen zur Senkung des Aufwandes der gesamten Verwaltungsarbeit

im Mittelpunkt.

4. *Einen Schwerpunkt bildet die Unterstützung zur Bestimmung von Einsatzgebieten der industriellen Robotertechnik aus arbeitswissenschaftlicher Sicht.* Mit der Entwicklung von Kriterien, die den Einsatz begründen und mit Gestaltungshinweisen für Bedien- und Wartungsfunktionen von Robotern in den Kombinaten und Betrieben sollen gleichzeitig arbeitsorganisatorische Lösungen für das Zusammenwirken mit vor- und nachgelagerten Prozessen gefunden werden. Gestaltungsrichtlinien für Bedientätigkeiten, sich daraus ergebende Arbeitsanforderungen und Beanspruchungsminderungen sowie Fragen der Qualifikation, Verantwortung und Disponibilität der Werktätigen in integrierten Fertigungsabschnitten werden die wissenschaftlich-technische Arbeit beschleunigen helfen. Formen kollektiver Arbeitsweise und ihre Organisation, Kommunikationsbeziehungen, die Arbeitsmotivierung, Bestimmung von Leistungskennziffern und Normen gehören ebenso dazu wie die Gestaltung von Lohnsystemen, die eine bessere Stimulierung der Werktätigen am kollektiven Arbeitsergebnis ermöglichen. Mit der weiteren Entwicklung von Typenlösungen der WAO für Arbeitsplätze und Produktionsabschnitte mit großer Häufigkeit werden Lösungen für die Industrie erarbeitet, wo ein hoher Anspruch an das Qualifikationsniveau der Werktätigen gestellt wird und die Sicherung optimaler Leistungsbedingungen erforderlich ist. Das gilt auch für Arbeitstätigkeiten mit geringem Anforderungsniveau oder minimaler Häufigkeit von aktiven Eingriffen in den Prozeß. Lösungen sind auch dort verstärkt zu entwickeln, wo durch die Gestaltung der Ausführungsbedingungen körperlich schwere Arbeiten reduziert bzw. hohe Beanspruchungen aus der Arbeitsumwelt beseitigt werden müssen.

5. *Mit der Bestimmung arbeitswissenschaftlicher Anforderungen an die Gestaltung von Erzeugnissen als Arbeitsmittel wird Einfluß genommen auf alle Probleme der Arbeitsfunktionen und deren Ausführungsbedingungen.* Standards für eine Nomenklatur von Qualitätskennziffern sowie Kriterien, Verfahren und Methoden der Bewertung der Erzeugnisqualität sollen beitragen, daß der Gesundheits- und Arbeitsschutz und eine inhaltsreiche Arbeit gesichert werden. Technische, ökonomische und arbeitswissenschaftliche Parameter sowie die Gewährleistung ästhetischer Anforderungen müssen in den Kombinaten und Betrieben noch besser eine Einheit bilden. Sie ist in den Etappen des konstruktiven Entwicklungsprozesses bis zur Überleitung in die Produktion vorrangig zu realisieren.

Die mit dem wissenschaftlich-technischen Fortschritt verbundenen ökonomischen und sozialen Aufgabenstellungen erfordern in Zukunft ein weit stärkeres interdisziplinäres Zusammenwirken der Arbeitswissenschaften mit anderen Wissenschaftsgebieten und der Praxis. Die guten Erfahrungen bisheriger Forschungen und die schnelle Umsetzung der Ergebnisse in die Praxis lehren, daß diese Gemeinschaftsarbeit eine unumgängliche Notwendigkeit für die enge Verbindung von Wissenschaft und Produktion bleiben wird.

H. Kusicka

Anforderungen aus der engeren Verbindung von Wissenschaft und Produktion in den Kombinaten für die zentrale staatliche Leitung und Planung von Wissenschaft und Technik

Die ökonomische Strategie für die Entwicklung unserer Volkswirtschaften in den 80er Jahren, wie sie vom XXVI. Parteitag der KPdSU und dem X. Parteitag unserer Partei herausgearbeitet wurde, ist ein wissenschaftlich überzeugendes, zutiefst marxistisch-leninistisches Konzept, wie sich unsere brüderlich vereinten Länder, gestützt auf die unbegrenzte Schöpferkraft des Volkes, auf die grundlegend veränderten Reproduktionsbedingungen dieses Jahrzehnts einstellen. In ihr sind zugleich die Grundkonturen erfolgreichen wirtschaftlichen Aufschwungs erfaßt, wie sie den neu herangereiften Entwicklungsbedingungen zum Ausgang unseres Jahrhunderts überhaupt entsprechen. Von großem Einfluß auf den weiteren Fortgang der Intensivierung, als des Hauptweges erweiterter Reproduktion, insbesondere ihres ressourcensparenden Typs, erweisen sich vor allem drei entscheidende Momente:

erstens: die weitere entschiedene Beschleunigung des wissenschaftlich-technischen Fortschritts, inbesondere die umfassendere volkswirtschaftliche Nutzung der aus den Errungenschaften der wissenschaftlich-technischen Revolution entspringenden Möglichkeiten (Die Ansprüche an Niveau, Tempo und ökonomische Verwertung wissenschaftlich-technischer Ergebnisse nehmen nicht nur weiter zu, sondern darin liegt in zunehmendem Maße die Hauptreserve für das Leistungswachstum, die Erhöhung der Effektivität und Qualität überhaupt.);

zweitens: die weitere planmäßige Vergesellschaftung von Produktion und Arbeit (Sie muß es ermöglichen, komplexe und in sich verflochtene Wirtschaftsprozesse unmittelbar auf der Ebene starker Wirtschaftseinheiten stabil und flexibel zu gestalten sowie alle Möglichkeiten der Spezialisierung, Kooperation und Kombination zur beschleunigten Durchsetzung des wissenschaftlich-technischen Fortschritts und seiner ökonomisch bestmöglichen Verwertung für eine hocheffektive Produktion zu nutzen.)

drittens: die weitere Entwicklung und Vertiefung der Zusammenarbeit im Rahmen der sozialistischen ökonomischen Integration, insbesondere des ergebnisreichen Zusammenwirkens in Forschung, Entwicklung und Produktion (Die in den sozialistischen Ländern eingesetzten Ressourcen, die geistigen Potentiale auf vielen Gebieten in intensiver Kooperation und Konzentration zu höchster Effektivität zu führen – ist unabdingbares objektives Erfordernis der Entwicklung der Mitgliedsländer des RGW. Auch in Zukunft gehen wir davon aus, daß in noch stärkerem Maße technisch und ökonomisch niveaubestimmende Neuerungen in der sozialistischen Staatengemeinschaft hervorgebracht bzw. sie zuerst im Maßstab der Volkswirtschaften der RGW-Länder technologisch genutzt werden.).

In dieser Richtung wurden in der zurückliegenden Zeit auch in unserem Land weitreichende Arbeiten in Angriff genommen. Die Erfahrungen bei der engeren Verbindung von Wissenschaft und Produktion sowie in der Leitung und Planung der wissenschaftlich-technischen Arbeit gingen immer mehr von der Erkenntnis aus: Der steigende Leistungsbeitrag von Forschung und Technik, ihre größere ökonomische Wirkung kann nur als wissenschaftlich-technischer Fortschritt in seinem Gesamtzusammenhang verstanden und auch nur so realisiert werden. Das heißt: In den Mittelpunkt rücken die zu erreichenden Ziele der Leistungs- und Effektivitätsentwicklung; die Erzeugnisse und Verfahren mit denen diesen Zielen entsprochen werden kann, einschließlich der Realisierungsbedingungen, insbesondere bei unseren Partnern auf den Außenmärkten, die Ableitung anspruchsvoller Ziele und Aufgaben der Forschung, die den genannten Erfordernissen zum Zeitpunkt der Markteinführung bestmöglich entsprechen sowie die in Niveau und Terminen enge Verbindung von Forschung, technischer Entwicklung, Investitionen, Einführung steiler Einlaufkurven in der Produktion und rascher volkswirtschaftlicher Verbreitung.

Wie schon im Hauptreferat betont, wurden mit der Bildung neuer und der Weiterentwicklung bestehender Kombinate dafür günstige wissenschaftorganisatorische und leitungsmäßige Bedingungen geschaffen. Die Grundidee der weiteren Ausgestaltung der Kombinate bestand und besteht vor allem darin, den *zusammenhängenden Prozeß des wissenschaftlich-technischen Fortschritts* im Rahmen starker Wirtschaftseinheiten im Interesse größtmöglichen *volkswirtschaftlichen* Effekts zu verbinden. In den Kombinaten ist infolgedessen von der Forschung bis zum Absatz einschließlich Außenhandelsfunktionen all das zusammengeführt, was zur Beschleunigung des wissenschaftlich-technischen Fortschritts und einem notwendigen dynamischen und flexiblen Reagierens erforderlich ist. Wie die bisherigen Erfahrungen der fortgeschrittenen Kombinate unserer Republik zeigen, wird es auf diese Weise besser möglich, wissenschaftlich-technische Spitzenergebnisse in kürzeren Fristen hervorzubringen, sie in effektiven Produktionsstückzahlen zu fertigen und sie zu den ökonomisch günstigsten Bedingungen zu realisieren. Jedes Kombinat besitzt dafür umfassende Möglichkeiten und trägt zugleich eine hohe Verantwortung für die volkswirtschaftliche Wirksamkeit von Wissenschaft und Technik. Eine grundlegende Erkenntnis bei der Verwirklichung unserer Wirtschaftsstrategie besteht somit darin, die Kombinate weiter zu stärken, die Erfahrungen der Fortgeschrittenen so zu verallgemeinern, daß ungerechtfertigte Niveauunterschiede rasch überwunden werden. Von den Kombinaten muß der entscheidende Einfluß auf Niveau und Tempo des wissenschaftlich-technischen Fortschritts in der Volkswirtschaft ausgehen.

Eine wesentliche Voraussetzung ist zweifellos, daß durch die Leitung der wissenschaftlich-technischen Arbeit in den Kombinaten und durch die zentrale staatliche Leitung das wissenschaftliche-technische Potential einheitlich auf die volkswirtschaftlichen Schwerpunkte des wissenschaftlich-technischen Fortschritts orientiert und so formiert wird, daß in noch höherem Maße schöpferische Leistungen entstehen und rasch genutzt werden. Die hohe Verantwortung der Kombinate und ihrer Generaldirektoren für den wissenschaftlich-technischen Fortschritt schließt einerseits eine höhere Garantie und Sicherheit gegenüber der Gesellschaft bei der Nutzung von Wissenschaft und Technik und die ökonomisch bestmögliche Verwertung ihrer Ergebnisse ein. Andererseits erwachsen daraus neue Anforderungen und Bedingungen für die zentrale staatliche Leitung und Planung von Wissenschaft und Technik und des wissenschaftlich-technischen Fortschritts. Ihre Hauptaufgabe besteht immer mehr darin, jene Schwerpunkte und Aufgaben herauszuarbeiten und vorzugeben, die für die Entwicklung der gesamten Volkswirtschaft und ihre Effektivität entscheidend sind, ihre kürzestmögliche Realisierung zu sichern und dafür, wie für ein hohes schöpferisches Niveau der wissenschaftlich-technischen Leistungen in allen Bereichen die bestmöglichen ökonomischen, materiellen und juristischen Bedingungen der Leitung dieser Prozesse zu schaffen sind. Dementsprechend treten vor allem folgende Anforderungen und Aufgaben stärker in das Zentrum der zentralen staatlichen Leitung von Wissenschaft und Technik, an deren

Bewältigung und zunehmend besseren Beherrschung gegenwärtig auch in der praktischen Tätigkeit intensiv gearbeitet wird:

1. Die für den Ausbau der materiell-technischen Basis der DDR und einer effektiven Struktur entscheidenden Schwerpunkte bzw. relevanten Richtungen der wissenschaftlich-technischen Entwicklung sind weiter zu fundieren. Eine der Kernfragen besteht zweifellos darin, angesichts der zunehmenden Vielfalt und Differenziertheit von Entwicklungsrichtungen in den wissenschaftlich-technischen Grundprozessen (Mikroelektronik, Robotertechnik, Mikrobiologie, Lasertechnik u. a.) die Sicherheit in der längerfristigen Vorausschau so zu erhöhen, daß gewährleistet werden kann, die Forschung stets rechtzeitig auf die unseren Bedingungen bestmöglich entsprechenden Richtungen zu konzentrieren und die es zugleich gestattet, auf notwendige Veränderungen flexibel zu reagieren.

Eine wesentliche Schlußfolgerung im Zusammenhang mit der Veränderung der Wirtschaftsstruktur und der hohen Verantwortung der Kombinate für den wissenschaftlich-technischen Fortschritt sowie des äußerst dynamischen Verlaufs der neueren wissenschaftlich-technischen Entwicklungen ist die Notwendigkeit des eindeutigen Hinwendens der zentralen staatlichen Leitung von Wissenschaft und Technik

a) auf eine bedeutende Verstärkung der konzeptionell-strategischen Arbeit und des dazu erforderlichen wissenschaftlichen Vorlaufs;
b) auf die Planung und Durchführung grundlegender volkswirtschaftlicher Neuerungsprozesse, von denen tiefe Wirkungen auf die Leistung, Effektivität und Struktur der gesamten Volkswirtschaft oder wichtiger Bereiche ausgehen.

Was das letztere betrifft, so handelt es sich dabei um komplexe, wesentlich von der wissenschaftlich-technischen Revolution geprägte Aufgaben und Zielstellungen. Sie sind auf die Verwirklichung der vom X. Parteitag der SED für die DDR beschlossenen Entwicklungslinien gerichtet und erfassen zunehmend den für den wirtschaftlichen Nutzen entscheidenden zusammenhängenden Prozeß von Forschung, Investitionen und Produktion. „Folgende Entwicklungslinien stehen für unser Land im Vordergrund:

- neue Basis-Technologien für höchstintegrierte Schaltkreise der Mikroelektronik sowie optoelektronische Bauelemente zur Anwendung der Lichtleiter- und Lasertechnik;
- flexible Automatisierungslösungen unter Einsatz von Robotern der dritten Generation und vollintegrierte Meß- und Steuerungstechnik:
- hochproduktive Verfahren zur besseren stoffwirtschaftlichen Nutzung von Erdöl, Erdgas und Braunkohle, zur industriellen Nutzung mikrobiologischer Substanzen und biotechnologischer Prozesse sowie zur Entwicklung neuer, hochveredelter chemischer Produkte in Form von Spezialplasten und hochreinen Chemikalien;
- neue energiesparende Verfahren, die maximal Werkstoffe aus Rohstoffen gewinnen, Verfahren für die Rückgewinnung der metallischen und chemischen Grundsubstanzen aus Sekundärrohstoffen und die Schaffung geschlossener Stoffkreisläufe;
- Ausbau der Kernenergetik, Erzeugung und Speicherung von Wasserstoff und Biogas als Energieträger, neue effektivere Energieumwandlungsprozesse und Entwicklung neuer elektrochemischer Primär- und Sekundärstromquellen."[1]

Der eingeschlagene Weg deckt sich mit Erkenntnissen und Schlußfolgerungen der UdSSR zur Beschleunigung des wissenschaftlich-technischen Fortschritts. Der zentralen staatlichen Leitung und Planung solcher Neuerungsprozesse liegen deshalb Wesenszüge

[1] Bericht des Zentralkomitees der Sozialistischen Einheitspartei Deutschlands an den X. Parteitag der SED, Berichterstatter: Genosse Erich Honecker, Berlin 1981, S. 50–51.

des Inhalts und der Realisierung zugrunde, wie sie in der UdSSR mit der Ziel-Programm-Planung entwickelt wurden. In der DDR verfolgen wir dabei beharrlich den Weg, die aus volkwirtschaftlichen Erfordernissen – und hierin eingeschlossen, aus bedeutungsvollen wissenschaftlich-technischen Entwicklungsrichtungen – abzuleitenden Neuerungsprozesse als anspruchsvolle Aufträge des Staates immer mehr zur Grundlage des Staatsplanes Wissenschaft und Technik zu entwickeln, die seinen Gesamtinhalt wesentlich bestimmt. Die gegenwärtig im Staatsplan festgelegten und im Verlauf des Fünfjahrplans zu realisierenden bzw. forschungsseitig zu bewältigenden Neuerungsprozesse erfassen wesentliche Aufgaben zur Entwicklung und Anwendung der Mikroelektronik und der Robotertechnik, Veredelungsprozesse bei der Kohleverwertung, in der Metallurgie, der Chemie und anderen Bereichen der Grundproduktion aber auch der weiterverarbeitenden Industrie. Sie sind darauf gerichtet, wirksam zur Lösung von Rohstoff- und Energieproblemen beizutragen, insbesondere durch Entwicklung von Verfahren zur komplexen Rohstoffnutzung, der Rückgewinnung von Werkstoffen aus Abprodukten bis zu abproduktarmen bzw. -freien Stoffkreisläufen sowie der Schaffung neuer, effektiver Energieumwandlungs- und -übertragungsprozesse. Sie erfassen die Entwicklung hochwertiger Konsumgüter bis hin zu Aufgaben, die sich noch im Vorfeld industrieller Nutzung befinden. Hervorzuheben ist, daß von Anbeginn in den ökonomischen und wissenschaftlich-technischen Zielstellungen ein hoher Verbindlichkeitsgrad angestrebt wird. Dies sowohl hinsichtlich des mit der Verwirklichung der Neuerungsprozesse zu erreichenden Effektivitätsniveaus als auch des im Vergleich zum voraussichtlichen internationalen Stand zum Zeitpunkt der Produktions- und Markteinführung zu erreichenden technischen Standes. Bei allen dabei auch weiterhin noch zu lösenden Problemen haben sich bereits gegenwärtig zwei Fragen als besondere Schwerpunkte erwiesen. Erstens haben volkswirtschaftliche Gesamtrechnungen über Aufwand und Ertrag und das genaue Verfolgen und Beurteilen der internationalen ökonomischen und wissenschaftlich-technischen Entwicklung in ihrem zeitlichen Vorlauf erheblich an Gewicht gewonnen. Zweitens geht es um die enge Verknüpfung der zentralen Planung und Leitung der Forschung mit den anderen, den wissenschaftlich-technischen Fortschritt und seine Umsetzung in ökonomischen Effekt realisierenden Komponenten, insbesondere Investitionen sowie die damit verbundene Ausbreitung neuer Technik und Technologien. Und alle diese Aufgaben sind in zunehmend kürzeren Fristen zu lösen. Es geht also kurz gesagt darum, die volkswirtschaftlichen Neuerungsprozesse zunehmend als *Prozesse des wissenschaftlich-technischen Fortschritts in seiner zusammenhängenden Gesamtheit*, als geschlossenes Ganzes, staatlich zu leiten. Im Zusammenhang mit der weiteren Qualifizierung der Planung von Wissenschaft und Technik ist vorgesehen, die Pläne Wissenschaft und Technik, insbesondere die Einführungsaufgaben, mit einem zeitlichen Vorlauf gegenüber den anderen Teilen des Volkswirtschaftsplanes und den Plänen der Kombinate vorzubereiten. Auf dieser Grundlage soll die Planung und Bilanzierung des Wirtschaftswachstums auf der Grundlage höchster wissenschaftlich-technischer Ergebnisse und ihrer ökonomischen Verwertung den staatlichen Aufgaben der anderen Planteile verbindlich zugrunde gelegt werden. An entsprechenden Vorschlägen zur Veränderung der Planung wird gegenwärtig gearbeitet.

Die hier nur kurz skizzierte Richtung der Arbeit der zentralen staatlichen Leitung von Wissenschaft und Technik erfordert in ganz besonderem Maße eine umfangreiche und gründliche analytische und konzeptionelle Arbeit. Wie die bisherigen Erfahrungen zeigen, ist es nicht vermessen zu sagen, daß dieses Herangehen eine neue Qualität insbesondere der konzeptionell-strategischen Arbeit erfordert, die teilweise weit in das Vorfeld eigentlicher Planung rückt. Sie ist auch keineswegs mit der Bestätigung des Planes abgeschlossen. Es erweist sich, daß infolge der hohen Dynamik, Differenziertheit und Komplexität, mit der sich der wissenschaftlich-technische Fortschritt heute weltweit vollzieht, diese Arbeit zu einer erstrangigen, permanenten und in diesem Sinne auch zu leitenden Aufgabe der zentralen staatlichen Leitung und Planung von Wissenschaft und Technik geworden ist. Hier sind in der Tat völlig neue Anforderungen und Maßstäbe erwachsen. Das bezieht sich insbesondere auf zwei wesentliche Aufgaben:

Erstens kommt es an auf das sorgfältige Verfolgen der sich mit der wissenschaftlich-technischen Revolution vollziehenden Entwicklungsrichtungen, um rechtzeitig die für die Effektivität und Leistungsfähigkeit der Volkswirtschaft bedeutsamen Veränderungen zu erfassen und sie durch eigene hohe schöpferische Leistungen vorzubereiten bzw. einen eigenständigen Beitrag zu diesen Veränderungen zu leisten. Dabei handelt es sich nicht nur um generelle Grundprozesse oder Hauptrichtungen der wissenschaftlich-technischen Revolution sondern zugleich mitunter in höherem Maße um das rechtzeitige Aufspüren ihrer zahlreichen Verästelungen und Subrichtungen, die für unsere Volkswirtschaft und ihre Effektivität bedeutsam werden können. Für die zentrale staatliche Leitung und Planung von Wissenschaft und Technik charakteristisch ist deshalb weite Vorausschau aus volkswirtschaftlicher Sicht, Gespür für Neues, auch wenn es sich erst im Keime zeigt, und rechtzeitiges flexibles Reagieren. Sie muß dieses sorgfältige Verfolgen leitungsmäßig sichern, muß auf Gebieten, wo oftmals nur wenige Wissenschaftler tätig sind, helfen, relevante Fragen zu stellen, die Kenntnisse zusammenführen und zur Entscheidung zu bringen.

Zweitens ist es wichtig die volkswirtschaftliche Relevanz, die ökonomischen und wissenschaftlich-technischen Zielstellungen und hohen Leistungsmaßstäbe in den Richtungen, Aufgaben bzw. Neuerungsprozessen herauszuarbeiten, auf die wir unser aus volkswirtschaftlicher Sicht z. T. erhebliches Potential und materielle Ressourcen konzentrieren. Die zentrale staatliche Leitung und Planung hat hier vor allem zu gewährleisten, daß die Lösungen dem internationalen Vergleich in Technik, Ökonomie und im Tempo standhalten und höchsten ökonomischen Ertrag ermöglichen.

All dies soll unterstreichen: Die Nutzung neuer Möglichkeiten in unserer Ökonomie wird immer stärker vom rechtzeitigen und zügigen Reagieren auf zukunftsträchtige Entwicklungstendenzen in Naturwissenschaft und Technik bestimmt. Die positiven volkswirtschaftlichen Wirkungen frühzeitiger, wohlüberlegter Schritte in Wissenschaft und Technik auf die Stabilität und Dynamik der sozialistischen Wirtschaft nehmen bedeutend zu. Hingegen führen Verzögerungen, Versäumnisse oder eventuelle Fehlentscheidungen unweigerlich zu oft uneinholbarem Rückstand und volkswirtschaftlichem Verlust.

Die für Entscheidungen heute notwendige Sorgfalt in der Analyse und Vorausschau sowie das ausgewogene Urteil war und ist nur in engstem Zusammenwirken der führenden Wissenschaftler unseres Landes, aus der Akademie der Wissenschaften, den Hochschulen und Forschungsbereichen der Industrie, gemeinsam mit den Kombinaten und den zuständigen staatlichen Organen zu bewältigen. Unerläßlich und eine unschätzbare Hilfe zugleich ist die weitere Vertiefung der wissenschaftlich-technischen Zusammenarbeit und die intensive Kooperation mit der UdSSR.

Die neue Qualität der konzeptionell-strategischen Arbeit und der Planung volkswirtschaftlich bedeutsamer Neuerungsprozesse als einer der wesentlichen Anforderungen, die sich aus der engeren Verbindung von Wissenschaft und Produktion in den Kombinaten für die zentrale staatliche Leitung und Planung von Wissenschaft und Technik ergibt, hängt also unmittelbar mit der heutigen volkswirtschaftlichen Tragweite von Entscheidungen über wissenschaftlich-technische Richtungen und Schwerpunkte, der Ziele und Leistungsmaßstäbe sowie der dazu notwendigen Vorlaufforschung zusammen. Sie bestimmen nicht nur wesentliche Leitlinien der wissenschaftlich-technischen Politik der Kombinate sondern setzen zugleich auch Konturen für die längerfristige Entwicklung und Profilierung des Forschungspotentials sowie der Anforderungen an seine Leistungsfähigkeit. Insgesamt geht es darum, die Verwirklichung der wirtschaftspolitischen Strategie der Partei noch zuverlässiger auf Ergebnisse und neu heranreifende Möglichkeiten des wissenschaftlich-technischen Fortschritts zu gründen.

2. Das schöpferische Niveau der wissenschaftlich-technischen Leistungen und Ergebnisse ist generell zu erhöhen. Den Beitrag von Wissenschaft und Technik für eine hocheffektive Struktur der Volkswirtschaft und devisengünstigen Export entschieden zu steigern, ihn auf der Grundlage hoher Veredelung der verfügbaren Rohstoffe und Energieträger in leistungsfähigen und kostengünstigen Endprodukten wirksamer zu machen, erfordert einen generellen Anstieg schöpferischer Resultate, mehr internationale Spitzenergebnisse unserer Forschung und Entwicklung. Eine der wesentlichen Aufgaben zentraler Leitung und Planung besteht zweifellos darin, die Bedingungen weiter auszugestalten und auszuprägen, die schöpferische Höchstleistungen in allen Bereichen noch nachhaltiger initiieren, d. h. den Ausgangspunkt wirtschaftlichen Nutzens – das gute wissenschaftliche und technische Resultat noch stärker fordern und fördern.

Eine der zwingenden Schlußfolgerungen zentraler staatlicher Leitungstätigkeit besteht in der Schaffung klarer volkswirtschaftlicher Maßstäbe der Leistung. Sie muß solche Voraussetzungen schaffen, daß in allen Kombinaten und Bereichen

a) die Pläne Wissenschaft und Technik von den *volkswirtschaftlichen Zielstellungen* her, also von den Ansatzpunkten der Forschungsarbeit, auf das erforderliche anspruchsvolle Niveau gehoben werden;

b) durch zielgerichteteren Einsatz der finanziellen und materiellen Mittel für die Forschung, der Stimulierungfonds, der Verteidigung wissenschaftlich-technischer Aufgaben und Ergebnisse, durch gründlichere Einschätzung und Beurteilung des Niveaus der Forschung und ihre bedeutend stärkere Einbeziehung in den Leistungsvergleich,

die Initiative der Wissenschaftler, die schöpferische Arbeit und ihre Ergebnisse sowie die konsequentere Anwendung des Leistungsprinzips noch stärker in das Zentrum der Leitung von Forschung und Technik treten.

Der X. Parteitag der SED rückte nachdrücklich den gesellschaftlichen und den ökonomischen Nutzen in den Mittelpunkt wissenschaftlicher Aufgabenstellungen. Er unterstrich die Notwendigkeit, Lösungen mit hoher volkswirtschaftlicher Ergiebigkeit hervorzubringen, Erzeugnisse und Verfahren, die tiefe ökonomische Wirkungen auslösen. Die *Grundfrage* besteht somit zu einem wesentlichen Teil darin, wie mit den Plänen Wissenschaft und Technik solche Ziele bearbeitet werden, deren Erfüllung es gestattet, zum Zeitpunkt der Produktionseinführung und der Marktwirksamkeit höchsten Ansprüchen zu genügen. Planerfüllung bei niedriger Zielstellung im wissenschaftlich-technischen Niveau, bei geringer schöpferischer Leistung darf niemanden zum Vorteil gereichen, auch materiell nicht. Höchste Maßstäbe an die Pläne Wissenschaft und Technik und ihre Erfüllung muß es zunehmend unmöglich machen, mit erfüllten Plänen Rückstände im wissenschaftlich-technischen Niveau zu konservieren oder gar zu vergrößern.

Der Ausgangspunkt liegt in der Qualität der anvisierten Zielstellung und der besseren Beherrschung des Risikos in der Planung von Wissenschaft und Technik. Zur Erhöhung des Niveaus und der Effektivität der Forschung wird in unserer Republik – entsprechend verbindlichen Vorschriften – für jede Aufgabe ein Pflichtenheft ausgearbeitet und es zum festen Bestandteil der Planung und Finanzierung wissenschaftlich-technischer Arbeiten sowie der Bewertung der erreichten Ergebnisse gemacht.

Im Zentrum stehen die volkswirtschaftlichen Zielstellungen als jener entscheidende Teil des Forschungsauftrages, der die Kollektive verpflichtet, durch ihre schöpferische Tätigkeit einen bestimmten konkret abrechenbaren Beitrag zur Stärkung der Volkswirtschaft zu erbringen. Daran sollen künftig auch in stärkerem Maße die finanziellen Mittel des Fonds Wissenschaft und Technik, des Staatshaushaltes sowie der persönlichen materiellen Anerkennung und Stimulierung gebunden werden. Das Maß des Erforderlichen für diese Ziele in den Plänen Wissenschaft und Technik und in den Pflichtenheften sowie der Bewertung des Erreichten kann heute nur aus der Sicht der Verwirklichung der ökonomischen Strategie unserer Partei abgeleitet werden, wie sie der X. Parteitag beschlossen hat.

In diesem Sinne besteht eine der wichtigsten Anforderungen an die zentrale staatliche Leitung und Planung von Wissenschaft und Technik darin, ein generell höheres schöpferisches Niveau der wissenschaftlich-technischen Ergebnisse leitungsmäßig noch zwingender zu organisieren. Wie die Erfahrungen zeigen, ist gerade in diesem Wechselprozeß von Technik und Ökonomie das noch engere Zusammenwirken von Natur-, Technik- und Gesellschaftswissenschaften unerläßlich, um die in der konkreten Arbeit mitunter vielfältig damit zusammenhängenden Fragen einer guten, leitungsmäßig mach- und beherrschbaren Lösung zuzuführen.

3. Es geht um die bessere Beherrschung der Komplexität und Verflechtung wichtiger Neuerungsprozesse und die Sicherung der für die ökonomische Wirkung von Wissenschaft und Technik erforderlichen steilen Einlaufkurven bzw. der raschen Ausbreitung wissenschaftlich-technischer Spitzenergebnisse in der Volkswirtschaft und für den Export.

Eine der Hauptaufgaben zentraler staatlicher Leitung und Planung im Zusammenhang mit der Veränderung der Wirtschaftsstuktur besteht nicht zuletzt darin, die entscheidenden volkswirtschaftlichen Neuerungsprozesse

a) vom Standpunkt der zu erreichenden Forschungsergebnisse über Kombinate und Zweige hinweg, inhaltlich und zeitlich verflochten zu leiten;
b) hinsichtlich des für die ökonomische Wirkung von Wissenschaft und Technik unabdingbaren Kreislaufes zu schließen, d. h., die kürzestmögliche Durchgängigkeit und teilweise Parallelität von Forschung, technischer Entwicklung, Investitionen, Einführung, steilen Produktionskurven und rascher volkswirtschaftlicher Ausbreitung zu gewährleisten.

Wie schon hervorgehoben, kann Spitzenniveau in der Forschung nur auf diese Weise in wissenschaftlich-technischen Fortschritt, letztlich in Effektivitätsfortschritt für die Volkswirtschaft verwandelt werden. Das gilt für die wissenschaftlich-technischene Leistungen der Forschung und Entwicklung und ihren Beitrag zum Leistungs- und Effektivitätswachstum in den Kombinaten. In höherem Maße erhält dies jedoch bei jenen Neuerungsprozessen an Gewicht, die von gesamtvolkswirtschaftlicher Bedeutung sind. Allein die Forschungsergebnisse sind hier oftmals nur durch hohe Leistungen von Forschungskollektiven mehrerer Kombinate unterschiedlicher Zweige, einschließlich der Akademie der Wissenschaften und der Hochschulen, sowie ihr wirkungsvolles aufeinander abgestimmtes Vorgehen und durch Zusammenführen der Ergebnisse zu erreichen. Entwicklungen auf dem Gebiet der Mikroelektronik, der Robotertechnik aber auch auf anderen Gebieten unterstreichen dies nachdrücklich. Mehr noch treten solche Fragen bei der Realisierung und Anwendung solcher Forschungsergebnisse auf.

Obgleich kein Zweifel über die Verantwortung der Kombinate hinsichtlich der eigenen Koordinierung besteht, erwachsen für die zentralen Organe neue Aufgaben im Hinblick auf die aktive Koordinierung zwischenzweiglicher Verflechtungsbeziehungen zur Sicherung der Forschungs- wie der späteren Produktionskooperation.

So ist unter anderem festgelegt, *alle* zur Durchsetzung volkswirtschaftlich entscheidenden Neuerungsprozesse erforderlichen Aufgaben der Forschung und Entwicklung sowie Anforderungen an die materiell-technische Sicherung für den gesamten Realisierungszeitraum zu planen und als Aufgaben und Maßnahmen in den jeweiligen Planteilen und Bilanzen vorrangig einzuordnen sind. Für die zentrale Leitung und Planung von Wissenschaft und Technik, der Investitionen und der Produktion bedeutet dies zumindest dreierlei:

erstens, das Herausarbeiten der für solche Neuerungsprozesse hauptsächlichen (niveausbestimmenden) Ziele für die Forschung in der Kooperationskette, um ein hohes wissenschaftlich-technisches und ökonomisches Niveau des Endresultats zu gewährleisten (Rechtzeitiges Herstellen der notwendigen kooperativen Verflechtungen der wissenschaftlich-technischen Arbeit zwischen verschiedenen Zweigen);

zweitens, inhaltliche und zeitliche Koordinierung der Forschung und Entwicklung, Projektierung und der materiell-technischen Sicherung der Vorhaben;

drittens, Festlegung des für die hohe Effektivität notwendigen Produktionsumfangs, der Produzenten und der Anwender neu entwickelter Technik und Technologien sowie zweckbestimmte Festlegung der dafür einzusetzenden Fonds.

Hier erwachsen weitere Aufgaben für das arbeitsteilige Zusammenwirken zentraler Organe, um entsprechend der jeweiligen Verantwortung die möglichen Wirkungen von Wissenschaft und Technik für die volkswirtschaftliche Leistungs- und Effektivitätserhöhung voll zu erschließen und nutzbar zu machen.

W. Ostwald

Zur Rolle der territorialen Produktionsbedingungen für die Verbindung von Wissenschaft und Produktion in den Kombinaten der DDR

1. Zur Bedeutung des Territoriums – ökonomischer und sozialer Wirkungsraum der Kombinate

Die gegenständlichen territorialen Bedingungen, unter denen die gesellschaftliche Produktion stattfindet, von Karl Marx als Wirkungsraum des Arbeiters und des Arbeitsprozesses bezeichnet[1], gewinnen in den achtziger Jahren zunehmende Bedeutung. Die innerhalb des Landes territorial differenzierten Bedingungen der demographischen Entwicklung, der Verkehrs-, Energie- und Wasserversorgung im Territorium (technische Infrastruktur), der sozialen Infrastruktur, die Möglichkeiten der Produktionsverflechtungen zwischen den Betrieben im Territorium, die Bedingungen der natürlichen Umwelt und dergleichen stellen, wenn sie richtig genutzt werden, eine Quelle für die Erhöhung der Effektivität der Produktion dar. Sie sind auch wichtig für das Tempo der Überleitung wissenschaftlich-technischer Ergebnisse in die Produktion sowie für die Durchsetzung komplexer Neuerungsprozesse, soweit sie von den Ressourcen im Territorium abhängen.

In der DDR gibt es gute Ansätze dafür, daß Kombinatsleitungen bei der Lokalisierung von Produktionskapazitäten sowie bei Standortentscheidungen zu Maßnahmen des wissenschaftlich-technischen Fortschritts bereits die ihnen bekannten Vorteile bzw. die begrenzenden Faktoren der einzelnen Regionen oder Standorte berücksichtigen. Sie gehen zunehmend davon aus, daß die Ressourcen an arbeitsfähiger Bevölkerung nach Bezirken und Kreisen unterschiedlich belastet sind, daß die Reproduktionsbedingungen der Bevölkerung in den achtziger und neunziger Jahren territorial unterschiedlich sind und daß sich damit auch langfristig das gesellschaftliche Arbeitsvermögen im Territorium unterschiedlich entwickelt. Sie berücksichtigen, daß für die nahräumlichen Kooperations- und Kombinationsmöglichkeiten ihrer Produktion und damit für den Transportaufwand nach Territorien unterschiedliche Bedingungen bestehen. Aus diesem Grunde bevorzugen sie für die Neulokalisierung oder auch für Produktionserweiterungen im Zusammenhang mit Maßnahmen des wissenschaftlich-technischen Fortschritts einseitig die Agglomerationen, obwohl deren territoriale Ressourcen bereits am stärksten belastet sind. Die Kombinatsleitungen kennen die Unterschiede in der Belastung der natürlichen Umwelt als einer der wichtigsten territorialen Produktionsbedingungen und bevorzugen besonders für empfindliche moderne Technologien Regionen mit geringerer Umweltbelastung.

Gemessen an den Reproduktionsbedingungen der achtziger Jahre und an den Maßstäben der vom X. Parteitag der Sozialistischen Einheitspartei beschlossenen ökonomischen Strategie reichen diese Ansätze jedoch nicht aus. Es ist erforderlich, daß alle Kombinatsleitungen die territorialen Bedingungen der Produktion mit höherer Aufmerksamkeit berücksichtigen, weil diese immer stärker effektivitätsbestimmend werden.

Dazu muß grundsätzlich neu durchdacht werden, welche Rolle für eine dynamische Leistungs- und Effektivitätsentwicklung, für den wissenschaftlich-technischen Fort-

[1] Vgl. K. Marx, Das Kapital, Erster Band, in: MEW, Bd. 23, Berlin 1962, S. 195.

schritt, für eine effektive organische Verbindung zwischen Wissenschaft, Technik und Produktion in den Kombinaten, die territorialen Produktionsbedingungen spielen. Dabei geht es nicht nur einseitig um die Nutzung der territorialen Bedingungen für die Produktion, sondern zugleich um die proportionale ökonomische und soziale Entwicklung jedes Territoriums.

Eine proportionale Territorialstruktur zu gewährleisten ist ein Erfordernis der planmäßig proportionalen Entwicklung der Volkswirtschaft. Daraus resultieren auch Anforderungen und Rahmenbedingungen an die wissenschaftlich-technische Entwicklung der Produktion.

Der X. Parteitag der Sozialistischen Einheitspartei Deutschlands hat entsprechende Akzente zur territorialen Entwicklung in der Deutschen Demokratischen Republik gesetzt. Der Generalsekretär des Zentralkomitees, Genosse Erich Honecker, betonte, daß „die Leitung und Planung der territorialen Entwicklung zunehmend Bedeutung für die weitere Intensivierung des volkswirtschaftlichen Reproduktionsprozesses" erhält[2]. Er definierte, daß wir „territoriale Entwicklung" vor allem im Sinne rationeller Verflechtungen im Territorium verstehen, „ein richtiges Verhältnis zwischen der Arbeit, den Bildungsmöglichkeiten, den Wohn- und Erholungsbedingungen, der Versorgung und Betreuung der Bürger"[3] und ordnete diese Verflechtungen der materiellen Produktion mit den Arbeits- und Lebensbedingungen im Territorium den wesentlichen volkswirtschaftlichen Zusammenhängen zu[4].

Analog hat auch der XXVI. Parteitag der KPdSU „eine bessere Standortverteilung der Produktivkräfte" zu sichern beschlossen „mit dem Ziel, die Effektivität der gesellschaftlichen Produktion auf dem Wege der weiteren Spezialisierung und proportionalen Entwicklung der Wirtschaft der Unionsrepubliken und der Wirtschaftsgebiete im einheitlichen Komplex des Landes zu erhöhen"[5].

Die territorialen Bedingungen der Produktion voll zu nutzen, stellt an die Entscheidungen und die wissenschaftlichen Entscheidungsvorbereitungen auf den Ebenen der zentralen und der örtlichen Staatsorgane und der Kombinate sowie im Zusammenwirken dieser Entscheidungsebenen höhere Ansprüche.

2. Strategische Aufgaben der zentralen staatlichen Leitung und Planung zu den territorialen Produktionsbedingungen der Kombinate

Eine wichtige Aufgabe der zentralen staatlichen Leitung und Planung hierzu besteht vor allem darin, die Potenzen der Territorialstruktur des Landes in seiner Gesamtheit sorgfältig zu analysieren und langfristig konzeptionell zu prognostizieren. Damit müssen Voraussetzungen geschaffen werden, daß die Kombinatsleitungen die erforderlichen Informationen zur wirtschaftlichen und sozialen Struktur des Territoriums sowie staatliche Orientierungen zur Inanspruchnahme der territorialen Ressourcen erhalten können.

Das erfordert, die territoriale Verteilung der Bevölkerung und des gesellschaftlichen Arbeitsvermögens, die Standortverteilung der Kapazitäten der materiellen Produktion,

[2] Bericht des Zentralkomitees der Sozialistischen Einheitspartei Deutschlands an den X. Parteitag der SED, Berichterstatter: Genosse Erich Honecker, Berlin 1981, S. 117.

[3] Ebenda.

[4] Ebenda, S. 77.

[5] XXVI. Parteitag der KPdSU, Die Hauptrichtungen der wirtschaftlichen und sozialen Entwicklung der UdSSR für die Jahre 1981 bis 1985 und für den Zeitraum bis 1990, Berichterstatter: N. A. Tichonow, in: Presse der Sowjetunion, 8/1981, S. 294.

die Transportnetze, die Infrastruktur, die Siedlungsstruktur usw. in ihren wechselseitigen Verflechtungen zu untersuchen.

Das muß sowohl im Maßstab des gesamten Landes als auch ausgewählter Regionen des Landes geschehen, die sich besonders dynamisch entwickeln oder die Entwicklungsprobleme mit volkswirtschaftlichem Gewicht haben.

Diese Untersuchungen müssen in eine zentrale Strategie münden, mit deren Hilfe langfrsitig, über mehrere Fünfjahrplanetappen, die Territorialstruktur des gesellschaftlichen Reproduktionsprozesses rationeller genutzt und gestaltet werden kann. Nachzuweisendes Ziel dieser Strategie muß die Erhöhung der Leistungskraft und Effektivität der Volkswirtschaft sowie die weitere Verbesserung der Arbeits- und Lebensbedingungen der Bevölkerung sein. Aus der zentralen Strategie für die Standortverteilung der Produktion entstehen wichtige zentrale Orientierungen für strategische Entscheidungen der Kombinatsleitungen zur Leitung und Planung ihres Reproduktionsprozesses, zur langfristigen Entwicklung ihrer Produktionsstruktur und zur Durchsetzung des wissenschaftlich-technischen Fortschritts in ihrem Verantwortungsbereich.

In der DDR wird unter Leitung der Staatlichen Plankomission seit Jahren kontinuierlich an einer solchen Analyse und Prognose der Standortverteilung der Produktivkräfte gearbeitet. Die Forschung ist in diesen Prozeß fest einbezogen. Die Wirtschaftswissenschaft arbeitet gemeinsam mit der Geographie, mit Ingenieurwissenschaften, der Soziologie und anderen Wissenschaftsdisziplinen interdisziplinär kontinuierlich an wissenschaftlichem Vorlauf zur Standortverteilung der Produktivkräfte in der DDR.

Wichtige wissenschaftliche Fragestellungen dieser interdisziplinären Forschungsarbeit sind:

– wie die intensive Reproduktion auf die Grundpositionen des vorhandenen Standortgefüges der Produktion, der Infrastruktur, der Transportanlagen usw. wirkt, ob die Intensivierung zu einer weiteren Stabilisierung der Territorialstruktur führt oder ob – z. B. infolge intensiver Nutzung der einheimischen mineralischen Rohstoffe oder Veränderungen der Energiestruktur der Volkswirtschaft – auch Veränderungen der Territorialstruktur ausgelöst werden können;

– wie die Territorialstruktur noch stärker als aktiver Intensivierungsfaktor wirksam gemacht werden kann, welche Bedingungen das vorhandene Standortgefüge für die Leistungs- und Effektivitätserhöhung der Volkswirtschaft bietet. Damit sollen aus Zusammenhängen der Territorialstruktur zusätzliche Impulse auf den Intensivierungsprozeß der Volkswirtschaft ausgelöst werden, z. B. durch Senkung des volkwirtschaftlichen Transportaufwandes mit Hilfe einer rationelleren territorialen Organisation von Produktionsprozessen im Maßstab des Landes oder einzelner Regionen.

Zur wissenschaftlichen Vorbereitung der zentralen Strategie für die Standortverteilung der Produktivikräfte wird nach sowjetischen Erfahrungen ein Generalschema für die Standortverteilung der Produktivkräfte in der DDR ausgearbeitet. Dies ist eine Aufgabenstellung des zentralen Forschungsplanes der marxistisch-leninistischen Gesellschaftswissenschaften der DDR.

Erste Erkenntnisse aus der angelaufenen Arbeit am Generalschema konnten in die Praxis bereits übergeleitet werden, zu den territorial differenzierten demographischen Reproduktionsbedingungen einschließlich der in den Bezirken und Kreisen der DDR bis zum Jahre 2000 zu erwartenden arbeitsfähigen Bevölkerung, zur Siedlungsstruktur, zur Infrastruktur und zur natürlichen Umwelt.

3. Volkswirtschaftliche Aufgaben der örtlichen Organe der Staatsmacht zu den territorialen Produktionsbedingungen der Kombinate

Der X. Parteitag formulierte als „die grundlegende Aufgabe der Räte der Bezirke und Kreise, ... durch rationelle Nutzung der territorialen Reproduktionsbedingungen die Schwerpunktaufgaben von Wissenschaft und Technik und der sozialistischen Rationalisierung, besonders der Mikroelektronik, der Robotertechnik und des Werkzeugmaschinenbaus, sowie die Vorhaben der Rohstoffproduktion, der Materialökonomie und der Produktion rentabel absetzbarer Exporterzeugnisse und neuer, hochwertiger Konsumgüter allseitig zu unterstützen, ... durch die Festlegung günstiger Standorte für die Rationalisierung, Modernisierung und Erweiterung der Produktion ... vorteilhafte Kooperationsbedingungen und optimale Transportbeziehungen zu schaffen, die Einrichtungen, Flächen und Anlagen der Infrastruktur ... rationell zu nutzen"[6].

Ausgehend von der besonderen Rolle, die Wissenschaft und Technik in den Schwerpunkten der ökonomischen Strategie der Partei spielen, müssen insbesondere die Räte der Bezirke über das wissenschaftlich-technische Potential der Kombinate auf ihrem Territorium sowie über die entscheidenden Aufgaben des Staatsplanes Wissenschaft und Technik unterrichtet sein. Das ist Voraussetzung, um die für die Effektivitäts- und Qualitätsentwicklung der Volkswirtschaft erforderlichen wissenschaftlich-technischen Leistungen mit allen Möglichkeiten eines örtlichen Organs der Staatsmacht zu sichern, d. h. vorrangig zu bilanzieren.

Dazu gehören nicht nur Kenntnisse über die Fünfjahr- und Jahresplanaufgaben zu Wissenschaft und Technik. Die örtlichen Organe müssen auch über die langfristig-konzeptionellen Arbeiten und Vorhaben der Kombinate, über ihre wissenschaftlich-technischen Strategien unterrichtet sein, damit der Kampf der Kombinate um wissenschaftlichen Vorlauf vom Territorium her unterstützt werden kann, da die Fragen der Standortverteilung der Produktivkräfte im Territorium ebenfalls überwiegend langfristigen Charakter haben.

Hiervon ausgehend müssen die Räte der Bezirke zu allen denjenigen Fragen der Leistungs- und Erzeugnisentwicklung, insbesondere der Einführung neuer Erzeugnisse in die Produktion auf modernster technologischer Basis, der Senkung des spezifischen Arbeitszeitaufwands, der Senkung des Energie- und Wasserverbrauchs usw. mit den Kombinatsleitungen zusammenwirken, die mit dem Einsatz territorialer Ressourcen zusammenhängen. Dabei müssen die Räte der Bezirke als Organe des Staates und Sachwalter der Volkswirtschaft im Territorium dafür sorgen, daß die Arbeitskräfte und alle materiellen Ressourcen des Territoriums mit höchstem volkswirtschaftlichen Effekt eingesetzt werden.

Eine wichtige Rolle spielt dabei, daß die Räte der Bezirke helfen, die systematische Zusammenarbeit der Akademie-, Universitäts- und Hochschulinstitute in ihrem Territorium mit den Forschungs- und Entwicklungszentren der Kombinate und mit den Kombinatsleitungen zu organisieren. Darin können auch gesellschaftswissenschaftliche Disziplinen einbezogen werden. In einigen Bezirken hat sich dazu der Abschluß von Komplexverträgen bewährt.

Der X. Parteitag hat die Rolle und Verantwortung der Kreisplankommissionen besonders hervorgehoben und sie besonders auf die Wahrung und Durchsetzung der volkswirtschaftlichen Gesamtinteressen sowie die Förderung der Leistungs- und Effekti-

[6] Direktive des X. Parteitages der SED für die Entwicklung der Volkswirtschaft der DDR in den Jahren 1981 bis 1985, Berlin 1981, S. 81.

vitätsentwicklung, auf die aktive wirksamste Nutzung der im Territorium zur Verfügung stehenden materiellen und finanziellen Ressourcen orientiert.[7]

Das bedeutet, daß die örtlichen Organe der Staatsmacht im gesamtgesellschaftlichen Interesse im Territorium solche Plan- und Bilanzentscheidungen über die territorialen Ressourcen treffen müssen, die z. B. das gesellschaftliche Arbeitsvermögen einschließlich des Berufsnachwuchses vorrangig für die Aufgaben des Staatsplanes Wissenschaft und Technik der Kombinate einsetzen. Sie müssen die Baukapazitäten für Investitionen und Baureparaturen einsetzen, die dem wissenschaftlich-technischen Fortschritt in den Kombinaten dienen. Sie müssen Wohnraum bereitstellen zur Stabilisierung der Betriebskollektive und zur Gewinnung von wissenschaftlich-technischen Kadern für Betriebe, wissenschaftliche Einrichtungen und Versuchsanlagen der Kombinate im Territorium. Die örtlichen Organe müssen weiter den geplanten Einsatz der vorhandenen Fonds im Kreis konsequent überwachen und sichern, daß mit deren Einsatz im Reproduktionsprozeß der Kombinate die höchste volkswirtschaftliche Effektivität erzielt wird. Vielfältige Möglichkeiten, die Verbindung von Wissenschaft und Produktion zu unterstützen, haben die örtlichen Staatsorgane, insbesondere der Kreise, mit der territorialen Rationalisierung. Sie wird gegenwärtig bereits für die wissenschaftlich-technischen Fortschritt wirksam, indem z. B. die überbetriebliche Nachnutzung bestimmter wissenschaftlich-technischer Ergebnisse und Neuerervorschläge aus Kombinaten, Betrieben und wissenschaftlichen Einrichtungen für andere Betriebe und Genossenschaften im Territorium organisiert wird. Auch bei der überbetrieblichen Nutzung zeitweilig freier Maschinenkapazitäten sowie Produktionshilfs- und -nebenanlagen durch mehrere Betriebe im Territorium gibt es in vielen Kreisen der DDR gute Ergebnisse.

In mehreren Großstädten wird diese Aufgabe bereits erfolgreich mit Hilfe der modernen Rechentechnik gelöst. Auch die Organisation der Eigenproduktion von Rationalisierungsmitteln in Gemeinschaftsarbeit von Betrieben unterschiedlicher Unterstellung im Territorium fördert den wissenschaftlich-technischen Fortschritt in den Betrieben des Territoriums, ebenso wie die Rationalisierungshilfe großer Betriebe für kleinere Betriebe im Territorium durch Zusammenarbeit in Kooperationsverbänden sowie durch Zusammenarbeit der technischen Leiter und der Hauptmechaniker der Betriebe und Genossenschaften im Territorium. Mit solchen Maßnahmen der territorialen Rationalisierung leisten die örtlichen Organe der Staatsmacht bereits wesentliche Beiträge zum wissenschaftlich-technischen Fortschritt in den Kombinaten und damit zur Leistungs- und Effektivitätsentwicklung der Volkswirtschaft.

Die territoriale Rationalisierung enthält dafür aber auch noch Reserven. Dazu gehört z. B., Maßnahmen der territorialen Rationalisierung nicht nur auf Hilfs- und Nebenprozesse der Produktion zu richten, sondern schrittweise zunehmend auch auf Hauptprozesse der Produktion.

Durch Übertragung geeigneter neuer technologischer Erfahrungen auf andere Betriebe im Territorium, durch Organisierung zentraler Fertigungen, mit denen neue Technik rascher breitenwirksam gemacht wird, kann die territoriale Rationalisierung zur Erhöhung der Ausbreitungsgeschwindigkeit des wissenschaftlich-technischen Fortschritts im Territorium, und damit in der Volkswirtschaft, beitragen und gleichzeitig zur Freisetzung von Arbeitskräften. Breite Möglichkeiten bestehen auch, an den Standorten wichtiger Kombinatsbetriebe schrittweise einheitliche Produktionskom-

[7] Vgl. Kombinate im Kampf um die Durchführung der ökonomischen Strategie des X. Parteitages, Berlin 1981, S. 84.

plexe zu organisieren, indem vorhandene Produktionsflächen ausgetauscht und die Zersplitterung der Produktionsstätten, insbesondere in den Großstädten, reduziert wird.

Ein wesentliches Mittel, mit dem die Räte der Bezirke und Kreise ihren vom X. Parteitag festgelegten grundlegenden Aufgaben gerecht werden, sind Niveau- und Entwicklungsvergleiche darüber, mit welcher unterschiedlichen volkswirtschaftlichen Effektivität die Kombinate und Kombinatsbetriebe die Ressourcen des Territoriums, insbesondere das gesellschaftliche Arbeitsvermögen, in Anspruch nehmen und im Produktionsprozeß verwerten. Damit können sie die Durchsetzung des wissenschaftlich-technischen Fortschritts in den Kombinaten unter Ausschöpfung der Reserven im Territorium unterstützen. Das bezieht sich auf den Vergleich der Effektivität der materiellen Ressourcen und des geistigen Potentials im Territorium und schließt die effektive Nutzung der Einrichtungen, Flächen und Anlagen der Infrastruktur ein. Möglichkeiten, zur Verbindung von Wissenschaft und Produktion beizutragen, besitzen die örtlichen Staatsorgane auch im Zusammenhang mit der besseren Verwertung der Roh- und Brennstoffe sowie der Durchsetzung einer hohen Materialökonomie. Das gilt auch für Möglichkeiten der effektiveren Nutzung der vorhandenen Grundfonds, der Erhöhung der Investitionseffektivität und des effektiveren Einsatzes der Baukapazitäten. Zum Beispiel können die örtlichen Staatsorgane durch sorgfältige Standortwahl der im Volkswirtschaftsplan festgelegten Investitionsvorhaben zur volkswirtschaftlichen Effektivitätserhöhung beitragen, ebenso durch rationelle Lösungen für die Unterbringung von Bau- und Montagearbeitern, durch Koordinierung der Baustelleneinrichtungen und deren effektivere Nachnutzung.

Im Rahmen der Standortgenehmigungen bzw. -bestätigungen sorgen sie dafür, daß

- die Standorte mit dem geringsten gebietswirtschaftlichen Aufwand festgelegt,
- Arbeitsplätze in vorhandenen Anlagen eingespart und Arbeitskräfte freigesetzt,
- volkswirtschaftlich nicht vertretbare Abrisse von Altbausubstanz verhindert,
- der Aufwand für nicht unmittelbar der Produktion dienende Nebeneinrichtungen sowie
- die Inanspruchnahme landwirtschaftlicher Nutzflächen minimiert werden.

Von dieser Basis aus entsteht zwischen den örtlichen Organen und den Kombinatsleitungen eine kontinuierliche, konstruktive Zusammenarbeit. Diese neue Partnerschaft bei der Lösung volkswirtschaftlicher Probleme auf der Grundlage der Beschlüsse des X. Parteitags hat sich bei der Ausarbeitung des Fünfjahrplanes 1981 bis 1985 und des Volkswirtschaftsplanes 1982 bereits bewährt. Die Hauptaufgabe dieser neuen Partnerschaft besteht darin, daß die Generaldirektoren der Kombinate den örtlichen Organen die Strategie des Kombinates und die daraus resultierenden Anforderungen an das Territorium darlegen und die örtlichen Organe ihrerseits die Kombinate mit den Bedingungen, den Möglichkeiten und den Anforderungen des Territoriums vertraut machen.

4. Aufgaben der Kombinatsleitungen zur Berücksichtigung der territorialen Produktionsbedingungen und ihre Mitverantwortung zur Gestaltung einer effektiven Territorialstruktur der Volkswirtschaft

Eine solche Zusammenarbeit ist für die DDR bereits gesetzlich geregelt durch die Verordnung über die volkseigenen Kombinate, Kombinatsbetriebe und volkseigenen Betriebe.[8] Sie schreibt vor, daß

[8] Verordnung über die volkseigenen Kombinate, Kombinatsbetriebe und volkseigenen Betriebe vom 8. 11. 1979, in: GBl. I, S. 355.

– der Generaldirektor des Kombinates eine enge Zusammenarbeit mit den örtlichen Volksvertretungen und ihren Räten sichert, um eine abgestimmte Entwicklung im Territorium zu erreichen, wozu vorrangig die Fragen der Standortverteilung der Produktivkräfte, die rationelle territoriale Gestaltung der Produktionsstruktur, die Entwicklung der Infrastruktur und die Nutzung territorialer Ressourcen gehören;
– das Kombinat eine Beteiligung der Kombinate an gemeinsamen Maßnahmen zur Verbesserung der Arbeits- und Lebensbedingungen im Territorium sichert;
– der Kombinatsbetrieb das gesellschaftliche Leben in den Städten, Stadtbezirken und Gemeinden fördert, insbesondere durch die gemeinsame Nutzung kultureller, sportlicher, sozialer und medizinischer Einrichtungen sowie durch Verträge über den gemeinsamen Einsatz von Mitteln und Kapazitäten zusammen mit anderen Betrieben im Territorium sowie mit den örtlichen Staatsorganen.

Ähnliche Rechtsvorschriften enthält die Planungsordnung[9]. Unter den Bedingungen und Zielsetzungen der Beschlüsse des X. Parteitages, insbesondere der ökonomischen Strategie der SED für die achtziger Jahre, muß in der weiteren Entwicklung davon ausgegangen werden,

a) daß einerseits die vielfältigen personellen und materiellen Bedingungen des Territoriums in ihren Verflechtungen für die Leitung und Planung des Reproduktionsprozesses eines Kombinates, inbesondere bei strategischen Entscheidungen zur Beschleunigung und Durchseztung des wissenschaftlich-technischen Fortschritts, eine zunehmende Rolle spielen und
b) daß andererseits gleichzeitig die volkswirtschaftliche Verantwortung der Kombinate und ihr politischer Auftrag bei der Verwirklichung der Schwerpunkte der ökonomischen Strategie der Partei für die achtziger Jahre zunimmt und daß hierin eine Mitverantwortung der Kombinate für die gesellschaftliche Entwicklung in den Territorien, für die planmäßige proportionale Entwicklung der Territorialstruktur des gesamten gesellschaftlichen Reproduktionsprozesses eingeschlossen ist. Dies soll nachfolgend am Beispiel der territorialen Bedingungen für den Reproduktionsprozeß der Arbeitskraft und der Bedingungen der Infrastruktur erläutert werden.

Die *demographischen Reproduktionsbedingungen* im Territorium, die territorial differenziert verlaufende langfristige Entwicklung der Bevölkerung und des gesellschaftlichen Arbeitsvermögens gehören zu den grundlegenden territorialen Bedingungen der Produktion sowie insbesondere für die Verbindung von Wissenschaft und Produktion, die ein Kombinat bei seinen Entscheidungen berücksichtigen muß.

In der DDR ist die territorial differenzierte Entwicklung der Bevölkerung bis zum Jahre 2000 dadurch gekennzeichnet, daß die Hauptstadt Berlin und drei Bezirke (Rostock, Frankfurt/Oder und Cottbus) Einwohnerzuwachs haben werden.

Alle Kombinatsleitungen müssen die Konsequenzen für die territorial differenzierte Arbeitskräftesituation in der DDR in den nächsten Jahrzehnten kennen und berücksichtigen, da sie die Reproduktionsbedingungen ihrer Kombinatsbetriebe in unterschiedlicher Weise beeinflussen. Sie müssen berücksichtigen, daß in den industriell am stärksten entwickelten Bezirken Karl-Marx-Stadt, Halle und Leipzig ungünstige Reproduktionsbedingungen bestehen, was die lebendige Arbeit betrifft, obwohl andererseits zahlreiche Agglomerationsvorteile die Produktion in diesen Territorien begünstigen. Daraus müssen die Kombinatsleitungen die Schlußfolgerungen ziehen, ihre Kombinatsbe-

[9] Vgl. Anordnung über die Ordnung der Planung der Volkswirtschaft der DDR 1981 bis 1985 vom 26. 11. 1979, insbesondere die Teile a, l, o, p, q, in: Gesetzblatt Sonderdruck Nr. 1020 vom 1. 2. 1980.

triebe dort zum vorrangigen Schwerpunkt von Intensivierungs- und Rationalisierungsmaßnahmen zu machen. Damit passen sie die Entwicklung ihrer Betriebe der spezifischen territorialen Ressourcensituation an. Gleichzeitig tragen sie dazu bei, erforderliche territoriale Proportionen der Volkswirtschaft durchzusetzen.

Die Kombinatsleitungen müssen auch berücksichtigen, daß die Entwicklung der männlichen und der weiblichen Bevölkerung territorial und zeitlich differenziert verläuft. Neue Rechnungen haben z. B. ergeben, daß in allen Bezirken mit Rückgang des gesellschaftlichen Arbeitsvermögens der Rückgang der weiblichen Bevölkerung im arbeitsfähigen Alter höher ist als der Rückgang der männlichen Bevölkerung. In den industriellen Ballungsgebieten setzt der Rückgang der männlichen arbeitsfähigen Bevölkerung erst später ein als der der weiblichen Bevölkerung. Das bringt insbesondere den Kombinatsbetrieben mit hohem Frauenanteil teilweise neue Entscheidungssituationen, die sie bei ihren strategischen Entscheidungen berücksichtigen müssen.

Indem die Kombinatsleitungen ihren Reproduktionsprozeß langfristig strategisch auf solche prognostizierten demographischen Reproduktionsbedingungen im Territorium einstellen, z. B. durch Maßnahmen der Berufsausbildung oder durch technologische Entscheidungen zur Entwicklung von Frauenarbeitsplätzen, wirken sie gleichzeitig auf die Durchsetzung erforderlicher volkswirtschaftlicher Proportionen ein.

Hinsichtlich der *Infrastruktur* als wichtigen Bestandteil der materiell-technischen Basis der Volkswirtschaft ist für strategische Entscheidungen der Kombinatsleitungen die *technische Infrastruktur*, der Einrichtungen zur Verkehrs-, Energie- und Wasserversorgung im Territorium, besonders relevant. Sie wirkt vor allem durch die Kontinuität der technischen Versorgung, durch die ständige Verfügbarkeit ihrer Leistungen und durch die Fähigkeit zur Deckung des Spitzenbedarfs auf die Intensivierung der Produktion ein.

Die DDR verfügt allgemein über ein dichtes und leistungsfähiges Netz der Infrastruktur. Jedoch gibt es noch qualitative und z. T. auch quantitative Unterschiede der infrastrukturellen Versorgung in den Territorien, Erscheinungen der territorialen Zersplitterung und der Unterdimensionierung von Kapazitäten, so daß nicht alle Landesteile gleiche infrastrukturelle Bedingungen für die Produktion aufweisen.

Insbesondere ist der Verschleißgrad der Infrastruktur territorial differenziert, wodurch Qualität und Kontinuität der Produktion an einigen Standorten beeinträchtigt werden. Die Ansprüche der Produktion an die Infrastruktur jedoch wachsen allgemein rasch, ebenso wie die Anforderungen des Wohnungsbaus an infrastrukturelle Leistungen. Außerdem wird die Infrastruktur, insbesondere die technische Infrastruktur, zunehmend zu einem qualitativen Faktor für den wissenschaftlich-technischen Strukturwandel der Produktion. Mit der Anwendung des wissenschaftlich-technischen Fortschritts in der Produktion erhöhen sich allgemein die qualitativen Anforderungen der Produktion. Eine durch Anwendung der Mikroelektronik, der Robotertechnik und dergleichen höher automatisierte Produktion stellt höhere Ansprüche an eine leistungsfähige, bedarfsgerechte, stabile Infrastruktur im Territorium, macht sie empfindlicher gegenüber Schwankungen bei der Verkehrs-, Energie- und Wasserversorgung im Territorium.

Das sind Ansprüche an die Qualifizierung der Arbeitskraft, an die Möglichkeiten der Aus- und Weiterbildung, Ansprüche an die Stetigkeit der Zufuhr von Materialien und Hilfsstoffen sowie des Abtransports der Produkte. Insbesondere die ständige Verfügbarkeit der Leistungen der technischen Infrastruktur ist eine wichtige Grundlage für die Kontinuität der modernen Produktion.

Gleichzeitig werden auch erhöhte Ansprüche an die soziale Infrastruktur gestellt, beispielsweise bei einer Erhöhung des Schichtfaktors ergeben sich höhere Anforderungen an den Berufsverkehr sowie an die Versorgung und Betreuung der Werktätigen.

Nicht zuletzt trägt die Qualität der gesamten Infrastruktur auch zur Bildung und Festigung von Stammbelegschaften bei, die für die Durchsetzung des wissenschaftlich-technischen Fortschritts erforderlich sind. Die in den Territorien vorhandene Infrastruktur besitzt noch erhebliche Reserven und Möglichkeiten der Intensivierung, die angesichts all dieser Ansprüche mobilisiert werden müssen. Die Kapazitäten und Leistungen der technischen und sozialen Infrastruktur können und müssen überall rationeller genutzt werden. Gleichzeitig müssen jedoch auch alle Kombinate und Kombinatsbetriebe ihre Ansprüche an die Infrastruktur vom Standpunkt hoher volkswirtschaftlicher Verantwortung überprüfen. Sie werden ihre Bedarfsanmeldungen an infrastrukturellen Leistungen künftig genauer als bisher zu begründen haben. Sie werden nachweisen müssen, welche Anstrengungen sie machen, um ihren Bedarf an infrastrukturellen Leistungen auf dem Weg der sozialistischen Rationalisierung zu reduzieren. Darauf muß auch die wissenschaftlich-technische Arbeit in den Kombinaten orientiert werden, z. B. durch Entwicklung solcher Technologien, die geringere Ansprüche an infrastrukturelle Leistungen und überhaupt an Ressourcen des Territoriums stellen.

Eine besondere Verantwortung tragen die Kombinate für infrastrukturelle Leistungen, die sie in ihren Betrieben selbst erzeugen und an andere Betriebe oder Einrichtungen im Territorium abgeben, z. B. Wasser aus eigener Förderung, Wärmeenergie, Kapazitäten der Berufsbildung und dergleichen. Hier müssen sie selbst die Intensivierung der Infrastruktur durchsetzen.

Die Infrastruktur ist eine volkswirtschaftliche Rahmenbedingung für die Produktion. Die Kombinatsleitungen und die Kombinatsbetriebe können und müssen über den rationellen, volkswirtschaftlich verantwortungsbewußten Umgang mit infrastrukturellen Leistungen selbst zur proportionalen wissenschaftlichen und sozialen Entwicklung dieser Bedingungen ihrer Produktion im Territorium beitragen.

H. Steeger

Zur weiteren Vervollkommnung der Planung des wissenschaftlich-technischen Fortschritts und der Grundfondsreproduktion in der Volkswirtschaft der Deutschen Demokratischen Republik

Mit dem Fünfjahrplan 1981–1985 wurden anspruchsvolle Wachstums- und Effektivitätsziele für die Volkswirtschaft der Deutschen Demokratischen Republik festgelegt.

Das Wirtschaftswachstum – ausgedrückt im produzierten Nationaleinkommen – soll für den Zeitraum 1981 bis 1985 jahresdurchschnittlich 5,1 % betragen. Das ist eine im historischen und internationalen Vergleich anspruchsvolle Zielstellung. Sie liegt höher als das Wachstumstempo im zurückliegenden Fünfjahrplanzeitraum. In den Jahren 1976 bis 1980 wurde eine jährliche Steigerungsrate des Nationaleinkommens von 4,6 % realisiert. Die Aufgabenstellung für den neuen Fünfjahrplan wird noch dadurch verdeutlicht, daß der Zuwachs an Nationaleinkommen zu rund 90 % aus der Steigerung der Arbeitsproduktivität resultieren muß. Die Schlüsselfrage für die Sicherung des notwendigen hohen Wachstumstempos ist die Beherrschung des wissenschaftlich-technischen Fortschritts. Von entscheidender Bedeutung ist die Frage nach den ökonomischen Maßstäben, die an den wissenschaftlich-technischen Fortschritt zu stellen sind. Sie ergeben sich aus den volkswirtschaftlichen Effektivitätserfordernissen der 80er Jahre.

Effektivitätsanforderungen an den wissenschaftlich-technischen Fortschritt

Was den Zeitraum 1981 bis 1985 betrifft, so sind wichtige ökonomische Maßstäbe für den wissenschaftlich-technischen Fortschritt durch folgende volkswirtschaftliche Kennziffern festgelegt:

– Steigerung der Arbeitsproduktivität in der Industrie um jahresdurchschnittlich 5,2%. Dabei soll die Arbeitsproduktivität schneller steigen als die Grundfondsausstattung je Arbeitskraft. Die Fondsausstattung je Arbeitskraft in der Industrie beträgt gegenwärtig 95000 Mark.

– Erhöhung der Produktion von Nationaleinkommen je 1000 Mark Grundfonds von 350 Mark im Jahre 1980 auf 368 Mark im Jahre 1985. Das bedeutet eine Steigerung der Grundfondseffektivität im Zeitraum 1981 bis 1985 um 5,1 %.

– Im Zeitraum 1981 bis 1985 sind 755 Mark Warenproduktionszuwachs je 1000 Mark Investitionen geplant, d. h., die durchschnittliche jährliche Steigerung der Investitionseffektivität beträgt 3,7 % und entwickelt sich damit schneller als die Grundfondsquote. Das erfordert energische Maßnahmen im Investitionsgeschehen, wie Erhöhung des Anteils der Rationalisierungsinvestition und die entschiedene Verkürzung der Bauzeiten.

– Im Zeitraum 1981 bis 1985 ist der gesellschaftliche Aufwand um 15%, d. h. durchschnittlich jährlich 3 % zu senken. Das erfordert die Senkung der Selbstkosten um 3 %, die jährliche Senkung des spezifischen Verbrauchs volkswirtschaftlich wichtiger Energieträger, Rohstoffe und Materialien um 6,1 % sowie die Senkung des spezifischen Energieverbrauchs in der metallverarbeitenden Industrie in Höhe von mindestens 4 bis 5 %.

Hauptquelle zur Erreichung dieser volkswirtschaftlichen Ziele ist der wissenschaftlich-technische Fortschritt. Dementsprechend sind im Zeitraum 1981 bis 1985 durch Maßnahmen in Wissenschaft und Technik solche Ziele gesetzt, wie

– Einsparung von rund 2,8 Mrd. Stunden Arbeitszeit – einem Arbeitszeitfonds für etwa 300 000 Arbeitskräfte – in unserer Volkswirtschaft,
– Senkung des Arbeitszeitaufwandes je 1000 Mark industrieller Warenproduktion von 14 auf 12 Stunden im Jahre 1985,
– Erhöhung der industriellen Warenproduktion mit dem höchsten Gütezeichen auf ein Niveau von mehr als 100 Mrd. Mark,
– Neu- bzw. Umgestaltung von 1,1 bis 1,4 Mio Arbeitsplätzen mittels wissenschaftlicher Arbeitsorganisation,
– Senkung des Energieverbrauchs, der der Menge von 65–70 Mio Tonnen Rohbraunkohle entspricht.

Bereits in den zurückliegenden Jahren konnten durch Wissenschaft und Technik gute Ergebnisse erreicht werden. Dazu zählen im Zeitraum 1976 bis 1980 u. a. die Arbeitszeiteinsparungen von mehr als 1,6 Mrd. Stunden, ein Arbeitszeitfonds für etwa 180 000 Arbeitskräfte, die Senkung des Arbeitszeitaufwandes je 1000 Mark industrielle Warenproduktion von 18 auf 14 Stunden und die Senkung des spezifischen Verbrauchs volkswirtschaftlicher wichtiger Energieträger, Rohstoffe und Materialien durchschnittlich jährlich um 3,9 %.
Insgesamt wurden in der DDR im Zeitraum 1976 bis 1980 32,3 Mrd. Mark – das sind rund 4 % des produzierten Nationaleinkommens – für Wissenschaft und Technik aufgewandt.

Die ökonomische Wirksamkeit des wissenschaftlich-technischen Fortschritts muß entschieden erhöht werden. Mit der ökonomischen Wirksamkeit des wissenschaftlich-technischen Fortschritts können wir noch nicht zufrieden sein. Ursachen hierfür sind u. a.:

– Der Zyklus Wissenschaft–Technik–Produktion–Anwendung, insbesondere hinsichtlich des Tempos, der Sicherung der ursprünglich projektierten Effektivität über alle Stufen des Zyklus, der Ausbreitungsgeschwindigkeit der neuen Ergebnisse sowie der Beherrschung der entscheidenden Übergänge im Zyklus, insbesondere zwischen Wissenschaft und Investitionsdurchführung, wird noch unzureichend beherrscht.

– Die Ökonomisierung des gesamten Prozesses der Forschung und Entwicklung sowie der Überleitung in die Produktion und Breitenanwendung in der Volkswirtschaft ist noch nicht so entwickelt, daß ein genügender ökonomischer Zwang zur wissenschaftlichen und ökonomischen Spitzenleistung für neue Erzeugnisse und Verfahren besteht. Das beginnt bei den Meßmethoden der Produktivität und der Leistungsbewertung in Forschungs- und Entwicklungseinrichtungen und geht bis zur ökonomischen Stimulierung der Überleitung von Forschungs- und Entwicklungsergebnissen in die Produktion und Anwendung.

– Die ökonomischen Vorgaben und Effektivitätsrechnungen sowie die Aufgaben des wissenschaftlich-technischen Fortschritts haben noch nicht das Niveau erreicht, das entsprechend des notwendigen hohen Beitrages von Wissenschaft und Technik am Wirtschaftswachstum erforderlich wäre. Solche Effektivitätsaussagen wie Zeitgewinn, Endresultate (z. B. Ergebnisse in der Außenwirtschaft), Anwendernutzen durch höhere Breitenwirksamkeit nehmen noch nicht den gebührenden Platz in den ökonomischen Berechnungen ein.

– Die Aufgaben des wissenschaftlich-technischen Fortschritts müssen noch stärker auf die Erfordernisse der Intensivierung der Produktion und Modernisierung der vorhandenen Grundfonds gerichtet werden. Das schließt ein die Verstärkung des Anteils, Niveaus und der Effektivität der technologischen Forschung, die stärkere Ableitung von Forschungs- und Entwicklungsaufgaben aus den volkswirtschaftlichen Schwerpunkten der Intensivierung und Modernisierung sowie die Gestaltung der Proportionen zwischen Forschung und Entwicklung und Investitionen entsprechend den Bedingungen geringerer Wachstumsraten der Investitionen und des vorrangigen Einsatzes von Investitionen für die Modernisierung.

– Die Vorzüge der internationalen Arbeitsteilung müssen noch stärker für eine hohe ökonomische Wirksamkeit des wissenschaftlich-technischen Fortschritts genutzt werden.

Was ist auf dem Gebiet der Planung notwendig, um den Zyklus Wissenschaft–Technik–Produktion–Anwendung zu beschleunigen und effektiver zu gestalten?

Bei der Planung des wissenschaftlich-technischen Fortschritts geht es vor allem darum, eine umfassende Ökonomisierung der wissenschaftlich-technischen Arbeit mit dem Ziel durchzusetzen, neue Erzeugnisse, Verfahren und Technologien zu entwickeln, von denen tiefe ökonomische Wirkungen ausgehen. Das ist ein grundlegender Wesenszug der intensiv erweiterten Reproduktion. Dazu ist die Beschleunigung des Zyklus Wissenschaft–Technik–Produktion und Anwendung eine wichtige Voraussetzung. Die bessere Beherrschung dieses Zyklusses ist dabei nicht eine Frage der Qualifizierung dieses oder jenes Planteils oder eines neuen Planungsinstrumentes, vielmehr geht es um die Vervollkommnung der Einheit von lang-, mittel- und kurzfristiger Planung, um eine inhaltliche Konkretisierung und Abstimmung solcher Planteile wie Wissenschaft und Technik, Investitionen, Rationalisierung, Produktion, Außenwirtschaft und um ein engeres Zusammenwirken von zentraler staatlicher Planung und der Planung durch die Kombinate.

Eine entscheidende Bedeutung kommt dabei der koordinierten Planung, Bilanzierung und Kontrolle der wissenschaftlich-technischen und materiellen Verflechtungen und den ausgewogenen Proportionen zwischen den Bereichen, Zweigen und Kombinaten, vor allem zwischen den Finalproduzenten und den Zulieferern, zu. Die praktischen Erfahrungen zeigen, daß Tempobeschleunigung bei der Erneuerung des Produktionssortiments und bei der produktionswirksamen Überleitung neuer wissenschaftlich-technischer Erkenntnisse, die in fortgeschrittenen Kombinaten erreicht werden, dann den größtmöglichen volkswirtschaftlichen Effekt sichern, wenn auch in anderen Kombinaten und durch die Organe des Binnen- und Außenhandels planmäßig die erforderlichen Voraussetzungen für eine höhere Flexibilität in der Aufnahme und produktiven Verwertung des neuen Erzeugnisses geschaffen werden.

Insofern ist die Beherrschung des Zyklusses Wissenschaft–Technik–Produktion–Anwendung eine grundlegende Frage bei der Gewährleistung von Proportionalität und Effektivität des volkswirtschaftlichen Gesamtprozesses.

Der Zyklus Wissenschaft–Technik–Produktion–Anwendung umfaßt den Gesamtzusammenhang von der Forschung und Entwicklung über die Produktion und den Absatz bis zur breiten wirksamen Anwendung der Ergebnisse von Wissenschaft und Technik einschließlich der Schaffung der materiell-technischen, personellen und organischen Voraussetzungen. Dabei sind entscheidend

– den Zyklus zu beschleunigen,
– die Übergänge besser zu beherrschen, insbesondere den Übergang von der Entwicklung zur produktionsmäßigen Realisierung sowie von der Einzel-(Beispiel-)Anwen-

dung der neuen Ergebnisse zur Breitenanwendung bei Sicherung einer hohen Ausbreitungsgeschwindigkeit,
- den Zyklus einheitlich zu planen und zu leiten,
- seine Verwirklichung aufgabenbezogen und im Ablauf des technisch-ökonomischen Regimes straff zu kontrollieren.

Den Zyklus Wissenschaft–Technik–Produktion zu beschleunigen heißt, den Gesamtzusammenhang so zu planen und zu leiten, daß vor allem die Forschungs-, Entwicklungs- Einführungs- und Investitionszeiten verkürzt werden und der reibungslose Übergang von einer Stufe zu anderen gewährleistet wird. Denn gerade durch die optimale Reihenfolge der Realisierung der Aufgaben und Maßnahmen wird eine hohe Ausbreitungsgeschwindigkeit der neuen Technik erreicht. Damit im Zusammenhang entstehen für die zentrale staatliche Planung folgende Aufgaben:

1. Die Kombinate sind auf die Erreichung hoher volkswirtschaftlicher Endresultate, vor allem zur Rationalisierung der materiell-technischen Basis und Erhöhung der Exportproduktion und Weltmarktfähigkeit der Erzeugnisse, zu orientieren. Dazu sind die koordinierte Planung, Bilanzierung und Kontrolle der wissenschaftlich-technischen und materiellen Verflechtungen und ausgewogenen Proportionen zwischen den Bereichen, Zweigen und Kombinaten, vor allem zwischen Finalproduzenten und Zulieferern, sowie die materielle Absicherung der Aufgaben und Maßnahmen durch konzentrierten Einsatz der volkswirtschaftlichten Ressourcen zu sichern.

2. In höherem Maße als bisher sind Staatsaufträge für komplexe Aufgaben des wissenschaftlich-technischen Fortschritts festzulegen, d. h. solche Aufgabenkomplexe, deren Einzelaufgaben technisch und ökonomisch verbunden und im Zusammenwirken von Anwender, Produzent und Zulieferer zu lösen sind. Dabei müssen die Aufgaben der Staatsaufträge Wissenschaft und Technik und die Rationalisierungsaufgaben in höherem Maße aufeinander abgestimmt werden. Es muß erreicht werden, daß die erzeugniskonkrete Planung des Produktionsvolumens und die dafür erforderlichen Ausrüstungen, Zulieferungen und der Einlauf neuer bzw. die Ablösung veralteter Erzeugnisse vertieft, Spezialisierung und Kooperation der Produktion sowie das zu erreichende technisch-ökonomische Niveau geplant wird, Kapazitätsbilanzen für Hauptproduzenten aufgestellt werden und Zielstellungen und Aufgaben für die materiell-technische Sicherung der breiten Anwendung der Neuerungsprozesse nach Verantwortungsbereichen einbezogen werden.

3. In der zentralen staatlichen Planung muß die inhaltliche und zeitliche Koordinierung der entscheidenden wissenschaftlich-technischen Leistungen der Zulieferer, Finalproduzenten und Anwender sowohl innerhalb eines Staatsauftrages als auch zwischen miteinander verflochtenen Staatsaufträgen verbessert werden. In der Planung und Bilanzierung der materiellen Verflechtungen in der technologischen Kette sind von der Staatlichen Plankommission in Zusammenarbeit mit den Industrieministerien die grundlegenden Maßnahmen zur Sicherung eines bedarfsgerechten Aufkommens an Erzeugnissen in den beteiligten Bereichen und Zweigen festzulegen. Das betrifft insbesondere Maßnahmen zur volkswirtschaftlich effektiven Arbeitsteilung bei der massenhaften Produktion der Neuerungen, einschließlich der internationalen Produktionskooperation sowie zur proportionalen Entwicklung der Kapazitäten über Produktionsstufen. Die Hersteller-, Zuliefer- und Anwenderkombinate müssen entsprechend ihrer volkswirtschaftlichen Verantwortung in noch engerer Zusammenarbeit die untersetzende Ziele, Aufgaben und Maßnahmen planen und bilanzieren. Damit muß das abgestimmte Zusammenwirken aller Beteiligten in der technologischen Kette gewährleistet werden.

Das Zusammenwirken der zentralen staatlichen Planung und der Planung der Kombinate

Mit der Bildung von Kombinaten in der Industrie und dem Bauwesen der DDR wurden neue, günstigere Bedingungen geschaffen, die es bei der Durchführung des Fünfjahrplanes 1981 bis 1985 voll zu nutzen gilt.

Mit der Bildung der Kombinate wurden zugleich günstige Bedingungen für die planmäßige Beherrschung des Zyklusses Wissenschaft–Technik–Produktion geschaffen. Das gilt insbesondere für die Entwicklung des bedeutenden wissenschaftlich-technischen Potentials der Kombinate und seine Orientierung auf die gesamtgesellschaftlichen Erfordernisse und Zielstellungen.

Das gilt auch für die rechtzeitige, direkte und aktive Einbeziehung der Kombinate in die Ausarbeitung der zentralen Planansätze zur wissenschaftlich-technischen Entwicklung, des Staatsplanes Wissenschaft und Technik sowie der Staatsaufträge für die Durchführung wissenschaftlich-technischer Aufgaben. Diese frühzeitigere und aktive Einbeziehung der Kombinate in der Ausarbeitung der zentralen Pläne schafft günstige Bedingungen für eine produktive Gestaltung des Ebenenzusammenwirkens in der Planung. Da sich volkswirtschaftlicher und kombinatlicher Reproduktionsprozeß immer stärker verflechten, bestehen objektive Voraussetzungen dafür, den Fünfjahrplan in einer größeren Abgestimmtheit, Bilanziertheit und damit höheren Stabilität auszuarbeiten. Das betrifft vor allem auch die Schaffung der wissenschaftlich-technischen, materiellen und personellen Erfordernisse für die beschleunigte Durchsetzung volkswirtschaftlicher Neuerungsprozesse mit großer Breitenwirkung. Auf dieser Grundlage verbessern wir zugleich auch die Voraussetzungen für den volkswirtschaftlich-effektivsten Einsatz der Fonds in den Kombinaten.

Mit der Bildung und Festigung der Kombinate wurden in den Kombinaten selbst wichtige Bedingungen dafür geschaffen, daß die Kombinate rechtzeitiger und direkter an der zentralen Entscheidungsfindung beteiligt sind. Hierzu gehören solche Faktoren wie die Tatsache, daß die Kombinate direkt einen wichtigen Teilausschnitt des volkswirtschaftlichen Reproduktionsprozesses in größerer Komplexität und Verflechtung planen und beeinflussen, wie z. B. den Zyklus Wissenschaft–Technik–Produktion oder das Verhältnis Finalproduktion–Zulieferproduktion und planmäßige Orientierung des geschlossenen Reproduktionsprozesses für ganze Erzeugniskomplexe und -linien. Zugleich verfügen die Kombinate über einen größeren Entscheidungspielraum, vor allem auf den Gebieten Wissenschaft, Technik, Investitionen, Produktionsstruktur, Konsumgüterproduktion und Außenwirtschaft bei gleichzeitiger Stärkung des staatlichen Außenhandelsmonopols.

Den Kombinaten wurde eine höhere volkswirtschaftliche Bilanzverantwortung übertragen. Ihnen obliegt die Entscheidung über die Entwicklung und den Einsatz der eigenen Rationalisierungs- und Baukapazitäten sowie bei der eigenverantwortlichen Gestaltung der Leitung und Planung innerhalb der Kombinate. Schließlich stellt die rechtzeitige und direkte Einbeziehung der Kombinate in die zentrale Entscheidungsfindung zugleich höhere Anforderungen an die Qualität der zentralen staatlichen Planung. Das betrifft vor allen auch den weiteren Ausbau der längerfristigen Planung in der zentralen staatlichen Planung und das rechtzeitigere und qualifiziertere Treffen von Entscheidungen mit Langzeitwirkung für die Kombinate. Wir verfügen z. B. jetzt über bestimmte Erfahrungen bei der volkswirtschaftlichen Beurteilung von längerfristigen Konzeptionen der Kombinate, die auf die Durchsetzung volkswirtschaftlicher Neuerungsprozesse gerichtet sind, wie u. a. der Mikroelektronik, der höheren Veredlung von

Roh- und Werkstoffen und der Robotertechnik, die weiter auszuwerten und im Planungsprozeß zu verallgemeinern sind. Eine wichtige Aufgabe besteht darin, daß die zentralen Planungsorgane rechtzeitiger und qualifizierter zentrale Orientierungen herausgeben, anhand derer sich die Kombinate längerfristig auf die gesamtgesellschaftlichen Erfordernisse einstellen können.

Zur Qualifizierung der Planung der Grundfondsreproduktion

Die erforderlichen Effektivitätsfortschritte in der Grundfondsreproduktion müssen unter volkswirtschaftlichen Bedingungen erreicht werden, die sich wesentlich von denen der 70er Jahre unterscheiden.

Das betrifft insbesondere solche Fragen wie die Neugestaltung der Entwicklung der Verhältnisses zwischen produziertem und im Inland verwendbarem Nationaleinkommen unter den Bedingungen der Rationalisierung eines beträchtlichen Exportüberschusses, die Veränderungen in der Verteilungsstruktur des verwendetem Nationaleinkommens mit ihren Wirkungen auf die Rate und Masse der Akkumulation. In Rechnung zu stellen sind die bereits schon hohen und weiter wachsenden gesellschaftlichen Vorleistungen zur langfristigen Sicherung der Energie- und Rohstoffbasis der Volkswirtschaft der DDR und auch die gesellschaftlich notwendigen Aufwendungen, die erbracht werden müssen, um wissenschaftlich-technische Neuerungen mit hoher volkswirtschaftlicher Effektivität realisieren zu können. Das betrifft z. B. solche entscheidenden Prozesse wie die Breitenanwendung der Mikroelektronik, der Roboter-, Automatisierungs- und Informationstechnik und insbesondere die Aufgaben zur höheren Veredlung der Roh- und Werkstoffe.

Die ökonomischen Forderungen an die Effektivität der Grundfondsreproduktion gehen also von den konkreten, real schaffbaren materiell-technischen Bedingungen des ökonomischen Wachstums aus. Es geht deshalb in erster Linie darum, die Grundfondsreproduktion in den 80er Jahren in Übereinstimmung mit der Tatsache zu entwickeln, daß „die Möglichkeiten der wissenschaftlich-technischen Revolution unmittelbar zur Hauptreserve für Leistungswachstum und Effektivität unserer Volkswirtschaft geworden“ [1] sind.

In Bezug auf die Grundfondsreproduktion müssen wir dabei von folgenden ökonomischen Tatbeständen ausgehen:

– Im Ergebnis der bisherigen erfolgreichen Entwicklung unseres Landes verfügen wir zu Ende der 70er Jahre über einen Bestand an Grundfonds in der Volkswirtschaft von 717 Mrd. Mark. Davon verfügt die Industrie über 305 Mrd. Mark, darunter wiederum beträgt das Volumen an Maschinen, Ausrüstungen und Anlagen etwa 175 Mrd. Mark. In der Land- und Nahrungsgüterwirtschaft ist jeder Berufstätige für Grundfonds im Umfang von 68,8 TM verantwortlich. Die Angaben für das Bauwesen und für das Transport- und Nachrichtenwesen betragen analog 26,0 TM bzw. 121,3 TM.

– Im Durchschnitt der Industrie weist der Alterungsgrad der vorhandenen Grundfonds ein Niveau auf, das dem der Grundfonds in den entwickelten kapitalistischen Industrieländern in etwa nahekommt. Ende 1980 waren von den in der Industrie vorhandenen Maschinen, Ausrüstungen und Anlagen 35 % nicht älter als 5 Jahre, 45 % wurden vor 5 bis 15 Jahren investiert und 20 % sind älter als 15 Jahre.

Mithin verfügen wir in unserer materiell-technischen Basis über ein bedeutendes

[1] Bericht des Zentralkomitees der Sozialistischen Einheitspartei Deutschlands an den X. Parteitag der SED, Berichterstatter: Genosse Erich Honecker, Berlin 1981, S. 49.

produktives Anlagevermögen, dessen effektivere Nutzung unter den veränderten Reproduktionsbedingungen um so ökonomisch dringlicher wird.

In zunehmendem Maße wird demzufolge für die Gewährleistung der planmäßigen proportionalen Entwicklung der Volkswirtschaft die erweiterte sozialistische Reproduktion des vorhandenen und sich planmäßig vermehrenden nationalen Reichtums. Das betrifft sowohl die materiell-stofflichen Ressourcen wie auch – und sicherlich in wesentlich stärkerem Maße – die wissenschaftlich-technischen und geistig-kulturellen Potentiale. Deshalb wird es in den 80er Jahren vor allem darauf ankommen, das technisch-ökonomische Niveau des Nationalreichtums zu erhöhen und auf diesem Wege Wachstumsreserven zu erschließen. Unter diesem Gesichtspunkt werden auch in der volkswirtschaftlichen Leistungsbewertung künftig solche Kennziffern eine größere Rolle spielen müssen, die das technisch-ökonomische Niveau und die Effektivitätsfortschritte in der Nutzung der vorhandenen Potentiale aussagefähig charakterisieren.

Es wird deutlich, daß unter den Bedingungen der vollständigen Überleitung der Wirtschaft auf den intensiven Typ der Reproduktion, der wissenschaftlich-technischen Revolution und der in Bezug auf die wachsenden Bedürfnisse der Gesellschaft zu konstatierenden Ressourcenbegrenzung das Verhältnis von Rate, Masse und Effektivität der produktiven Akkumulation neu durchdacht werden sollte. Entscheidend dabei ist die Erhöhung der Effektivität der Akkumulation. Die Akkumulation muß deshalb in ihrer Struktur so gestaltet sein, daß sie vor allem als Bewegungsform höherer Effektivität der vorhandenen Grundfonds fungieren kann. Nur auf diese Weise sind die perspektivischen Probleme des volkswirtschaftlichen Wachstums zu lösen, die sich aus der reproduktionsbedingten Begrenzung im Wachstum von Rate und Masse der Akkumulation ergeben.

Ausgehend von diesen grundlegenden Veränderungen in den Reproduktionsbedingungen möchte ich einige Überlegungen zur Grundfondsproduktion darlegen: Zunächst ist es notwendig, daß die planmäßig vorgesehenen Investitionen mit aller Konsequenz darauf gerichtet werden müssen, das technisch-ökonomische Niveau der vorhandenen materiell-technischen Basis durchgreifend zu erhöhen.

Die Erfahrungen bei der Durchführung des Planes 1981 und aus der Vorbereitung des Planes 1982 sowie des Fünfjahrplanes 1981 bis 1985 beweisen, daß eine der dringlichsten Aufgaben auf dem Gebiet der Grundfondsreproduktion darin besteht, in der Investitionstätigkeit die Komplexität volkswirtschaftlicher Neuerungsprozesse im Prozeß der Leitung und Planung besser zu beherrschen. Die Kernfrage dabei besteht vor allem darin, durch ein technisch-ökonomisch hohes Niveau der wissenschaftlich-technischen Neuerungen und der Schaffung der materiell-technischen Voraussetzungen ihrer stofflichen Realisierung den Kreislauf der gesamten volkswirtschaftlichen Reproduktion entschieden zu beschleunigen und effektiver zu gestalten.

Diese Tempobeschleunigung muß nicht nur im Zyklus Wissenschaft–Technik–Produktion–Anwendung erreicht werden, sondern auch in den sich daraus ergebenden Verflechtungsbeziehungen zwischen den Betrieben und Kombinaten. So führt die Beschleunigung zwischen der Erneuerung des Erzeugnissortiments und der technologischen Verfahren in fortgeschrittenen Kombinaten nur dann zu den erforderlichen gesamtvolkswirtschaftlichen Effekten, wenn gleichzeitig auch in den anderen Kombinaten, z. B. Zulieferbereichen, planmäßig die Voraussetzungen geschaffen werden, den Erneuerungsprozeß zu beschleunigen. Deshalb muß in der künftigen Arbeit auf diesem Gebiet vor allem daran gearbeitet werden, in allen Kombinaten und Betrieben durch die zielstrebige, auf die gesamtvolkswirtschaftliche Strategie gerichtete Entwicklung und Nutzung des wissenschaftlich-technischen Fortschritts Niveau und Tempo des Erneuerungsprozesses aufeinander abzustimmen.

Wir müssen der Ökonomisierung der Grundfondsreproduktion bedeutend größere Aufmerksamkeit als bisher schenken. Im Grunde genommen geht es darum, durch die Nutzung der einfachen Reproduktion als Quelle der erweiterten Reproduktion Wachstumspotenzen zu erschließen.

Auf die Existenz dieses Reproduktionseffektes hat bereits Karl Marx hingewiesen, indem er feststellte, daß „die Entwicklung der Produktivkraft der Arbeit . . . auch auf das Originalkapital oder das bereits im Produktionsprozeß befindliche Kapital" reagiert.[2]

Die Nutzung dieses Reproduktionseffektes in der planmäßigen Grundfondsreproduktion ist unabdingbares Erfordernis der intensiv erweiterten Reproduktion. Eine volkswirtschaftlich entscheidende praktische Schlußfolgerung besteht darin, der Modernisierung der vorhandenen Grundmittel, insbesondere der Maschinen und Anlagen, durch den Einsatz von Automatisierungstechnik, Mikroelektronik, Prozeßrechentechnik und die schnelle Nutzung aller Ergebnisse des wissenschaftlich-technischen Fortschritts bedeutend größere Aufmerksamkeit bei der komplexen Planung der Grundfondsökonomie zu schenken. Auf diesem Wege muß und kann die Leistungsfähigkeit der Grundmittel bedeutend erhöht, ihre Ausnutzung und Lebensdauer entsprechend den wachsenden volkswirtschaftlichen Maßstäben und Erfordernissen der intensiv erweiterten Reproduktion erhöht werden.

Die bedeutenden Effektivitätsreserven, die auf diesem Wege der Grundfondsreproduktion zu erschließen sind, sind Veranlassung, die Modernisierung und die laufende Instandhaltung der Grundmittel als einheitlichen Prozeß zu leiten und zu planen. Die Planung dieses Prozesses komplex durchzuführen, bedeutet zugleich, sie eng mit der Planung der Eigenherstellung von Rationalisierungsmitteln zu verbinden.

In den Betrieben sind die vorhandenen Reproduktionsfonds nach laufender Instandhaltung und Generalreparaturen zu gliedern. Zur Erhöhung der Wirksamkeit der wirtschaftlichen Rechnungsführung werden die Fonds für die Instandhaltung unter Einhaltung des geplanten Kostenansatzes weiterhin voll aus Kosten finanziert.

Es ist der Zeitpunkt herangereift, weitere Schritte bei der Einbeziehung der Generalreparaturen in die Leitung und Planung der Grundfondsökonomie zu tun, um deren volkswirtschaftliche Effektivität zu erhöhen. Die Generalreparaturen sind solche Instandhaltungen, die in Verbindung mit der komplexen Wiederherstellung der technischen Nutzungsfähigkeit zur Erhöhung der Leistungsfähigkeit durch den Einsatz von Bauteilen und Aggregaten, die dem neuesten wissenschaftlich-technischen Stand entsprechen, und zur Verlängerung der Einsatzfähigkeit der Grundmittel gegenüber der normativen Nutzungsdauer führen. Das bedeutet, daß die Effektivität der Generalreparaturen in erster Linie daran zu messen ist, wie sie zur Widerherstellung bzw. Erhöhung des Wertes und damit der Leistungsfähigkeit und Lebensdauer der Grundmittel beitragen. Das ist also mehr als nur der Ersatz des physischen Verschleißes der Grundmittel.

Entsprechend dieser gewachsenen Bedeutung der Generalreparaturen im Rahmen der komplexen Grundfondsreproduktion wird auch ihre Planung weiter vervollkommnet. Dazu gehört, die Generalreparaturvorhaben konkret zu planen. Zur Sicherung der planmäßigen proportionalen Entwicklung der Volkswirtschaft wird es dringlich, ausgehend von den positiven Erfahrungen bei der Leitung und Planung zentralgeplan-

[2] Vgl. K. Marx, Das Kapital, Erster Band, in: MEW, Bd. 23, Berlin 1962, S. 631.

ter Investitionsvorhaben, auch ausgewählte Generalreparaturen, die von besonderer volkswirtschaftlicher Bedeutung sind, durch die Organe der zentralen staatlichen Planung zu bestätigen.

Der X. Parteitag der SED stellt die Aufgabe, „eine grundlegende Qualifizierung der Arbeit mit Normen und Normativen auf allen Ebenen der Leitung und Planung" durchzusetzen, um einen rationellen und sparsamen Einsatz aller volkswirtschaftlichen Ressourcen zu gewährleisten. Der Übergang zur intensiv erweiterten Reproduktion und der ökonomische Zwang zur Erhöhung der Grundfondseffektivität führt auch zu Überlegungen, die sich auf die praktische Arbeit mit solchen grundlegenden Kennziffern der Grundfondsreproduktion beziehen wie der normativen Nutzungsdauer der Grundmittel und davon in Abhängigkeit der Abschreibungssätze. Der theoretische Ausgangspunkt besteht in der von Karl Marx vorgenommenen Unterscheidung zwischen der Rolle der Arbeitsmittel bei der Bildung des Gebrauchswertes und des Wertes eines Erzeugnisses. Daraus ergeben sich praktische Konsequenzen für die Planung der Grundfondsreproduktion unter den Bedingungen der umfassenden Mechanisierung der produktiven Anlagefonds. Die ökonomische Bedeutung der im Reproduktionsprozeß agierenden Grundfonds ist im Prozeß der intensiv erweiterten Reproduktion um ein Vielfaches höher und nimmt auch weiter zu als das Volumen, mit dem die Grundfonds als „Element der Wertbildung" wirksam werden und das im Amortisationsaufkommen seinen Ausdruck findet.

1980 betrug z. B. der Umfang der Grundfonds in der sozialistischen Industrie 305 Mrd. Mark, das Amortisationsvolumen 12,8 Mrd. Mark.

Unter diesen Gesichtspunkten kommt der Arbeit mit der Kennziffer normative Nutzungsdauer der Grundmittel und dem rationellen Einsatz der Amortisationen im Rahmen der komplexen Grundfondsökonomie erstrangige Bedeutung zu. Die volkswirtschaftlich begründete normative Nutzungsdauer der Grundmittel sowie die sich daraus ergebenden Abschreibungssätze müssen zu aktiven Instrumenten bei der Modernisierung der vorhandenen Grundmittel, der Durchsetzung des wissenschaftlich-technischen Fortschritts in der Modernisierung der Grundfonds und insgesamt zur Erhöhung der Grundfondsökonomie entwickelt und im Leitungs- und Planungsprozeß entsprechend gehandhabt werden. Dabei sollten solche Aspekte stärkere Beachtung finden wie die Kennziffer normative Nutzungsdauer, und die Abschreibungssätze sollten stärker vom tatsächlichen technischen Verschleiß der Maschinen und Anlagen ausgehen und ihre Pflege wirksamer stimulieren. Erstes Beurteilungskriterium müßte in jedem Falle die Erhöhung der technischen und ökonomischen Leistungsfähigkeit der Grundmittel sein. Desweiteren sollte die normative Nutzungsdauer für Grundmittel in Abhängigkeit von den Leistungszielen, den materiellen Nutzungs-, Verschleiß- und Reproduktionsbedingungen zweigspezifisch wesentlich stärker differenziert festgelegt werden.

Schließlich erscheint es zwingend notwendig, die normative Nutzungsdauer der Grundmittel sowie die Abschreibungssätze so festzulegen, daß sie sich mit den in den Fünfjahres- und Jahresvolkswirtschaftsplänen vorgesehen und bilanzierten materiellen Reproduktionsbedingungen einschließlich des Eigenbaus von Rationalisierungsmitteln in Übereinstimmung befinden.

Mit der Verwirklichung dieses Grundsatzes wird die Einheit von materieller und finanzieller Planung in der Grundfondsreproduktion wirksamer und zur Erhöhung der Grundfondsökonomie wesentlich beitragen.

G. Wohllebe

Erfahrungen und Probleme der Verbindung von Wissenschaft und Produktion bzw. der Überführung wissenschaftlicher Ergebnisse in die Produktion, dargestellt am Beispiel des VEB Chemieanlagenbaukombinat Leipzig – Grimma

1. Aufgaben und Arbeitsweise des VEB Chemieanlagenbaukombinat Leipzig – Grimma (CLG)

Das Kombinat CLG hat die Aufgabe, als Generalauftragnehmer, Generalprojektant und Hauptauftragnehmner die Rekonstruktion, die Rationalisierung, Intensivierung und Erweiterung der Grundfonds der chemischen Industrie der DDR vorzubereiten und zu realisieren. Das bedeutet gleichzeitig, diesen Prozeß mit großen eigenen ingenieurtechnischen Leistungen von Forschung und Entwicklung, Projektierung, Konstruktion und Montage ständig wesentlich zu beschleunigen und effektiver zu gestalten.

Mit dieser Arbeitsweise schafft sich das Kombinat gemeinsam mit den Chemiekombinaten der DDR Referenzanlagen, auf deren Basis es seine zweite Aufgabe – als Generallieferant für komplette Anlagen im Export zu arbeiten – effektiv und erfolgreich durchführen kann. Auf diesem Gebiet hat sich besonders mit den Produktionsvereinigungen und Instituten der UdSSR in den letzten 10 Jahren eine erfolgreiche Zusammenarbeit entwickelt.

In diesem Zeitraum wurden 12 Erdöldestillationsanlagen mit einer Durchsatzleistung von je 6 Mio t Erdöl pro Jahr, 33 Erdölaufbereitungsanlagen, 2 Hochdruckpolyäthylenanlagen, 4 Oxosyntheseanlagen und 3 Kaprolaktamanlagen gemeinsam mit sowjetischen Spezialisten entwickelt, projektiert, geliefert und in Betrieb gesetzt. Diese Aufgaben werden von den 10 Betrieben des Kombinates, auf größeren Baustellen innerhalb der DDR und ca. 50 Baustellen im Ausland von 32000 Werktätigen, davon 9000 Hoch- und Fachschulkadern durchgeführt. Seit 1. 1. 1981 werden die Exportgeschäfte über einen eigenen Außenhandelsbetrieb Export/Import organisiert.

Das Kombinat wird über einen Stammbetrieb geleitet, in dem rund 11000 Werktätige beschäftigt sind. Vom Kombinat werden ca. 90 % des Chemiemaschinenbaues und 95 % des Chemieanlagenbauvolumens der DDR vorbereitet und realisiert. Das Kombinat CLG besitzt zwei geschlossene Reproduktionsprozesse, Anlagenbau und Apparatebau, wobei der Anlagenbau die Priorität besitzt. Das heißt, das Hauptziel unserer Arbeit ist es, moderne Anlagen termin- und qualitätsgerecht in die Produktion zu überführen. Dabei setzt das Chemieanlagenbaukombinat Leipzig–Grimma hohe ingenieur-technische Kapazitäten ein und organisiert die Zusammenarbeit von der Forschung über die Projektierung, die Konstruktion bis hin zur Inbetriebnahme unter Einbeziehung nationaler und internationaler Kapazitäten. Das Kombinat hat im Apparate- und Anlagenbau einen Spezialisierungsgrad von mehr als 90 % erreicht. Die restlichen 10 % werden zur Komplettierung kompletter Anlagen für die Spezialanlagen eingesetzt. 60 % der Produktion werden in der DDR-Volkswirtschaft, insbesondere in der chemischen Industrie eingesetzt, 40 % beträgt der Exportanteil.

Durch das Vorhandensein eines *Testzentrums* und von Technika bestehen im Kombinat hervorragende Möglichkeiten für die Entwicklung und Erprobung neuer Anlagen, Verfahren, Ausrüstungen sowie technologischer Fertigungsverfahren im Apparatebau. Umfangreiche eigene Entwicklungen sichern einen hohen Stand der EDV-Organisation für den Anlagen- und Apparatebauprozeß. Mit dem Aufbau des Leitapplikationszentrums *Mikroelektronik* wurde dem Kombinat die Verantwortung für den Mikroelektronik- und Robotereinsatz im gesamten Bereich des Ministeriums für Chemische Industrie übertragen. Darüber hinaus ist das verfahrenstechnische Forschungs- und Koordinierungszentrum des Kombinates verantwortlich für die gesamte verfahrenstechnische Entwicklung und Koordinierung der Anlagen- und Verfahrensentwicklung in der DDR.

2. Wissenschaftlich-technische Strategie des Kombinates

Auf Basis der Anforderungen der Chemiekombinate der DDR sowie der anderen sozialistischen Länder und der weiteren Außenmärkte für den Zeitraum bis 1990 konzentriert sich die strategische, wissenschaftlich-technische Arbeit des VEB Chemieanlagenbaukombinat Leipzig–Grimma auf folgende Schwerpunkte:

- Anlagen für Erdölaufbereitung und Ausrüstungen für Bohrfelder und Plattformen,
- Anlagen für die primäre und sekundäre Verarbeitung des Erdöls,
- Anlagen und Ausrüstungen der Braunkohlenveredlung von der Vergasung ballastreicher Braunkohle bis zur Karbidherstellung,
- Anlagen und Ausrüstungen für die technische Mikrobiologie einschließlich Anlagen zur Alkoholgewinnung und Futtereiweißerzeugung,
- Anlagen und Ausrüstungen für kleintonnagige Produkte, die Erzeugung organischer Zwischenprodukte und von Spezialchemikalien sowie für die anorganische Chemie.

Diese langfristige Strategie, die gemeinsam mit den Chemiekombinaten erarbeitet wurde und realisiert wird, bezieht sich auf einen Vorlauf von mindestens 10 Jahren, d. h., die jetzige gültige Strategie wurde für einen Zeithorizont bis 1990/95 erarbeitet.

Aus den grunsdätzlichen Aufgaben, die gemeinsam zwischen den Chemiekombinaten und dem Chemieanlagenbau erarbeitet werden, werden konkrete Entwicklungsaufgaben, z. B. für die Hochschulen, Einrichtungen und Institute der Akademie der Wissenschaften abgeleitet. Die Ziele der Forschungsaufgaben werden ständig durch die Marktforschungsarbeit und die internationale Zusammenarbeit ergänzt und mindestens jährlich aktualisiert. Ziel dieser Arbeit ist es, generell nur an solchen Aufgaben zu arbeiten, aus deren wissenschaftlichen Ergebnissen Kooperationsaufgaben insbesondere für lange Zeiträume entstehen. Die Ergebnisse dieser wissenschaftlich-technischen strategischen Arbeit sind Basis für die laufende Präzisierung unserer „langfristigen Entwicklungskonzeption für Anlagen/Verfahren und Erzeugnisse bis 1990/95". Sie sind ebenfalls Basis für die laufenden Arbeiten an der „Intensivierungskonzeption für den eigenen Reproduktionsprozeß Anlagenbau und Apparatebau". Beide Konzeptionen sind aufeinander abgestimmt und sind das Ergebnis kollektiver, zielgerichteter Arbeit.

Durch Weltstandsvergleiche, Niveauanalysen usw. besteht eine klare Übersicht für alle Haupterzeugnisse, deren wissenschaftlich-technischen Stand und die daraus abzuleitenden Maßnahmen, wie der Entwicklungstrend des Weltmarktes noch besser berücksichtigt werden kann. Die jährliche Aktualisierung dieser Anlagen bringt uns die Gewißheit, daß wir auf 5–8 Jahre im voraus die richtigen Ziele für unsere strategischen Anlagen und Ausrüstungen ständig im Auge behalten. Als ein wichtiges Arbeitsinstrument dienen uns die Pflichtenhefte, in denen alle beteiligten Partner von Anfang an ihre Auffassungen über Entwicklungsziele, Entwicklungsaufwand sowie Wege zur Erreichung der Entwicklungsziele äußern und ihre Auffassungen dazu bekunden müssen. Alle Partner sind bei den Anfangs-, Zwischen- und Endverteidigungen ständig dabei bzw. während der laufenden Arbeiten einbezogen, die unmittelbare Entwicklung hinsichtlich ihrer technischen und ökonomischen Ziele, ihres Marktanteiles, ihrer Exportziele sowie ihrer schutzrechts-politischen Zielstellungen zu kontrollieren.

Wir gehen von der Einheit von Anlagen-, Erzeugnis- und fertigungstechnologischer Entwicklung aus und haben einen hohen Grad der Spezialisierung im Apparate- und Anlagenbau erreicht.

Unsere Anlagenbaubereiche im Stammbetrieb und auch die Kombinatsbetriebe sind nach technologischen Gesichtspunkten spezialisiert. So sind alle Fachleute, z. B. auf dem Gebiet der Erdölverarbeitung oder Kohletechnologie, in übersichtlich zu leitenden Kollektiven zusammengefaßt und echte Partner der Betreiber von Anlagen, die mit unseren Spezialisten gern zusammenarbeiten. Diese Anlagenproduktionsbereiche tragen die Verantwortung von der Forschung über Projektierung, Konstruktion bis zur produktionswirksamen Umsetzung neuer Verfahren und Anlagen. Auch im Apparatebau sichert uns die Spezialisierung nach dem Erzeugnisprinzip und dem Bauteileprinzip, daß das Baukastensystem – Chemieanlagenbau – für Apparate, Rohrleitungen, Armaturen, Pumpen, BMSR-Technik hundertprozentig berücksichtigt und damit eine rationelle Fertigung ermöglicht wird. Um weltmarktfähig zu sein, ist es notwendig, die EDV-Organisation vor allen Dingen auch im Anlagenbauprozeß einzuführen und die Angebotsbearbeitung, aber auch die Projektierungs- und Realisierungsarbeiten EDV-gestützt durchzuführen. Der Zeitfaktor spielt überhaupt in unserer Arbeit eine große Rolle.

Zur schnellen Umsetzung von Ergebnissen der Anlagenentwicklung setzen wir entscheidende Kapazitäten für den Bau von *Pilotanlagen* ein. Unser Ziel ist es, stärker als in der Vergangenheit mit eigenen ingnieur-technischen Anteilen die Verfahrensentwicklung von bisher 2–4 Jahren auf 1–2 Jahre zu verkürzen. Darüber hinaus lassen wir keine Entwicklungszeiten von mehr als 3 Jahren zu und gehen bei Forschungs- und Entwicklungsthemen von einem Aufwands-Nutzens-Verhältnis von 1 : 3 aus. Ziel unserer wissenschaftlich-technischen Arbeit ist es, patentfähige Lösungen zu erarbeiten, die zur Lizenzvergabe bzw. zum Export von Ausrüstungen und Anlagen auf dem Weltmarkt führen.

3. Organische Verbindung von Wissenschaft und Produktion dargestellt am Beispiel des VEB CLG

Nationale Kooperation

Mit 10 Hochschulen, 12 Akademieinstituten und 25 weiteren Vertragforschungspartnern gibt es eine bewährte Zusammenarbeit, insbesondere zur Sicherung der Grundlagenforschung und der angewandten Forschung, die natürlich auf Basis der langfristigen Strategie unseres Kombinates vereinbart und durchgeführt wird.

Unser Grundsatz, – was einmal erfunden ist, brauchen wir nicht noch einmal zu erfinden – wird bei der Gestaltung der Vertragsforschung besonders berücksichtigt.

Während die o. g. Institutionen uns mit den Ergebnissen der Grundlagenforschung helfen, die wissenschaftlich-technische Arbeit zu beschleunigen, helfen wir diesen Partnern durch die Übernahme von Musterbauten für Versuchsapparaturen, durch Kaderaustausch usw. und schaffen damit die materielle Basis zur schnellen Umsetzung wissenschaftlich-technischer Ergebnisse in die Produktion. Dazu haben wir gemeinsame Entwicklungskollektive an getrennten oder gemeinsamen Standorten aufgebaut, haben nicht nur die Grundlagenforschung sondern auch die Applikationsforschung so geordnet, daß die besten Fachleute an gemeinsamen, volkswirtschaftlich bedeutenden Zielen (Staatsaufträgen) arbeiten. Das mehrfach bewährte Auftragsleiter-System (die

Verantwortung geht von Forschung und Entwicklung bis zur Sicherung des Dauerbetriebes) wird konsequent bei Schwerpunktvorhaben unserer wissenschaftlich-technischen Arbeit angewandt.

Ich möchte beispielsweise auf dem Gebiet der Anlagenentwicklung aufzeigen, wie das in unserem Kombinat durchgeführt wurde. So wurde durch den „Hochschul-Industrie-Forschungskomplex auf dem Gebiet der technischen Mikrobiologie", einer Vereinigung zwischen dem Institut für technische Chemie der Akademie der Wissenschaften der DDR und dem Institut für technische Mikrobiologie des Ministeriums für Chemische Industrie sowie unserem Kombinat, ein Verfahren zur Verhefung von Kohlenwasserstoffen entwickelt. Die Anlage mit einer Kapazität von 50 kt/a befindet sich z. Z. im Probebetrieb.

Ein weiterer Hochschul-Industrie-Forschungskomplex wurde zwischen 5 Chemiekombinaten und der Technischen Hochschule Leuna – Merseburg gebildet, um Schwerpunktprobleme der Forschung gemeinsam zu lösen. Diese neue Art, nämlich an der Technischen Hochschule Leuna–Merseburg vorhandene ausgezeichnete Spezialisten und Grundfonds zu nutzen, um die wissenschaftlich-technische Überführung zu beschleunigen, ist ein bewährter Weg, der in der Zukunft entscheidend ausgebaut wird.

Es gibt aber auch auf dem Gebiet der Kohleforschung gemeinsam mit dem Institut für chemische Technologie der Akademie der Wissenschaften der DDR, dem Brennstoffinstitut in Freiberg und dem VEB Chemieanlagenbaukombinat Leipzig–Grimma eine sehr gute Zusammenarbeit zur Überführung moderner Kohlevergasungs- und Kohleverflüssigungstechnologien. Dabei wird interdisziplinär zusammengearbeitet und gesichert, daß schneller als bisher Aufgaben gelöst und Ergebnisse überführt werden, da die beteiligten Partner nur ein Ziel haben, so schnell als möglich großtechnische Anlagen in die Produktion stabil zu überführen. Wenn auch an der grundsätzlichen Aufgabenstellung der Akademie der Wissenschaften, der Hochschulen und des Kombinates VEB CLG nicht gerüttelt wird, so ist doch durch diese Zusammenarbeit gesichert worden, daß die beteiligten Kollektive besser als bisher den volkswirtschaftlichen Nutzen der Großanlagen im Auge haben und sowohl an der Arbeit als auch an den Erfolgen (Patente, Auszeichnung durch materielle oder moralische Anerkennung in ihren Kollektiven) beteiligt sind.

Besonders wichtig ist dabei, daß real abgewogene Ziele von den Leitern gestellt werden, damit den beteiligten Kollektiven Erfolgserlebnisse gesichert werden. Die richtige Auswahl der Entwicklungsleiter, die tägliche Beeinflussung der Mitarbeiter, um sie zu Spitzenleistungen zu motivieren, ist eine vorrangig politische Aufgabe, die nur gemeinsam von der staatlichen Leitung sowie Partei- und Gewerkschaftsleitung gelöst werden kann. Die sozialistische Ingenieurorganisation (KDT) hilft dabei, sowohl die Qualifizierung als auch den Erfahrungsaustausch zu organisieren und trägt damit dazu bei, daß die richtige Kaderauswahl getroffen werden kann, die Kaderförderung und die Kaderanforderungen verstärkt in den Mittelpunkt der Leitungstätigkeit gestellt werden können. Wir messen der Weiterbildung und dem Kaderaustausch eine große Bedeutung bei. Ausdruck dafür ist die seit 1978 mit der Ingenieurhochschule Köthen bestehende langfristige Vereinbarung zur Weiterbildung und zum Kaderaustausch.

Internationale Zusammenarbeit

Die Entwicklung, Projektierung und der Bau von Anlagen auf der Grundlage von Regierungsabkommen mit der UdSSR (z. B. Hochdruckpolyäthylen und Oxosynthese) waren ausgezeichnete Beispiele internationaler Zusammenarbeit, zeigten sie doch, wie schnell beide Partner gemeinsam in der Lage sind, Anlagen zu entwickeln und sie produktionsreif zu überführen. Aber auch die Entwicklung von Erzeugnissen, z. B. von Luftkühlern für die schon genannten Erdöldestillationsanlagen, wurden in gemeinsamer Arbeit zwischen dem VEB CLG und dem Moskauer Institut Giproneftemaš entwickelt.

Die Kollektive hatten 1972 auf Basis langjähriger Erfahrungen des sowjetischen Partners eine gemeinsame Strategie entwickelt, um daraus eine langfristige Linie für den Chemieanlagenbau zur Sicherung des sowjetischen Bedarfes abzuleiten. Daraus hat sich eine gute Zusammenarbeit entwickelt. Wir setzen diese auch im Zeitraum 1981 bis 1990 fort, indem eine neue Generation Erdölaufbereitungsanlagen (ZPS) oder Erdgasluftkühler gemeinsam mit sowjetischen Partnern entwickelt, projektiert, konstruiert und gebaut wird. Dies sichert uns eine langfristige Perspektive.

Ich möchte als 3. Beispiel die *technologischen Entwicklungen* anführen. Wie bereits ausgeführt, wird in unserem Kombinat der Einheit von Anlagen, Apparate- und technologischer Entwicklung seit Jahrzehnten große Aufmerksamkeit geschenkt. Wir haben bereits 1967/68 mit der Rationalisierung unserer Wärmeübertragerproduktion begonnen und Neuererkollektive aus Produktion und Wissenschaft und Technik gebildet, um alle vorhandenen Erfahrungen maximal zu nutzen und einen großen wissenschaftlich-technischen Vorlauf und eine kurzfristige Überführung wichtiger produktiver Verfahren in die Produktion zu erreichen. So sind in der Vergangenheit durch die Arbeit von Neuererkollektiven hochmechanisierte und automatisierte Anlagen und Fertigungslinien zur Wärmeübertragerproduktion, wie die Rohrbündeleinschweißautomaten oder die Rohraufbereitungsanlagen entstanden und wurde Mikroelektroniksteuerung und Robotereinsatz im Apparatebau Realität. Dabei wurden wissenschaftlich-technische Spitzenleistungen in kürzester Zeit (einzelne Abschnitte enthalten mehr als 6 Patente und führen zu Produktivitätssteigerungen bis zu 300 %) so in die Praxis überführt, daß sie hohe Zuwachsraten im Apparatebau sichern halfen. Gleichzeitig wurden wesentliche Qualitätsverbesserungen erzielt, so daß wir heute in der Lage sind, komplizierteste Apparate und damit auch Anlagen, die mithelfen den Bedarf in der UdSSR zu decken, zu liefern und damit wiederum wissenschaftlich-technische Leistungen auf dem Gebiet des Anlagenbaues in kürzester Zeit in die Produktion zu überführen.

Auf Grund dieser guten Ergebnisse, die die Kollektive des VEB CLG erreicht haben, wurde ihnen wie schon erwähnt, die Leitung der Einführung der Mikroelektronik und der Robotertechnik ab 1. 1. 1980 für den gesamten Bereich des Ministeriums übertragen. Dabei werden die in der DDR vorhandenen Erfahrungen des Werkzeugmaschinenbaues auf dem Gebiet der Anwendung der Mikroelektronik maximal genutzt und deren Lösungen als Muster im Stammbetrieb erprobt. Auf dieser Basis werden Roboter für die Kombinatsbetriebe und die Chemiekombinate konstruiert und gebaut, die den spezifischen Bedingungen des Einsatzes in diesen Betrieben und Kombinaten entsprechen.

Zusammenfassend möchte ich feststellen, daß es bei der organischen Verbindung von Wissenschaft und Produktion aus unserer Sicht besonders auf die Anwendung folgender Erfahrungen ankommt:

1. Die langfristige strategische Arbeit ist anhand des Bedarfs im Inland und im Export zu orientieren. Dabei sind reale Ziele sowohl für das Gesamtkombinat als auch für die einzelnen Arbeitskollektive von besonderer Bedeutung.

2. Der Generaldirektor muß den wissenschaftlich-technischen Bereichen große Aufmerksamkeit widmen.

3. Die materiellen und moralischen Stimuli sind so einzusetzen, daß Schwerpunkte des Planes Wissenschaft und Technik vorrangig unterstützt werden. So wird z. B.

jährlich zum „Tag des Chemiearbeiters“ ein „Wissenschaftspreis des Generaldirektors“ vergeben, mit dem Kollektive für die besten im Kombinat erreichten und in die Produktion überführten wissenschaftlich-technischen Leistungen geehrt werden. Genauso werden die besten Erfinder am „Tag des Chemiarbeiters“ vom Generaldirektor ausgezeichnet.

4. Vorrangige Aufgaben in der Arbeit des Generaldirektors sind die wissenschaftlich-technischen und die Exportstrategie sowie die Kaderarbeit.

5. Absatzpolitik, Forschungspolitik, Produktion, Investitionspolitik sowie die ständige Weiterbildung der Kader bilden eine untrennbare Einheit.

ABHANDLUNGEN
DER AKADEMIE DER WISSENSCHAFTEN DER DDR
Abteilung Veröffentlichungen der Wissenschaftlichen Räte

Tagungen des Wissenschaftlichen Rates für die wirtschaftswissenschaftliche Forschung

Zuletzt erschienen:

5. Tagung der Gemeinsamen Kommission der Ökonomen der UdSSR und der DDR
Nr. W 7/1979
Fragen der wissenschaftlich-technischen und ökonomischen Zusammenarbeit UdSSR/DDR

29. Tagung vom 16.–17. 10. 1979 Nr. W 2/1980
Zentrale Konferenz der DDR
Zur Verbindung von wissenschaftlich-technischer Revolution und Sozialismus

30. Tagung vom 29. 4. 1980 Nr. W 3/1980
Zur Leitung und Planung der Kombinate

32. Tagung vom 14.–15. 10. 1980 Nr. W 5/1981
Wirtschaftswissenschaftliche Konferenz
Theoretische Fragen der sozialistischen ökonomischen Integration

33. Tagung vom 2. 6. 1981 Nr. W 2/1982
Wirtschaftswissenschaftliche Forschungsaufgaben nach dem X. Parteitag der SED

34. Tagung vom 3. 11. 1981 Nr. W 3/1982
Fragen der weiteren Stärkung der materiell-technischen Basis

7. Tagung der Gemeinsamen Kommission der Ökonomen der UdSSR und der DDR
Nr. W 4/1982
Die Verbindung von Wissenschaft und Produktion in den Produktionsvereinigungen der UdSSR und den Kombinaten der DDR

in Vorbereitung:

35. Tagung vom 26. 1. 1982 Nr. W 5/1982
Zur sozialistischen Rationalisierung in Industriekombinaten

36. Tagung vom 11. 5. 1982 Nr. W 6/1982
Zur weiteren Vervollkommnung der wissenschaftlichen Arbeitsorganisation

ISSN 0302-8054